LIAR.

중국, 북한, 그리고 2019년 8월 이후 대한민국을 읽는 눈

위선자들

새로운 수탈계급과 전체주의의 민낯

밀로반 질라스 저

이호선 역

The New Class

- An Analysis of the Communist System

by Milovan Djilas

중국, 북한, 그리고 2019년 8월 이후 대한민국을 읽는 눈

위선자들

새로운 수탈계급과 전체주의의 민낯

밀로반 질라스 저

이호선 역

The New Class

- An Analysis of the Communist System

by Milovan Djilas

목차

제1장 기원Origins

제2장 혁명의 성격Character of the Revolution

제3장 새로운 계급The New Class

제4장 일당 중심 국가The Party State

제5장 경제에 있어서의 교조주의Dogmatism in the Economy

제6장 정신에 대한 압제Tyranny over the Mind

제7장 목적과 수단The Aim and the Means

제8장 본질The Essence

제9장 오늘의 세계The Present-Day World

역자의 말

이 책은 티토Josip Broz Tito. 1892-1980와 함께 2차 대전 전부터구(舊) 유고슬라비아 연방 공산당을 조직하여 활동하다가 2차 대전 후 유고 연방의 부통령까지 지냈던 밀로반 질라스Milovan Djilas.1911-1995가 1957년 미국의 한 출판사에 원고를 보내 출간했던 〈The New Class: An Analysis of the Communist System〉을 번역한 것이다.

이 책으로 인해 질라스는 징역 7년을 선고받았다. 그 내용은 자신이 서론에서 말하는 바와 같이 공산주의 비판이 아닌, 공산 체제에 대한 비판, 더 정확하게 말하면, 이념 뒤에 숨은 인간의 탐욕과 위선, 거짓, 그리고 그것을 촘촘하게 제도화하고 있는 공산 전체주의적 권력에 대한 비판이 핵심이다. 이 책에서 질라스 본인이 공산주의와 나치즘 사이의 공통점을 이야기하고 있듯이 질라스의 이 비판은 비단 공산주의에 국한된 것이 아니라, 나치즘과 파시즘을 포함한 전체주의의 본질에 대한 고발로 보아야 한다.

권력 장악에 만족하지 않고 폭압을 통해 인간 개조를 종교적 신조로 강제하고, 인간성을 말살하려는 계급적 독재와, 평등과 민중의 이름, 집단 소유라는 가면 뒤에서 모든 경제적 특권을 누리며, 정치적 권력으로 이를 공고히 하는 기생(寄生) 집단의 대두에 대하여는 질라스 뿐만 아니라 버트란드 러셀이나 한나 아렌트와 같은 많은 서구의 지성이 경고하고 우려한 바 있다.

독자들은 1957년에 출간된 이 책에서 2020년의 중국과 북한은 물론, 2019년 조국 사태를 거치면서 본격적으로 드러나기 시작한 대한민국 집권 세력의 본질과 속성을 들여다볼 수 있을 것이다. 이 책에서 '아하!'의 경험Aha-Experience을 하는 것은 우리 시대의 비극이다.

그러나, 이 이해의 비극을 통해서만 우리는 현실을 바로 진단하고, 제대로 된 미래로 갈 수 있다. 그런 점에서 역자는 혁명의 격동기를 온몸으로 살면서 지성적 양심과 용기, 현실적 통찰력과 혜안을 남기고 간 혁명의 투사, 용기의 사람, 지성의 인물인 밀로반 질라스에게 크게 감사하며 경의를 표한다.

원래 이 책은 모두 10장으로 구성되어 있었는데, 동유럽 공산주의와 소련 사이의 문제에 집중되어 있는 〈제9장 민족주의 공산주의National Communism〉 파트는 굳이 독자들이 볼 필요는 없을 것 같아 번역을 생략하였다. 대신 미주의 형식으로 이 책의 내용을 이해하는 데 도움이 될 만한 내용을 보충했다. 부록 정도로 보아도 무방할 것이다. 그리고 각 장 아래의 소제목은 저자가 번호만 붙여서 구분했던 것을 역자가 독자들의 이해를 돕기 위해 임의로 붙인 것임을 아울러 알려둔다.

우리 시대를 향한 경고의 나팔 소리를 가능한 한 빨리 번역해 보려고 했는데, 그래도 당초 예상보다 두 달 가량 더 걸렸다. 마침 6.25 전쟁 70주년이 되는 달에 이 책이 나오게 되어, 나름대로 더욱 의미가 있게 된 것을 위안으로 삼는다.

친구 일곱 명과 함께 학도병으로 참전하셨다가 살아서 제대하셨던 두 명 중의 한 분인 나의 선친, 그리고 무명용사로 돌아가신 선친의 동기들, 그 밖의 숱한 전사상자(戰死傷者)들 앞에 이 번역서를 바치면서, 이 분들께서 공산 전체주의의 광기에 맞서 목숨으로 지켜 낸 인간의 존엄과 자유의 소중함에 대하여 다시 한번 생각한다.

2020. 6. 25

밀로반 질라스는 누구인가

밀로반 질라스Milovan Djilas.1911-1995는 지혜와 통찰력을 지닌, 무엇보다 굴하지 않는 양심적 지성과 혁명이 만났을 때 나올 수 있는 숙연하고도 감동적인 삶을 보여 주는 인물이다.

한때 유고슬라비아 연방에 속했던 몬테네그로에서 평범한 농민의 아들로 태어난 그는 1929년 벨그라드 대학에 진학하여 문학을 공부하기 시작하였는데, 그곳에서 마르크스와 레닌을 접한 그는 공산주의에 매력을 느꼈을 뿐 아니라 적극적인 실천가로서의 면모를 보이기 시작하였다.

그가 부패한 왕정에 반대하는 시위로 체포된 것은 스물한 살 때인 1932년 3월이었고, 이때는 구류 8일로 끝났다. 하지만 이것은 그 후에 이어질 그의 파란만장한 생애의 서곡이었다. 일 년 반 뒤인 1933년 질라스는 3년형을 선고받고 투옥되었는데, 이 수감 생활 중에서 유고 공산당원들을 만나면서 급진적 스탈린주의에도 관심을 갖게 되었다. 1936년 형기를 마치고 출옥한 그를 당시 유고 공산당의 리더인 조지프 브로즈 티토Josip Broz Tito. 1892-1980가 비서로 측근에 두면서 질라스는 학업을 그만두고 혁명의 길로 매진하게 되었다. 스페인 내전이 일어나자 질라스는 공화주의자들 편에 서서 싸울 지원자 1,500명을 모집하였으나, 티토는 질라스가 스페인으로 참전하는 것까지는 허락하지 않았다. 이 일은 질라스의 행동주의자로서의 면모를 잘 보여 준다.

스페인 참전이 불허된 질라스는 대신 1938년에 공산당 중앙집행위원, 이어서 상임집행위원이 되어 유고 공산당 핵심 그룹에 포진하게 된다. 1941년 4월 나치와 파시스트의 동맹군에 의해 유고 왕정이 붕괴되자, 티토와 함께 레지스탕스 운동에 들어간 질라스는 1941년 6월 독일과 소련 사이에 전쟁이 벌어지면서 게릴라 부대 사령관으로서 무장 투쟁의 선봉에 서게 되었다. 그러나 몇 개월 뒤인 1941년 11월 질라스는 티토에 의해 해임되어, 공산당 선전지 편집장의 일을 맡게 되었다. 해임 사유는 강한 적군 앞에서는 직접적인 무력 투쟁보다는 대중과의 연계를 꾀하였어야 했는데 그렇지 않음으로써 이른바 '좌파적 실수'를 저질렀다는 것이었다. 그런데 질라스의 혁명에 대한 통찰력과 분석력은 이때 기관지 편집장으로서의 경험이 큰 영향을 끼쳤던 것으로 보아야 할 것이다.

질라스는 1944년 3월 무장 지원 요청을 위한 사절단으로 소련에 파견되어, 스탈린과 몰로토프와 같은 소련 공산당 지도자들을 만났고, 귀국 후에는 유고슬라비아 연방 인민공화국의 부통령이 되었다. 1948년에 질라스는 다시 모스크바로 가서 스탈린과 면담을 하게 되는데, 이때는 유고와 소련 사이에 벌어지고 있던 갈등과 관련한 조율이 그 목적이었다(이 사건에 관하여는 역자가 따로 정리한 이 책의 미주 'R'을 참조).

그러나 사실 누구보다 스탈린식의 독재와 관료주의 부패에 대하여 비판적이었던 것은 질라스 자신이었다. 그 뒤 유고슬라비아 연방이 소련과 결별을 시도하고, 코민포름을 떠나는 결정을 내린 이면에는 질라스의 영향이 컸던 것으로 알려지고 있다. 이때 이미 그는 '독립적 사회주의'와 새로운 사상의 플랫폼을 구축하려고 시도하고 있었는데, 그 일환으로 나온 것이 '새로운 생각'이라는 뜻의 'Nova Misao'라는 잡지의 창간이었다.

1953년까지만 해도 티토의 뒤를 이을 사람이 질라스라는 사실에 대하여 국내외에서 의문을 품는 사람은 거의 없었다. 그는 그 해 유고슬라비아 사회주의자 연방공화국 연방회의 의장에 선출되었다. 그러나 그가 연방회의 의장에 재임하였던 기간은 1953년 12월 25일부터 1954년 1월 16일까지 한 달이 채 되지 않았다. 무슨 일이 있었던 것일까?

그는 연방회의 의장이 되기 전인 1953년 10월부터 1954년 1월까지 19개의 글을 공산당 공식 기관지에 기고하였고, 그중 18편이 발표되었다. 여기서 그는 소련의 스탈린식 당 · 정치 관료들의 무능과 부패, 수탈적 성격을 비판하였다. 그러면서 중앙 계획 경제에서 더 많은 자율적 경제로 이행하여야 한다고 주장하였다. 한발 더 나아가 그는 여기서 공산주의식 의사 결정에 대한 비판도 감행하였는데, 특권계급의 대두를 질타하고 시정하기 위하여는 본질적인 구조를 건드리지 않을 수 없다는 점에서 그로서는 불가피한 선택이었을 것이다.

이 논의는 일당 독재 정당성에 대한 근본적 의문까지 포함하는 것이었다. 이를 자신들의 기득권에 대한 중대한 위협으로 간주한 티토와 다른 공산당 지도자들은 1954년 1월 질라스를 중앙집행위원에서 축출하고, 모든 공직에서 추방하였다. 그러나 질라스는 자신의 소신, 아니 자신의 조국의 미래에 대한 걱정과 우려를 표명하는데 주저하지 않았다.

1954년 12월 25일 그는 뉴욕 타임즈와 인터뷰를 하였는데, 그는 이 자리에서 유고의 상황을 '전체주의적totalitarian'이라고 규정하고 유고를 지배하는 '비민주적 세력undemocratic forces'과 '반동적 요소reactionary elements'에 대하여 비판하였다. 그러면서 '새로운 민주적 사회주의 정당' 결성을 호소하고, 공산당 일당 독재가 아닌 양당 체제로 갈 것을 제안하였다. 그러나 이 행위는 적대적 선동 행위로 간주되었고, 그는 재판에 넘겨져 18개월 형을 선고받았다.

이 형기를 마치고 나온 그에게는 침묵할 수 없는 또 다른 사건이 기다리고 있었다. 이른바 '헝가리 의거'였다. 1956년 10월 23일부터 11월 10일까지 헝가리에서 일어난 대규모 민주화 시위에 소련군이 무력으로 개입하여 2,500명의 시민을 학살하면서 시민들의 자유에 대한 열망을 짓밟았다. 질라스는 그 해 11월 19일 프랑스 언론사와 인터뷰를 하면서 소련의 무력 개입을 규탄하는 유엔 결의안에 유고슬라비아 정부가 기권한 것을 문제 삼았고, 한 잡지에 소련의 행태를 비판하는 글을 게재하였다. 그는 이 사건으로 3년형을 받게 되었다.

그런데 그는 수감되기 전에 미국의 한 출판사로 원고(原稿)를 급히 보냈다. 그것이 바로 이 책 〈The New Class: An Analysis of the Communist System〉, 직역하자면 〈새로운 계급: 공산체제에 대한 분석〉이다. 1957년 출간된 이 책은 전 세계 40개국 이상에서 번역되었고, 미국에서만 300만 부 이상 팔린 것으로 알려져 있다. 하지만 정작 저자인 질라스에게 돌아온 것은 징역 7년형의 추가 선고였다. 그는 기존의 형기까지 포함하여 10년형을 살게 되었으나, 1961년 1월 20일 4년 2개월의 형을 살고 가석방으로 출옥할 수 있었다.

하지만 질라스는 1962년 8월 그의 〈스탈린과의 대화〉라는 책이 해외에서 출간되면서, 국가기밀 누설죄로 다시 기소되어 남은 형기에 5년형을 추가로 선고받았다. 그러나 이제 세계적인 인물이 되어 버린 질라스를 계속 투옥하기에 부담을 느꼈던 티토 정권은 1966년 12월 31일 사면하여 석방하였다. 그동안에도 질라스는 감옥에서 화장지를 이용하여 밀턴John Milton의 〈실낙원〉을 번역하기도 하는 등 환경에 굴하지 않고 지성적 양심과 열정을 보여 주었다. 석방된 그는 벨그라드에 거주하다가 1995년 84세로 사망하였다. 그의 사망 소식은 국내의 한 일간지에 실리기도 하였다.

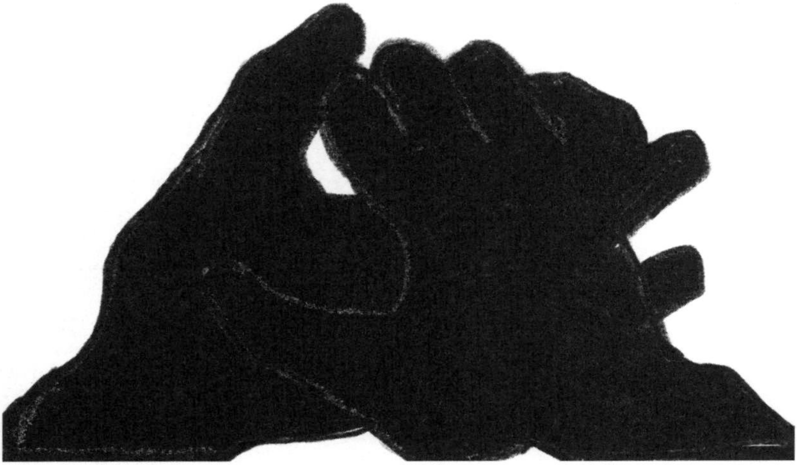

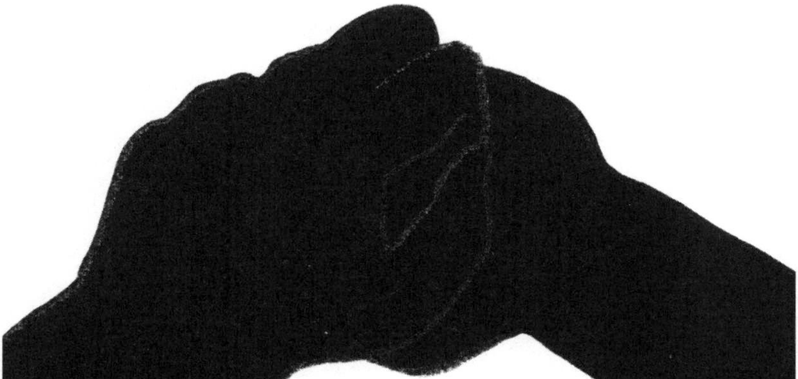

저자의 머리말

이 모든 것은 현대 혁명사나, 일련의 의견 피력, 아니면 어느 혁명가의 고백처럼 다양한 방식으로 이야기할 수도 있었다.

이 책에서는 이 모든 형식들을 조금씩이나마 다 볼 수 있을 것이다. 이 책은 역사, 개인적 의견과 회상을 불완전하게 합쳐 놓은 것이긴 하지만, 현대 공산주의를 가능한 완전하면서도 간결한 하나의 그림으로 제시하려는 필자의 노력의 산물이다. 특정 부분이나 기술적 측면이 누락되어 있을지 모르나, 더 큰 전체적인 그림에 있어서는 보다 간명하며, 보다 완전할 것이라고 확신한다.

필자는 가능한 사적인 문제를 끌어넣지 않고, 개인적 문제와 내용을 분리하려 하였다. 나는 현재 신변이 불확실하기 때문에 내가 객관적으로 관찰한 것들과 경험을 서둘러서라도 기술해 두지 않으면 안 되겠다는 압박을 받고 있다. 내가 개인적으로 처했던 상황에 관한 보다 상세한 설명은 언젠가 보충될 수 있을 수도 있고, 아마도 내 결론의 일부는 바뀔 수도 있을 것이다.

우리 현대 세계가 처한 고통스런 과정 속에 있는 대립과 갈등의 모든 국면을 내가 다 논할 수는 없다. 그 바깥세상에서 사는 것이 행인지, 불행인지도 모르겠지만, 하여튼 공산주의 바깥세상에 대하여 아는 척하지 않으려 한다. 그렇기 때문에 내 자신의 세계가 아닌 바깥 세계를 이야기하는 경우가 있다면 그건 내가 사는 세계를 전망함에 있어 그 진상을 더욱 명확하게 하려는 의도일 뿐이다.

이 책에 있는 것들은 대부분 다른 곳에서, 다양한 방식으로 다루어진 바 있다. 그럼에도 아마도 새로운 맛, 새로운 색깔과 정서, 그리고 약간의 새로운 생각을 여기서 볼 수 있을 것이다. 그것으로도 사실상 충분하다. 인간 각자의 경험은 독특하며, 그의 동료들과 나눌 만한 가치가 있는 것이다.

필자가 개괄적으로 언급하는 경우가 있긴 하겠지만, 독자들은 이 책에서 그 어떤 종류의 사회 철학이나 그 밖의 철학 같은 것들을 찾으려 해서는 안 된다. 비록 내 자신은 가끔씩 일반화를 피할 수 없다고 생각하고는 있지만, 이 책을 쓰는 나의 목적은 공산주의 세계라는 하나의 그림을 제시하는 데 있지, 일반화라는 수단을 통해 공산주의에 관한 철학을 들여다보는데 있지 않다.

개인적으로는 내용을 가장 정확하게 전달하기 위하여는 한 걸음 떨어져 관찰하는 방식을 취하여야 한다고 생각한다. 각종 인용과 통계, 혹은 사건에 관한 설명을 동원하여 내 논지를 보강하고 결론을 입증할 수도 있었을 것이다. 그러나 여기서는 가능한 한 간결하게 축약하기 위하여 인용이나 통계는 최소화하면서 이성과 논리적 추론으로 내가 관찰한 바를 서술하였다. 이 방법이 내 개인적 이야기를 끌어가거나 저술과 사고하는 수단으로 적합하다고 생각하기 때문이다.

나는 성인이 된 이래 공산당의 위계 서열 사다리의 제일 아래부터 최고 단계까지, 당의 지방 또는 국내에서부터 국제 무대까지, 진정한 공산당 및 혁명 조직 결성에서부터 소위 사회주의 국가의 수립에 이르기까지, 공산주의자들 앞에 열려 있는 모든 길을 걸어왔다. 나는 그 누구로부터도 공산주의를 받아들여야 한다거나, 버려야 한다거나 하는 강요를 받은 바 없다. 필자는 한 인간이 자유로울 수 있는 최대한의 범위 내에서 내 자신의 신념에 따라 결정을 내려왔다. 공산주의에 환멸을 느끼기는 했으나 격심하고 극단적인 환멸에 이른 사람들만큼 되었던 적은 없다. 하지만 점차로 그리고 의식적으로 공산주의와 자신을 단절해 가면서, 이 책에서 제시한 진상의 정리와 결론에 이르게 되었던 것이다.

나는 현대 공산주의의 실체로부터 점점 멀어지면서, 민주적 사회주의

democratic socialism라는 이념으로 더 가까이 가게 되었다. 비록 이 책의 주 목적이 내 개인적 사상 변화의 자취를 좇는 것은 아니지만, 이러한 사고의 변화 과정도 이 책에 담겨 있다.

개인적으로 공산주의를 하나의 이념으로서 비판한다는 건 불필요하다고 생각한다. 현대 공산주의자들도 말로는 인간들 사이의 평등과 우애를 다 인정하고 있는데, 이런 이념은 인류 사회가 생긴 이래 다양한 형태로 존재하여 왔고, 인간의 진보와 자유를 위해 싸우는 사람치고 이 원칙을 바라지 않는 사람은 없는 것이다. 이러한 기본적 이념을 비판한다는 것은 잘못이며, 무익하고 바보 같은 짓이다. 이러한 이념을 성취하기 위한 투쟁은 인류 사회의 일부인 것이다.

공산주의 이론에 대한 비판이 필요하고 유용하다 할지라도, 나는 공산주의 이론에 대한 상세한 비판의 대열에는 끼어들지 않았다. 이론은 필요한 경우에만 언급하였을 뿐, 현대 공산주의에 대한 설명에 집중하고자 하였다. 내가 관찰하고 경험한 바를 이처럼 한 권의 책에 다 표현한다는 것은 사실상 불가능하다. 그래서 보고 듣고 경험한 것들 중에서 가장 본질적인 것들만을 기술하였고, 어쩔 수 없는 경우에만 일반화된 설명을 하였다.

이 책에서 하는 설명은 공산 세계가 아닌 세상에서 사는 사람들에게는 이상하게 느껴 질지도 모르겠으나, 공산주의를 경험한 사람들 입장에서는 별로 비정상적인 것으로 보이지 않을 것이다. 필자는 공산 세계에 대한 그림을 제시함으로 인해, 또 그 세계와 관련된 이념들을 보여 줌으로 인해 세상에 대하여 나만이 그렇게 할 수 있었다느니, 탁월하다느니 하는 공명심을 얻고 싶은 생각은 추호도 없다. 나는 그저 내가 살고 있는 세상의 단순한 진면목이자 이념을 보여 주고 싶을 따름이다. 나는 그 세상의 산물이다. 난 그것에 기여를 해 왔고, 지금은 그에 대한 비판자들 중 한 명이 되었다. 내 행위에 일관성이 없는 것으로 보일지 몰라도,

그것은 피상적 판단일 뿐이다. 나는 더 나은 세상을 위해 과거에도 싸웠고, 지금도 싸우고 있는 중이다.

이 투쟁이 원하는 결과를 얻지 못할 수도 있을 것이다.
그럼에도 불구하고, 행동을 통한 나의 논리는
이 투쟁의 연속선 안에서 지지되고 있다.

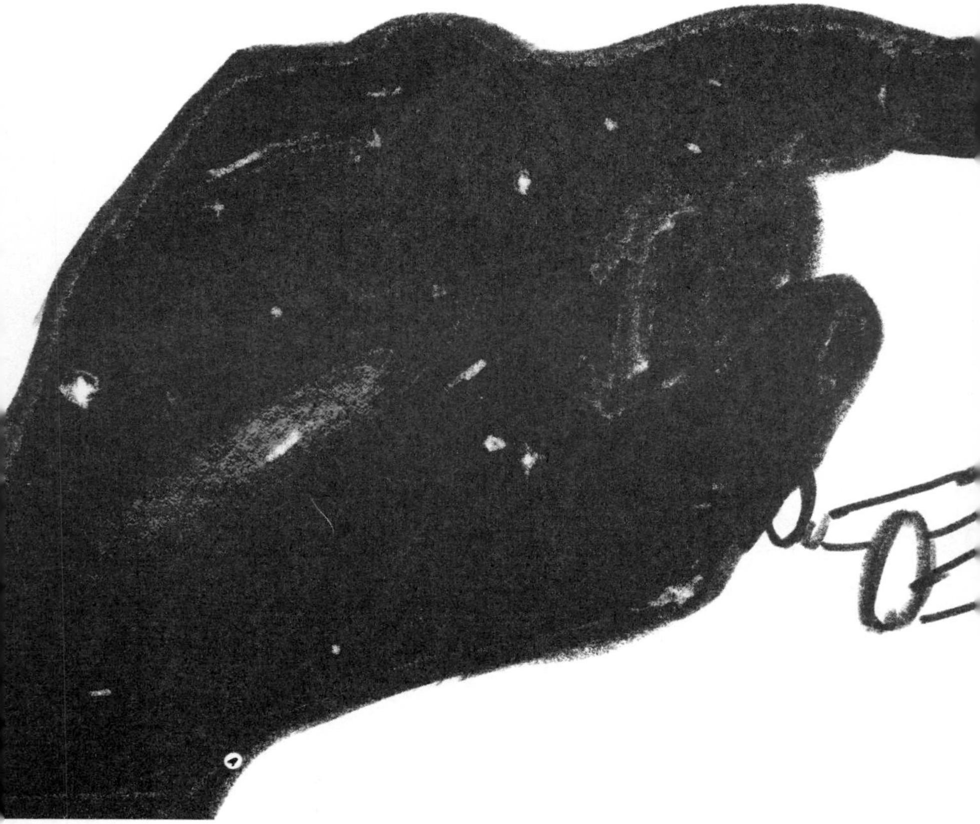

1

제1장 기원Origins

1.1. 마르크스 이론의 형성 배경과 전제(專制)의 씨앗

현대 공산주의의 뿌리는 서유럽에서 근대 산업이 발흥할 때까지는 휴면 상태에 놓여 있었지만, 그 기원은 아주 멀리까지 거슬러 올라간다. 공산주의의 기본 이념은 공산주의가 시작되기 직전까지의 시대를 살았던 사상가들로부터 빌려 온, 물질의 우월성Primacy of Matter 및 현실의 변동성Reality of Change, 두 가지에 토대를 둔다. 하지만 공산주의가 지속되고 힘을 키움에 따라 이러한 기본적 이념들이 차지한 역할은 점점 줄어들었다. 공산주의란 일단 권력을 장악하면 나머지 세상들은 자기들의 이념에 따라 개조하려 들지만, 정작 자기 자신은 변하지 않으려는 경향을 보이기 때문에 이것은 충분히 예상되는 일이다.

세상은 인간의 의지와 무관하게 변화된다는 변증법dialectics과 유물론materialism은 과거의 고전적 마르크스 공산주의의 기초를 이루었다. 이런 기본적 이념들은 마르크스Karl Marx. 1818-1883나 엥겔스Friedrich Engels. 1820-1895 같은 공산주의 이론가들이 처음으로 고안한 것이 아니었다. 그들은 다른 사람들로부터 빌린 이념들을 하나로 섞어서 짰고, 그렇게 함으로써 뜻하지 않게 새로운 세계관의 기초를 만들어 내었던 것이다. 물질의 우월성이라는 사고는 18세기 프랑스 유물론자들로부터 가져온 것이다. 고대 그리스의 데모크리토스Democritus. B.C. 460-370를 포함한 그 이전의 사상가들은 다양한 방식으로 이런 생각을 표현한 바 있었다.

변증법이라 불리는 사고, 즉 대립하는 존재들 간의 투쟁을 통해 변화가 일어나는 것이 현실이라는 사상은 헤겔Georg Wilhelm Friedrich Hegel.

1770-1831로부터 빌려 온 것이다. 이와 동일한 관념은 고대 그리스의 헤라클리투스Heraclitus of Ephesus가 일찍이 다른 식으로 표현한 바 있었다.

여기서 마르크스주의의 이념과 그 이전에 있었던 유사한 이론들과의 차이점을 자세히 말하지는 않겠으나, 다만 헤겔이 현실의 변동성이라는 이념을 제시하면서도, 그 안에 불변의 최고 법칙, 즉 절대정신Idea of the Absolute이라는 개념을 유지하고 있었다는 점은 지적해 둘 필요가 있다. 헤겔에 의하면 마지막까지 분석해 보면, 종국적으로 어딘가에 인간의 의사와는 무관하게 자연과 사회와 인간을 지배하는 불변의 법칙들이 존재한다는 것이다.

비록 변화의 현실이라는 이념을 강조하긴 했으나, 마르크스 특히 엥겔스는 객관적 세계 또는 물질세계의 법칙들은 불변이고 인간으로부터 독립된 것이라고 주장하였다. 다윈Charles Robert Darwin. 1809-1882이 생물을 지배하는 법칙을 발견한 것과 마찬가지로 마르크스는 인간의 삶과 사회를 지배하는 제반 기본 법칙을 발견할 수 있다는 확신을 갖고 있었다. 어쨌건 마르크스는 몇 가지 사회적 법칙, 특히 이런 법칙들이 초기 산업자본주의 시대에 작동하는 방식을 정리했다.

마르크스의 주장을 정확하다고 인정한다 하더라도, 이 사실만으로는 마르크스가 사회의 모든 법칙들을 남김없이 발견했다고 하는 현대 공산주의자들의 주장은 정당화될 수 없다. 라마르크Jean-Baptiste Lamarck. 1744-1829와 다윈이 발견한 것들을 토대로 가축을 사육하는 것과 동일한 방식으로 마르크스의 사상을 좇아 사회를 개조하려는 공산주의자들의 시도는 더더구나 정당화될 수 없는 것이다. 인간 사회를 동물의 종이나 무생물에 비할 수는 없다. 인간 사회란 개인과 집단으로 이루어져 있고, 그 개인과 집단은 사회 속에서 끊임없이 의식적으로 활동하고, 성장하며 변화하고 있기 때문이다.

현대 공산주의가 자신의 존재를 비록 독특하고 절대적인 것은 아니라 하더라도, 어떤 경우에 건 변증법적 유물론에 기초한 최고의 과학이라고 허세를 부리는 그 속에 이미 전제주의의 씨앗들이 숨어 있는 것이다. 비록 그 자신이 그렇게 생각하지 않았을는지는 몰라도 이런 허장성세의 뿌리는 마르크스의 이념들 속에서 발견할 수 있다. 현대 공산주의는 객관적 또는 불변의 법칙들이 존재한다는 걸 부인하지 않는다. 그러나 공산주의는 일단 권력을 장악하고 나면 인간 사회와 개인에 대한 태도를 돌변하여 전혀 상반된 태도를 취하고, 권력을 확보하기 위해 그 이론에서 제시하는 바와는 다른 수단들을 사용한다.

사회를 지배하는 법칙들을 자기들만이 알고 있다는 전제에서 출발하기 때문에, 공산주의자들은 이렇게 독점된 지식들에 의해 자신들은 사회를 변화시키고 그 활동을 통제할 수 있는 권력과 배타적 권리를 부여받는 것이라고 아주 조잡하고 비과학적인 결론을 고수한다. 이것이 그들 체제의 치명적 오류이다.

헤겔은 프러시아의 군주를 자신의 절대정신의 구현이라고 주장하였다. 반면 공산주의자들은 자신들을 객관적인 사회적 갈망의 화신이라고 주장한다.[A] 공산주의자들과 헤겔 사이에만 차이가 있는 것이 아니다. 공산주의자들과 프러시아 군주들 사이에도 또한 차이가 있다. 프러시아 군주들은 공산주의자들이 자기들에게 하고 있는 것처럼 그렇게 자신을 높은 존재로 생각하거나, 절대적인 존재로 자신을 주장하지도 않았다.

1.2. 과학으로 둔갑한 선전 · 선동

헤겔 본인은 아마도 자신의 발견으로부터 도출된 결론들이 보여 주는 가능성으로 인해 당혹하였을 것이다. 예를 들어, 모든 사물이 끊임없이 변전(變轉)한다면, 그 자신의 이념에는 어떤 일이 벌어질 것이며, 또 그가 보존하길 원했던 사회에는 무슨 일이 생길 것인가? 헤겔은 국왕에 의해 임명된 교수였기 때문에 어떤 경우에라도 자기 철학에 입각한 사회변혁을 공공연하게 주창할 수는 없었을 것이다.

마르크스는 그렇지 않았다. 그는 한 청년으로서 1848년의 혁명에 적극적으로 참가하였다. 그는 헤겔의 사상들을 통해 극단적인 결론에 도달하였다. 유럽 전역을 휩쓸고 있는 피비린내 나는 계급 투쟁은 새롭고 보다 고차원적인 그 무엇을 향해 전진하려는 안간힘이 아니었던가? 마르크스에게는 헤겔, 보다 엄밀히 말해 자신이 해석한 헤겔이 옳다고 판명되었을 뿐 아니라 과학이 사회에 적용될 수 있는 법칙들을 포함하여 객관적 법칙들을 급속하게 발견 해낸 마당에 철학적 체계는 더 이상 의미와 타당성을 잃은 것처럼 보였다.

과학의 분야에서는 콩트Auguste Comte. 1798-1857의 실증주의가 연구 방법으로서 이미 개가를 거두고 있었고, 영국 경제학파인 아담 스미스Adam Smith. 1723-1790, 리카아도David Ricardo. 1772-1823 등도 그 절정에 이르고 있었다. 자연과학에 있어서는 날로 획기적인 법칙이 발견되고 있었다. 근대 산업은 과학적인 생산 기술을 기초로 하여 놀라운 성과를 얻고 있었으며, 젊은 자본주의는 벌써부터 프롤레타리아트의 고통 속에서, 그리고 투쟁의 시작 속에서 그 상처를 드러내고 있었다. 분명히 이것은 누가 봐도 과학이 지배하는, 심지어 사회에 대하여도 과학이 지배하는 시대가 시작되었고, 인류의 행복과 자유에 대한 최종적인 장애물인 자본주의적 소유 개념에 대한 제거가 시작되었음을 알려 주는 것이었다.

위대한 결론이 내려질 시기는 무르익었다. 마르크스는 그러한 결론을 공표할 담력과 실력도 갖고 있었지만, 그에겐 그가 의지할 수 있는 사회적 세력social forces이 없었다. 마르크스는 과학자이면서 사상가였다. 과학자로서의 마르크스는 특히 사회학의 분야에서 몇 가지 중요한 것들을 발견하였다. 사상가로서의 그는 현대 역사에 있어서 가장 크고 중요한 정치 운동, 즉 처음에는 유럽에서 생겨났고 지금은 아시아에서 진행되고 있는 이데올로기적 기반을 제공하였다.

그러나 마르크스는 과학자이자, 경제학자, 그리고 사회학자였기 때문에 굳이 그 자신이 나서서 전체를 포괄하는 철학적 또는 이념적 체제를 수립하려는 생각은 하지 않았다. 그는 일찍이 "한 가지 확실한 건 내가 마르크스주의자가 아니라는 것"이라고까지 말한 적도 있다. 그의 탁월한 과학적 재능은 마르크스를 오웬Robert Owen. 1771-1858이나 푸리에Charles Fourier. 1772-1837같은 앞선 시대의 사회주의자들 보다 높은 반열로 올려놓았다. 또한 그가 모든 것을 포괄하는 사상 또는 그 자신의 철학 체계를 고집하지 않았다는 사실이 그로 하여금 그의 제자들보다 훨씬 돋보이게 만들어 주었다.

마르크스의 제자들은 부레하노프Georgi Plekhanov. 1856-1918, 라브리올라Antonio Labriola. 1843-1904, 레닌Vladimir Lenin. 1870-1924, 카우츠키Karl Kautsky. 1854-1938, 스탈린Joseph Stalin. 1878-1953의 사례에서 보듯이 대개가 관념론자들이었고, 과학자로 부르기엔 큰 한계가 있었다. 이들이 주로 바랐던 것은 마르크스의 이념에서 도출한 하나의 체제를 만들어 내는 것이었는데, 철학도 변변히 알지 못하였고 그런 것에는 재능이 없는 자일수록 더욱 그러했다. 시간이 지남에 따라 마르크스 후계자들은 마르크스의 학설을 세상을 포괄하는 하나의 완전하고 종국적인 교훈으로 금과옥조로 제시하면서, 자신들에게는 거의 완전무결한 마르크스의 업적을 계속 이어 가야 할 책임이 있다고 간주하는 경향성을 띠었다. 과학은 서서히 선전 · 선동에 자리를 양보하고 그 결과 선전은 자신을 과학으로 포장하여 드러내는 경향이 심화되었다.

자기가 속한 시대의 산물이었던 마르크스는 그 어떤 유형의 철학에 대한 필요성도 부정했다. 그의 가장 친근한 벗이었던 엥겔스는 과학의 발전과 더불어 철학은 죽었다고 선언하였다. 마르크스 명제들은 전혀 독창적인 것이 아니었다. 소위 과학적인 철학, 특히 특히 콩트의 실증주의와 포이에르바하Ludwig Feuerbach. 1804-1872의 유물론을 좇은 과학적 철학이 일반적 유행이 되어갔다.

마르크스가 여하한 종류의 철학에 대하여도 그 필요성이나 정립 가능성을 부인했던 이유를 쉽게 이해할 수 있다. 그런데 마르크스 후계자들이 왜 그의 사상을 하나의 포괄적 체제, 하나의 새롭고 배타적인 철학으로 편성하려고 애썼는지, 그 이유는 이해하기 어렵다. 비록 그들이 그 어떤 철학의 필요성도 부정할지는 몰라도, 현실에서 그들이 한 것은 자신들이 '가장 과학적most scientific' 또는 '유일한 과학적only scientific' 체계라고 여기는 자신들만의 교리Dogma를 만들어 냈다는 것이다. 과학적 열정이 일반에까지 퍼져 있고, 과학으로 인해 일상적 삶과 산업에 커다란 변화가 몰아치던 시대에, 그들은 유물론자가 되지 않을 수 없었을 것이다. 그리고 특별히 자신들을 당대의 모든 기존 관념들과 충돌을 빚던 사회적 계층을 대변한다고 자부하는 까닭에, 자신들을 '유일한' 과학적 관점과 방법을 갖고 있는 '유일한' 대표자로 간주하였던 것이다. 마르크스 이념에 영향을 끼친 것은 당시의 과학적 분위기, 과학에 대한 그의 선호, 그리고 노동 계급의 운동에 크건 작건 과학적 토대를 제공하려던 그의 혁명적 열망이었다. 그러나 마르크스의 제자들이 마르크스의 관점을 하나의 교리 바꾸었을 때, 거기에는 다른 영향과 다른 동기가 있었다.

만일 유럽 내에서의 노동 계급 운동의 정치적 필요성이 그 자체로 하나의 새롭고 완결된 이데올로기를 요구하지 않았던들, 비록 마르크스 경제 연구라든가, 사회 연구가 최고의 과학적 및 저술적 위치에 있다 할지라도, 마르크스주의라고 자칭하는 철학 즉, 변증법적 유물론은 달리 깊이가 있는 것도, 독창적인 것도 아닌 것으로서 버려지고, 잊혀졌을 것이다.

마르크스주의 철학의 강점은 그 과학적인 요소에 있는 것이 아니라 대중 운동과의 연결에 있는 것이며, 무엇보다도 변화하는 사회의 객관성을 강조하는 데 있다. 공산주의자들은 기존 세계는 변화를 피할 수 없기 때문에, 바로 그 단순한 이유로 인해 변화할 것이고, 이미 그 안에 자신과 대립하며 파괴하는 씨앗을 내포하고 있다고 하면서, 노동 계급은 이 변화를 바라고 또 변화에 영향을 미칠 수 있다는 주장을 반복해서 되풀이한다. 예상대로 이 철학의 영향력은 점점 커져서 유럽 노동계급 운동 내에 이것은 위력 있는 사상으로, 적어도 하나의 방법으로서 전능하다는 환상을 창조하였다. 그러나 영국과 미국처럼 유사한 조건들이 존재하지 않는 나라에서는 노동자 계층이 강하고 노동자 계급 운동이 강대하였음에도 불구하고, 마르크주의 철학의 영향이나 중요성은 보잘 것이 없었다.

과학적 견지에서 본다면 마르크주의 철학은 주로 헤겔과 유물론의 이념을 토대로 하고 있는 만큼 새삼 중요한 것은 아니었다. 그러나 새로운 피압박 계급의 이데올로기 특히 정치 운동의 이데올로기의 입장에서는, 유럽에서 시작하여, 러시아를 거쳐 아시아에서 새로운 시대의 한 획을 그었고, 새로운 정치 운동, 새로운 사회체제의 기초를 마련해 주었다.

1.3. 공산주의와 사회 민주주의, 분화와 운명

마르크스는 자본주의 사회를 대체하는 체제는 부르주아지와 프롤레타리아트의 양 기본 계급 간의 혁명적 투쟁으로써 나타날 것이라고 생각하였다. 그 충돌은 마르크스에게는 더욱더 가능성이 높게 다가왔는데, 왜냐하면 당시의 자본주의 체제하에서 주기적인 경제 위기로 인해 흔들리는 사회의 양 극단에 있는 빈부는 걷잡을 수 없이 확대되고 있었기 때문이다.

끝까지 따져 보면 마르크스의 가르침은 산업혁명의 산물이며, 산업 프롤레타리아트의 보다 나은 생활a better life을 향한 투쟁의 소산이었다. 산업혁명에 수반된 대중의 극심한 빈곤과 비인간적 취급이 마르크스에게 강렬한 영향을 주었다는 것은 우연이 아니다. 그의 중요한 저술인 〈자본론Das Kapital〉은 이러한 주제에 관하여 중요하고도 마음을 격동시키는 많은 내용을 담고 있다. 19세기 자본주의의 특징이었던 반복적인 공황은 빈곤과 인구의 급격한 증가와 함께 자연스럽게 마르크스를 혁명만이 유일한 해결책이라는 신념으로 이끌어 갔다. 마르크스는 혁명은 모든 나라에서 일어나야 한다고 생각하지 않았고, 특히 민주주의 제도가 이미 사회적 삶의 하나의 전통이 되어 버린 곳에서는 불가피한 것이라고 여기지 않았다. 그는 어떤 대담을 통해 그런 나라들의 사례로 네델

란드, 영국, 그리고 미국을 꼽았다. 하지만 그의 사상 전반을 들여다보면 혁명의 불가피성은 그의 기본적 신념 중 하나였다는 결론을 내릴 수 있다. 그는 혁명을 믿고 혁명을 전파했다. 그는 혁명가였다.

조건부였고 보편적으로 적용될 수 있는 것이 아니었던 마르크스의 혁명 사상은 레닌에 의하여 절대적이며 보편적인 원칙으로 바뀌었다. 아마도 그의 가장 도그마적 저술이라고 할 수도 있는 〈좌익 공산주의의 소아병The Infantile Disorder of Left-Wing Communism〉에서, 레닌은 이 원칙을 한층 발전시켜 어떤 국가들의 경우에는 혁명이 불가피한 것이 아니라는 마르크스와 입장을 달리하기 시작했다. 레닌은 영국의 경우 제1차 세계대전 중 군국주의 국가로 되었고, 그 결과 영국의 노동 계급은 혁명 아닌 다른 수단을 선택할 수 없게 되었기 때문에, 영국은 더 이상 혁명을 거치지 않아도 되는 나라로 간주할 수 없다고 하였다.

레닌은 틀렸다. 그는 '영국 군국주의'가 일시적인 전시 국면의 전개에 불과했었다는 사실을 이해하지 못했을 뿐 아니라, 영국이나 그 밖의 서유럽 각국에서 민주주의와 경제적 진보가 한층 더 진전될 것이라는 점을 예상하지 못하였기 때문에 틀릴 수밖에 없었던 것이다. 레닌은 또한 영국 노동조합 운동의 성질을 이해하지 못하고 있었다. 그는 자신이나 마르크스의 결정론적인 과학적 이념에 너무 집착하면서 고도로 발전한 나라들에서의 노동 계급의 객관적인 사회적 역할 및 그들의 잠재적인 역량에 거의 주목하지 않았다. 그는 부인할는지 몰라도, 사실상 그는 자기 이론이나 러시아 혁명의 경험이 보편적으로 적용될 수 있다고 선포했던 것이다.

이 문제에 관한 마르크스의 전제와 결론을 본다면 혁명은 무엇보다도 우선 고도로 발달한 자본주의 국가에서 발생하는 것이다. 혁명의 결과, 즉 새로운 사회주의 사회는 현존 사회인 소위 자유 자본주의보다도 한층 더 새로운 자유를 가져올 것이라고 마르크스는 믿고 있었다. 이러한 신념은 이해할 수 있다. 마르크스도 그의 시대, 즉 자유주의적 자본주의 시대의 한 산물로서 자본주의는 어떤 유형이건 배척하고 보는 동시대의 행위 속에 존재하였던 인물이기 때문이다.

자본주의를 대신하여 보다 고도의 경제-사회적 형태, 즉 사회주의가 등장할 뿐 아니라 한층 더 고도의 인간 자유가 실현될 것이라는 마르크스의 주장을 발전시키는 과정에서 사회민주주의자Social Democrats들은 당당하게 자신들을 마르크스의 후계자로 간주하였다. 자본주의에 대한 대체는 오로지 혁명적 수단에 의해서만 일어날 수 있다는 사고의 원천으로서 마르크스를 인용했던 공산주의자들 못지않게 사회민주주의자들 역시 마르크스의 후계자로 자처할 권리가 있다. 그러나 마르크스를 신봉하고 있는 두 집단, 즉 사회민주주의자와 공산주의자가 자기 이념의 뿌리로서 마르크스를 인용하면서 정당성을 주장하는 것은 부분적으로만 맞는 말이다. 마르크스의 사상을 인용하는 가운데 두 집단은 각자의 실천 행위를 변호하는데, 그 실천은 서로 다를 뿐 아니라 이미 변화된 사회에 뿌리를 두고 있었던 것이다. 그래서 저마다 마르크스 이념에 토대를 두고, 그것에 의존한다고 하면서도 사회 민주주의자와 공산주의 운동은 각기 서로 다른 방향으로 발전해 갔던 것이다.

정치적 및 경제적 발전에 어려움을 겪고, 사회 내에서의 노동 계급의 역할이 미미했던 국가들에 있어서는 마르크스의 교훈에서 추출한 제도와 교리를 만들어 낼 필요성이 천천히 대두되었다. 게다가 러시아 및 그 후의 중국과 같이, 경제력 및 사회적 관계가 아직까지 산업 변혁을 가져올 정도로 성숙되지 못한 나라들에서는 마르크스의 학설 중에서 혁명적 측면의 채용과 교리화dogmatization는 한층 더 급속하고 완전하였다. 노동 계급 운동에 의한 혁명이 강조되었던 것이다. 이런 나라들에서는 마르크스주의는 점점 더 강화되고, 혁명 정당의 승리와 더불어 지배적인 이념이 되었다.

독일 같은 나라들에서는 정치적 및 경제적 발전상에 비춰 봤을 때 혁명은 필요하지 않았으며, 마르크스의 교훈 중에서 혁명적인 면보다는 민주주의적이며 개량주의적인 면이 우세하였다. 반 교조주의적anti-domatic 이념적 및 정치적 경향은 노동계급에 의한 개혁reform에 중점을 두도록 하였다. 적어도 겉으로 보기엔 첫 번째 경우에는 마르크스와의 연계성이 강했고, 두 번째 경우에는 후자의 경우에는 약하였다.

사회 발전과 이념의 발전은 유럽 사회주의 운동에서 심각한 분열로 이어졌다. 개략적으로 말하자면, 정치적 및 경제적 상황의 변화는 사회주의자들에 일어났던 이념적 변화와 일치하는데, 이것은 그들이 현실을 봄에 있어 자신들의 당파적 관점에 따라 상대적 방식으로, 다시 말해 불완전하고 한쪽에 치우친 방식으로 해석하였기 때문이다.[B] 러시아의 레닌과 독일의 베른슈타인Eduard Bernstein. 1850-1932은 두 극단인데, 이 극단을 통해 상이한 변화, 사회적 및 경제적, 그리고 노동 계급 운동의 상이한 '현실realities'을 볼 수 있다.

원조 마르크스주의는 거의 아무것도 남아 있지 않았다. 서방에서 마르크스주의는 이미 사멸했거나 또는 사멸 중이었고, 동방에서는 공산주의가 수립된 결과 마르크스의 변증법과 유물론에서 형식주의와 교리주의의 잔재만이 남았을 뿐이었다. 남은 잔재들은 권력을 강화하고, 압제를 합리화하며, 인간의 양심을 억압하기 위하여 이용되었다. 동방에서도 또한 마르크스주의는 사실상 포기되었음에도 불구하고, 경직된 교조주의로서 더욱더 강하게 작동하였다. 마르크스주의는 동방에서는 이념 이상의 것이었다. 새로운 통치, 새로운 경제, 새로운 사회제도였다.

마르크스가 그 제자들에게 이런 식의 사회 발전의 자극을 주긴 했지만, 그 자신은 이런 식의 진전은 원치 아니하였고 기대도 하지 않았다. 역사 법칙을 해석하려던 뭇사람들을 배신했던 역사는 이 위대한 주인도 배신하였다.

마르크스 이후의 발전의 양태는 어떠했는가? 1870년대에 들어와 독일 · 영국 · 미국과 같은 산업혁명이 이미 일어난 국가들 속에서는 기업들과 독점이 생기기 시작하였다. 20세기 초에 이르러 이런 상황은 절정에 이르렀다. 홉슨John Atkinson Hobson. 1858-1940, 힐퍼딩Rudolf Hilferding. 1877-1941 그 밖의 사람들이 이러한 경향을 과학적으로 분석하였다. 레닌은 〈자본주의 최후의 단계로서의 제국주의Imperialism, the Final Stage of Capitalism〉라는 저술에서 주로 위와 같은 저자들의 논거를 기초로 정치적 분석을 행하여 몇 가지 예언을 한 바 있지만, 대개 틀린 것으로 판명되었다.

노동 계급은 갈수록 빈곤해질 수밖에 없다는 마르크스의 이론은 그가 이론적 근거로 삼았던 여러 나라에서의 발전을 통해 더 이상 지지될 수 없었다. 하지만 휴 세튼 - 왓슨Hugh Seton-Watson. 1916-1984이 〈레닌에서 말렌코프까지From Lenin to Malenkov〉[1] 라는 책에서 서술하고 있는 바와 같이, 마르크스의 빈곤화 이론은 주로 동유럽의 농업국가들의 경우에는 어느 정도 맞아떨어지는 것 같았다.

그리하여 서방에서 마르크스의 지위는 역사가 또는 학자의 지위로 떨어졌으나, 동유럽에서는 새로운 시대의 예언자가 되었다. 그의 가르침은 신흥 종교가 그런 것처럼 사람을 도취시키는 효능을 발휘하였다. 앙드레 모로André Maurois. 1885-1967는 〈영국사The History of England〉의 유고어(語) 판에서 마르크스와 엥겔스의 이론이 지지를 얻도록 기여한 서유럽의 당시 상황을 다음과 같이 서술하고 있다.

"엥겔스가 1844년 맨체스터를 방문하였을 때 그는 35만 명의 노동자가 습기 차고, 누추하고, 허물어져 가는 집들을 꽉꽉 매운 채, 물과 석탄을 섞은 듯한 공기를 호흡하고 있는 광경을 발견하였다. 그는 탄갱에서 반은 벌거벗은 아낙들이 열등한 가축과 같은 취급을 받고 있는 것을 보

1 New York, Frederick A. Praeger, 1953

았다. 아동들은 어두운 갱도에서 하루를 보내며 원시적인 통풍기 같은 것을 열고 닫고 하는 작업에 내몰리고 있는 것을 보았다. 편직물 업종에서는 탈취가 극도에 달하고 있었으며, 네 살짜리가 사실상 무임금으로 일하고 있었다."

엥겔스는 자기 생전에 완전히 상반된 영국의 상황을 목격할 수 있었지만, 정작 보다 더 전율에 휩싸일 만한, 그리고 보다 더 심각한 절대적 빈곤을 목도했던 곳은 러시아, 발칸 제국, 아시아, 아프리카에서였다.

생산 기술의 개선은 서방 세계에 광범하고 구체적인 변화를 가져왔으며, 모든 면에서 그것은 대규모의 변화였다. 그것은 독점을 만들어 내고, 세계를 선진 제국과 독점 세력을 위한 제반 세력권으로 분할하였으며, 1차 세계대전과 러시아의 10월 혁명을 야기하였다. 선진국들에서는 생산력의 급속한 상승, 자원과 시장으로서의 식민 획득 등 일련의 전개가 노동자 계급의 지위를 변화시켰다. 개량reform을 목표로, 보다 나은 물질적 조건을 목표로 하는 투쟁은 의회주의적 통치 체제의 채택과 더불어 혁명적 이상을 뛰어넘는, 보다 현실적이며 가치 있는 것으로 여겨 졌다. 이런 나라들에서는 혁명은 무의미하고 비현실적인 것이 되었다. 아직 산업화industrialized되지 못하였던 나라들 특히 러시아에서는 상황이 완전히 달랐다. 그런 나라들은 산업화를 해야 하는가, 아니면 역사라는 무대 위에서 적극적 배역을 그만두고 선진국들과 그 독점 기업들의 포로가 되어 쇠퇴의 나락으로 굴러떨어져야 하는가, 이 둘 중의 하나를 선택하여야 하는 딜레마에 빠졌던 것이다.

토착자본과 이를 대표하는 계급과 정당들은 너무나 미약하여 급속한 산업화의 과제를 해결할 수 없었다. 이런 나라들의 경우 국민을 위해 혁명은 필수 불가결한 것으로 되었고, 혁명을 가져올 수 있는 것은 오직 하나의 계급, 즉 프롤레타리아트 내지 이를 대표하는 혁명 정당뿐이었다. 그 이유로는 다음과 같은 불변의 법칙이 있기 때문이다. 즉, 모든 인간 사회, 그리고 사회에 참여하는 모든 개인들은 생산 증대와 완전한 생산성을 위해 분투한다. 이렇게 하는 과정에서 그들은 다른 사회 및 개인들과 부딪치게 되고, 생존하기 위해 서로 경쟁하게 된다. 이런 생산의 증가와 확대는 끊임없이 개인적 · 정치적 · 법률적 · 국제적 관습 및 관계 등과 같은 각종 자연적 내지 사회적 장애에 부딪힌다. 이런 장애를 극복해야 하기 때문에 사회, 즉 일정한 시대에 있어 사회의 생산력을 대표하는 사람들은 사회의 내외에서 생기는 장애를 제거하거나, 변화시키고, 또 파괴하지 않으면 안 된다. 계급 · 정당 · 정치 체제 · 정치적 이념 등은 이런 운동성과 정체의 끊임없는 양상의 한 표현인 것이다.

어떠한 사회나 국민도 그 생존이 위협 당할 때까지 생산성이 뒤떨어지도록 놔두지는 않는다. 뒤떨어진다는 것은 곧 죽음을 의미한다. 가만히 앉아서 죽는 것을 기꺼워할 사람들은 없기에 인간들은 자신들의 생산과 존재에 장애를 조성하는 난관을 극복하기 위해서는 어떤 희생도 감당할 준비를 한다. 생산의 발전과 확장, 그리고 이에 뒤이은 사회적 결과를 가져오는 데 사용될 방식 · 힘 · 수단들을 결정하는 것은 환경과 물질적 및 지적 수준이다. 하지만 그것이 어떤 이념적 기치나 사회적 힘이 되었건 간에 생산의 발전과 확장을 위한 필요성은 생존에 급급한 개인들에게 맡겨서 해결될 수 없고, 사회와 국민은 당대에 자신들이 달성하길 바라고, 또 얻어내야 하는 목적에 가장 적합한 지도자들과 이념을 찾아내야 하는 것이다.

혁명적 마르크스주의는 독점 자본주의 시기에 산업이 발달한 서방에서, 러시아와 중국같이 산업 발전이 이뤄지지 않은 동방으로 이식되었다. 이때는 동방과 서방에서 사회주의 운동이 전개되던 중이었다. 이 사회주의 운동 단계는 제2 인터내셔널 하의 통합과 중앙집권화로 시작되었다가, 개량주의를 지향하는 사회민주주의 진영과 혁명을 지향하는 공산주의 진영으로 갈리면서 끝났고, 나중에 러시아의 혁명과 제3 인터내셔널의 결성으로 이어졌다. 산업화를 실현할 다른 방법이 없었던 국가들에서의 공산주의 혁명은 특별한 국가적 이유가 있었다. 19세기 말에 마르크주의자들이 출현하기에 앞서, 반(半) 봉건적인 러시아에서는 반세기에 걸쳐 혁명 운동이 존재하고 있었다. 뿐만 아니라 혁명을 요구하는 긴급하고도 구체적인 국제적, 경제적 및 정치적인 이유가 있었다. 근본적 이유, 다시 말해 산업적 변혁이 있어야만 한다는 절박한 필요성은 러시아, 중국, 유고슬라비아처럼 혁명이 발생한 모든 나라에 공통적인 것이었다.

마르크스 이후의 대개 유럽 사회주의 운동이 유물론적이며, 마르크스주의적이었을 뿐 아니라, 이념적으로 상당히 배타적 성격을 띠었는데 이는 역사적으로 불가피하였다. 구 사회의 모든 세력들이 단합하여 이들에 대항하였다. 교회, 학교, 사적 소유, 정부, 그리고 무엇보다 중요한 것은 끊임없는 유럽 대륙에서의 전쟁을 거치면서 초기부터 힘을 키워 온 유럽 국가들의 거대한 권력 기구들이 이들의 대적(對敵)이라는 사실이었다. 세상을 근본적으로 변화시키길 원하는 자라면 무엇보다 먼저 세상을 근본적으로, 그리고 '오류없이without error' 해석하지 않으면 안 됐다. 모든 새로운 운동은 이념적으로 배타적이 되어야만 하는데, 특히 승리를 확보하는 유일한 방법이 혁명인 경우에는 더욱 그러하였다. 그리고 만일 이 운동이 성공한다면, 그 성공 자체가 그 신념과 이상을 강화시켜 줄 것이었다. 비록 독일과 기타 다른 사회민주주의 정당들에서는 모험적인 의회주의 방법과 파업이 개량주의자들의 입지를 강화시키는데 성공했지만, 러시아 노동자들, 피를 흘리지 않고서는 자신들의 지위를 한 푼어치도 개선할 수 없었던 러시아 노동 계급에 있어서는 절망과 굶주려 죽을 형편에서의 탈출을 위하여는 무기를 사용하는 것 외에 다른 선택이 없었다.

하지만 동유럽 국가들, 즉 폴란드 · 체코슬로바키아 · 헝가리 · 루마니아 · 불가리아에는 이 규칙이 적용되지 않는다. 적어도 위 나라들 중 폴란드, 체코슬로바키아, 헝가리는 러시아의 경우와는 완전히 달랐다. 위 국가들은 소련의 군사력에 의해 억지로 공산주의를 떠맡는 바람에 혁명을 경험하지 않았다. 그중 몇몇 나라는 이미 산업적 변혁을 달성하고 있던 중이었기 때문에 산업혁명을 긴급하게 필요로 한 것도 아니었고, 최소한 공산주의적인 방법에 의한 것도 아니었다. 이 나라들의 경우엔 외부로부터, 위로부터, 외세의 총검과 폭력 기구에 의하여 혁명이 억지로 강요되었다. 체코슬로바키아와 같이 가장 산업이 발달했던 나라를 제외하고 다른 나라들에서 공산주의 운동은 미약하였었다. 체코슬로바키아에서 공산주의 운동은 전시 하의 소련의 직접적 군사 개입과 1948년 2월의 쿠데타까지는 좌익운동이나 의회주의적인 사회주의 운동과 흡사했었다. 이러한 국가들에서는 공산주의자들의 세력이 약하였기 때문에 그들의 공산주의 내용과 형식도 소련과 똑같이 되지 않을 수가 없었다. 소련이 자국의 제도를 주입하자, 국내의 공산주의자들은 냉큼 이를 받아들였다. 공산주의 세력이 약하면 약할수록 '맏형big brother' 격인 전체주의적 러시아 공산주의를 형식까지도 그대로 베끼지 않을 수 없었던 것이다.

공산주의 세력이 비교적 강했던 프랑스나 이태리 같은 나라는 산업이 보다 발달한 국가들과 보조를 맞추기 위해 고투 중이었기 때문에, 사회적으로 어려움에 처했었다. 이런 나라들은 이미 민주주의 혁명과 산업혁명을 경험하였기 때문에, 그 공산주의 운동은 러시아, 유고슬라비아, 그리고 중국에서의 그것과는 완전히 달랐다. 그런 까닭에 프랑스와 이태리에서는 혁명의 기회를 잡을 수 없었다. 정치적으로 민주주의 체제하에서 살아가며 활동하던 프랑스와 이태리의 공산당 지도자들은 의회주의적 환상에서 완전히 해방될 수 없었다. 혁명에 관한 한 이들은 본인들의 혁명 역량보다는 국제 공산주의 운동과 소련의 원조에 의지하는 경향을 보였다. 그런데 이들을 빈곤과 비참함과 싸우는 투사로 간주하고 있던 추종자들은 순진하게도 당이 한층 광범하고 더욱 진정한 민주주의를 위해 투쟁하는 중이라고 믿었다.

현대 공산주의는 근대 산업화의 시작과 함께 하나의 이념으로서 등장하였다. 산업 발전이라는 근본 목적을 달성한 나라들 안에서 공산주의는 죽어가고 있거나 제거되고 있는 중이다. 따라서 후진국들 사이에서의 공산주의의 역사적 역할이 혁명이 야기해 왔던 그 과정과 성격을 결정하고 있는 것이다.

Unknowntown

2

제2장 혁명의 성격Character of the Revolution

2.1. 볼셰비키 혁명의 성공 요인

역사는 공산주의 혁명이 발생한 나라들의 경우에는 그곳에 있었던 여타의 정당들도 기존의 정세에 불만을 갖고 있었음을 보여준다. 그 가장 좋은 사례는 혁명적 정당으로는 공산 혁명을 달성했던 정당만이 유일하지 않았던 러시아이다. 하지만 현상 유지status quo에 반대하면서, 견고하면서 일관되게 산업 변혁industrial transformation을 지지했던 정당은 공산당이 유일하였다. 현실적으로 이 두 가지를 추구한다는 것은 기존의 소유관계를 근본으로부터 파괴한다는 것을 의미하였다. 이 점에 있어서는 러시아의 어떤 정당들도 거기까지 나아가지 못했으며, 그 정도로 '산업적'이지 못했다.

왜 이런 정당들이 자신들의 강령에서 사회주의를 채택하였어야 했는지 그 이유는 그리 명확하지 않다. 제정 러시아에 존재하였던 후진적 상황 하에서 자본주의적 사적 소유제capitalist private ownership는 급속한 산업 변혁을 성취할 능력을 갖기 어려웠을 뿐 아니라 사실상 이를 저해하고 있었다. 매우 강력한 봉건 제도가 여전히 남아 있는 상태에서 사유재산 계급이 형성되어 가고 있는 한편으로, 러시아보다 발달한 나라들의 독점 사업자들이 풍부한 원료와 시장을 갖고 있는 이 나라의 광대한 지역을 계속 장악하고 있었다. 러시아 역사를 보면, 제정 러시아는 산업혁명에 있어서 뒤처질 운명에 있었다. 러시아는 종교개혁과 르네상스를 경험하지 못한 유일한 유럽 국가였다. 또한 중세 유럽에서의 도시 국가 같은 것도 전혀 갖고 있지 아니하였다. 퇴행적이고 반(半) 봉건적인 절대주의 왕정에 관료적 중앙집권 체제를 갖고 있는 러시아는 근대 세계

자본주의의 소용돌이에 휩싸인 채, 거대한 금융 집단의 재정적 이익이라는 덫에 걸려 있었다. 그리고 거기에 몇몇 지역에서는 프롤레타리아트가 급속하게 성장하고 있었다.

레닌은 그의 책 〈자본주의의 최후의 단계로서의 제국주의〉에서 러시아 내의 대(大) 은행의 자본 4분의 3이 외국 자본가들의 수중에 있다는 사실을 기록하고 있다. 트로츠키Leon Trotsky, 1879-1940도 러시아 혁명사에 관한 그의 저술에서 러시아의 산업자본의 지분 5분의 2가 외국인의 지배하에 있고, 몇몇 주요 산업에 있어서는 외국인 지분이 그보다 더 많았다고 강조하고 있다. 유고슬라비아의 경우에도 외국인들이 가장 중요한 경제 부문에서 결정적인 영향력을 행사하고 있었다. 이런 사실들만으로는 무엇이 입증되지는 않는다. 그러나 이것은 외국 자본가들이 자신들의 힘을 이용하여 이런 나라들의 발전을 억누르고, 전적으로 자신들의 원자재 및 값싼 노동의 원천에 필요한 범위 내에서만 이 나라들을 활용함으로써, 결과적으로 해당 국가들은 정체되고 나아가 쇠퇴하기 시작하였음을 보여준다.

이런 국가들에서 혁명의 완수라는 역사적 임무를 지닌 당으로서는 대내 정책에서는 반자본주의적anti-capitalistic, 대외 정책에서는 반제국주의적anti-imperialistic이 되어야만 했다. 내부적으로는 국내 자본이 미약하였고, 있다 하더라도 대부분 외국 자본의 도구나 그 계열이었다. 그러므로 산업혁명에 지대한 관심을 품고 있었던 것은 자본가 계급이 아니라, 다른 계급, 즉 점점 가중되는 빈곤에 시달리던 소작농으로부터 나온 프롤레타리아트였다. 이미 프롤레타리아트가 된 사람들에게 있어서 무지막지한 탈취를 없애는 것이 생사의 문제였던 것과 마찬가지로, 조만간 프롤레타리아트로 될 처지에 있는 사람들에게 있어서도 산업화는 생존의 문제였다. 따라서 이 양자를 모두 대표한 운동은 반자본주의적, 다시 말해 그 이념, 구호 및 약속에 있어서 사회주의적이 되지 않을 수 없었던 것이다.

혁명 정당은 산업혁명의 실행을 진지하게 추구하지 않을 수 없었기 때문에 모든 국내의 자원을 수중에 장악하였는데, 특히 가혹한 탈취와 비인간적인 방법으로 인하여 대중의 원성을 사고 있던 국내 자본가들의 자산이 일차적 목표였다. 물론 혁명 정당은 외국 자본에 대하여도 유사한 입장을 취해야 했다. 여타 정당들의 경우에는 이와 비슷한 강령을 따를 수 없었다. 그들은 모두 구체제로 회귀하여 기왕의 안정된 관계를 보존할 것인지, 아니면 기껏해야 점진적이며 평화적인 발전을 원하였다. 예를 들어, 러시아의 '사회주의 혁명당Socialist-Revolutionary Party'과 같은 반자본주의적 정당들은 사회를 여유롭고 소박한 농민적 생활로 복귀시킬 것을 주장하고 있었다. 심지어 러시아의 '멘셰비키Mensheviks'같은 사회주의 정당조차도 자본주의의 자유로운 발전을 저해하는 장벽을 폭력으로 부숴 버리는 것 외에 한 발자국도 앞으로 전진하지 않았다.[C] 그들은 나중에 사회주의에 도달하기 위해 우선 자본주의를 충분히 발전시켜야만 된다는 입장을 취하고 있었다.

그러나 러시아에서의 문제는 전혀 달랐다. 이런 나라들에서는 구(舊)제도로의 복귀도, 자본주의를 무제한으로 발전시킨다는 것도, 모두가 불가능한 일이었다. 그 당시의 국제 정세와 국내 상황 아래에서는 이러한 나라들의 발전을 모색한다는 것, 즉 산업혁명이라는 긴급한 과제를 해결함에 있어서는 위 두 가지 모두 해결책이 될 수 없었다. 반자본주의적 혁명과 급속한 산업화를 지향하는 당만이 성공할 전망을 지니고 있었다. 게다가 그런 당은 그 신조가 사회주의적이어야만 했다. 그러나 그러한 당은 당대의 전반적 사정을 주도하는 여건, 그리고 노동 내지 사회주의 운동 내에서 활동해야만 했기 때문에, 근대 산업은 불가피하고 유용하다는 개념에 이데올로기적으로 의존하면서도, 아울러 혁명은 불가피하다는 교리도 채용하지 않을 수 없었던 것이다. 이런 개념은 이미 존재하고 있었으므로 단지 수정을 가하기만 하면 되었다. 그 개념이 바로 마르크스주의, 그 혁명적 측면이었다. 그러한 당에게 혁명적 마르크스주의 또는 유럽 사회주의 운동과의 결합은 예정된 수순이었다. 같은 맥락에서 후일 혁명이 진전되고, 선진국들 내에서 조직적 변화가 있게 되자, 그러한 당이 자신을 유럽 사회주의의 개량주의와 결별을 고한 것 역시 본질적으로 피할 수 없는 일이었다.

막대한 희생을 치르고 무자비한 폭력을 수반했던 혁명 및 급속한 산업화의 불가피성은 이 땅에 천국을 가져올 것이라는 약속을 하였을 뿐 아니라, 그 가능성에 대한 믿음까지 요구하게 되었다. 혁명이 진행되면서 다른 사람들과 마찬가지로 혁명에 순응적이었던 사람들, 혁명과 산업화의 지지자였던 사람들도 종종 기존의 마르크스주의와 사회주의 이론에서 이탈하였다. 하지만, 그들이 그 이론에서 완전히 탈피한다는 것은 불가능한 일이었다.

사실 자본주의 및 자본주의적 관계capitalist relationship는 그 당시 주어진 상황에서는 사회가 생산을 개선하고 증대시키기 위한 필요성과 열망을 표출하는데 사용함에 있어 적정하고도 불가피한 양식이자 기술이었다. 영국의 경우 19세기 전반부에 자본주의가 생산을 개선하였고 증대시켰다. 그리고 영국의 산업가들이 더 높은 수준의 생산을 하기 위해 농민층을 희생시켜야만 했듯이, 러시아에서는 산업가 내지 부르주아가 산업혁명의 희생자가 되어야만 했다. 산업혁명에의 참여자와 그 형식은 달랐지만, 두 가지 경우에 있어서 법칙은 동일하였던 것이다. 어느 사례에서나 산업혁명을 촉진하고 가능한 한 생산을 늘리고 개량하기 위하여 각종 슬로건과 약속, 신념과 고상한 이상, 그리고 특별한 통치 형식을 내걸어야 했다는 점에서 사회주의는 불가피한 측면이 있었다.

2.2. 공산주의 혁명에서의 폭력의 뿌리

예전의 모든 혁명들은 새로운 경제 내지 사회적 관계가 대세로 자리잡기 시작하고, 낡은 정치 제도가 앞날의 발전을 가로막는 유일한 장애물이 되면서 촉발되었다. 이러한 혁명은 모두 낡은 정치 형태를 부수고 낡은 사회 내에 이미 성숙해 있던 사회적 힘과 관계에 길을 터주는 역할 그 이상도, 그 이하도 아니었다. 혁명가들이 프랑스 혁명 당시 자코뱅 당원들이 그랬던 것처럼, 폭력을 동원하여 그 어떤 것을, 다시 말해 경제적 및 사회적 관계를 형성해 보려 했을지라도, 이미 존재하고 있던 흐름과 상반되는 시도는 실패하고 곧 몰락해 버렸다.

종전의 모든 혁명에 있어서 폭력은, 새롭긴 하지만 이미 보편적으로 자리 잡은 경제세력과 사회세력, 경제관계와 사회관계의 도구였으며, 주로 그 결과로서 나타났다. 혁명 과정에 있어서 비록 폭력이 적당한 한계를 넘는 경우가 있다 하더라도, 종국적으로 따져 보면 혁명적 폭력이란 긍정적이면서 달성 가능한 목표를 지향하는 것이어야만 했다. 마찬가지로 테러와 독재정치는 불가피하다 하더라도 오로지 일시적인 현상이었다. 이른바 부르주아 혁명bourgeois revolutions은 프랑스의 경우에서처럼 대중의 참여를 통해 아래에서부터 달성되었는지, 아니면 비스마르크Otto von Bismarck. 1815-1898 시대의 독일처럼 쿠데타를 통해 위로부터 달성되었는지를 불문하고, 모두 정치상의 민주주의로 끝나야만 했다. 그것은 이해할 수 있는 일이다. 부르주아 혁명의 임무는 낡은 전제정치제도를 타파하고, 이미 존재하고 있었던 경제 그 밖의 필요 특히 자유로운 물질생산의 필요에 부응하는 정치관계를 수립하는 데 있었기 때문이다.

그런데 현대 공산주의 혁명은 전혀 다르다. 새로운 이른바 사회주의적 관계가 이미 경제 속에 존재하였기 때문에 공산주의 혁명이 일어난 것도 아니고, 자본주의가 '지나치게 발전overdeveloped'한 까닭에 일어난 것도 아니었다. 오히려 자본주의가 충분히 발달하지 못하고, 산업혁명을 경험하지 못했기 때문에 일어났던 것이다. 프랑스에서는 혁명이 일어나기 전에 이미 자본주의가 경제적 및 사회적 관계, 심지어 일반인들의 공적 의식public conscience까지도 지배하고 있었다. 이런 사정을 소련이나 중국, 또는 유고슬라비아의 사회주의에 비교할 수는 없는 것이다.

러시아 혁명의 지도자 본인들은 이 점을 이해하고 있었다. 혁명이 한창 진행 중이던 1918년 3월 7일 러시아 공산당 제7차 대회에서 행한 연설 가운데서 레닌은 다음과 같이 말하였다.

"…부르주아 혁명과 사회주의 혁명의 근본적 차이점의 하나는 봉건 제도에서 나오는 부르주아 혁명은 구 질서 안에서 만들어진 새로운 유기적 경제 관계가 봉건사회의 모든 국면을 점차로 변화시켜 가는데, 이것은 점차적으로 구질서 내에서 생성된다.[1] 이 목표를 달성하기 위해 모든 부르주아 혁명은 필요한 모든 것을 다 성취하고, 이것이 자본주의 성장을 촉진한다. 사회주의 혁명의 경우에는 사정이 전혀 다르다. 역사의 변덕으로 사회주의 혁명을 시작한 나라가 뒤처져 있으면 있을수록 그만큼 낡은 자본주의 관계에서 사회주의 관계에로의 이행은 곤란하게 된다. …사회주의 혁명과 부르주아 혁명이 다른 점은 다음과 같은 데 있다. 즉, 후자의 경우에는 확립된 제반 형태의 자본주의 관계가 이미 존재하고 있다. 반면 소비에트 권력, 즉 프롤레타리아트는 그런 관계를 확보하고 있지 않다. 우리가 가장 발달한 형태의 자본주의의 모습으로 포괄하고 있는 것이라고는 아주 적은 몇몇 중요한 산업 부문과 제대로 관리된 극히 일부 농업 부문이 전부이다."

나는 여기서 레닌을 인용하였지만, 러시아 혁명에서는 새로운 사회 건설을 위한 기존에 자리 잡은 어떤 관계도 존재하지 않았다는 점, 그래서 '소비에트 권력'이 그것을 세워 가야만 했다는 사실을 입증하데 필요하다면 그 밖에 숱한 공산 혁명의 지도자와 많은 저자들을 인용할 수 있다. 만일 공산주의 혁명이 승리를 거둘 수 있었던 나라들 속에 이미 새로운 사회주의적 관계가 충분히 발전되어 있었다고 한다면, 새삼 '사회주의 건설'을 둘러싼 이처럼 허다한 주장과 논쟁과 노력이 굳이 필요하지는 않을 것이다.

이 점은 뚜렷한 모순에 이르게 한다. 만일 새로운 사회를 위한 제 조건이 충분히 보편화되지 않았다면 과연 누가 혁명을 필요로 했다는 말인가? 그것뿐만이 아니다. 어떻게 혁명이 가능하였을까? 새로운 사회관계

---

1 One of the fundamental differences between bourgeois and socialist revolutions is that in a bourgeois revolution, which arises from feudalism, new economic organizations which gradually change all aspects of feudal society are progressively created in the midst of the old order.

가 낡은 사회의 태내에서 아직 형성 과정에 들어서지 못하고 있었다는 점을 미루어 본다면, 혁명의 명맥은 이어 나갈 수도, 이어 나갈 이유도 없지 않겠는가? 종전의 어떠한 혁명도, 어떠한 정당도 사회관계를 수립한다던가, 또는 새로운 사회를 건설한다는 과업에 매진한 사례는 발견되지 않는다. 그런데 공산혁명에 있어서는 이것이 일차적 목표였던 것이다.

공산주의 지도자들이라고 해서 다른 사람들보다도 사회를 지배하는 제반 법칙을 별로 더 잘 알고 있던 것도 아니었으나, 그들은 혁명을 성공시킨 나라에서 자신들의 이념적 가설에 보조를 맞추어 사회를 변화시키면 산업화 또한 가능하다는 사실을 발견했다. 불리한 조건 하에서 혁명을 성공시켰다는 경험은 이 사실을 더 확증시켜 주었고, '사회주의 건설' 역시 마찬가지였다. 그 결과 사회 발전의 모든 법칙을 꿰뚫고 있다는 그들의 환상은 더욱 강화되었다. 사실상 그들은 신천지, 즉 새로운 세상의 청사진을 작성한 뒤, 그것을 만들어 내기 시작했으며, 나아가 자신들이 계획한 것에 강하게 집착하면서 내키는 대로 이것저것 교정하고, 자기 기준으로 제거해야 한다고 판단되는 것들을 없애면서 건설에 나섰다.

공산주의 혁명이 진행된 나라들이라면 어디서 건 필수적으로 산업화, 사회의 합법적 필요성, 그리고 이를 달성하기 위한 공산주의적 방식이 결합되었다. 하지만 혁명과 산업화는 나란히 어깨를 하고 병행한다고 했지만, 두 가지 모두 하루아침에 성공을 거둘 수 있는 것이 아니었다. 혁명을 완수한 후에는 누군가가 산업화의 책임을 담당해야만 했다. 서방에서는 전제정치의 압박에서 해방된 자본주의 경제 세력이 이 역할을 떠맡았으나, 공산주의 혁명이 일어난 국가들에서는 이와 비슷한 세력이 존재하지 않았으므로, 혁명 기관이라는 새로운 권위, 즉 혁명정당 자신이 그 기능을 수행해야만 하였다.

그전까지 혁명사를 보면 구질서가 전복되는 순간 혁명적인 폭력은 경제의 장애가 되었다. 하지만 공산주의 혁명에서 있어서 폭력은 한층 더 발전을 위해서는 물론이고, 심지어 진보를 위한 조건이기도 하였다. 과거의 혁명가들에게 폭력은 필요악에 불과하고, 목적을 달성하기 위한 수단에 지나지 않았다. 그러나 공산주의 혁명가들의 말에 따르면 폭력은 숭배 및 궁극적 목적의 지위까지 오른다. 과거에는 혁명이 분출하기 전에 새로운 사회를 구성한 계급과 세력이 존재하였었다. 새로운 사회와 새로운 사회적 세력을 만들어 내야만 했던 혁명은 공산혁명이 최초였다.

혁명은 서방에 있어서는 여러 모양의 일탈과 퇴행이 있었지만 끝내는 민주주의로 귀결되었다. 그러나 동방에서는 전제정치로 끝나지 않으면 안 되었다. 서방에서 테러와 폭력은 불필요하고도 우매한 행위로 간주되었고, 심지어 혁명가들과 혁명 정당들의 혁명 달성에 장애요인으로까지 인식되었다. 그러나 동방에서는 완전히 그 반대였다. 동방에서는 산업화를 달성하는데 오랜 시일을 필요로 하였으므로, 전제정치가 계속되었을 뿐 아니라 후술하는 바와 같이 산업의 변혁이 있은 후에도 지속되고 있다.

2.3. 폭력에 기반한 배타성과 혁명 과실의 독점

공산주의 혁명과 종전의 혁명들과의 사이에는 이 외에도 근본적인 차이가 있다. 과거의 혁명들은 경제와 사회 내에서 준비 완료 상태까지 이르렀으나, 유리한 여건이 조성되지 않아 촉발될 수 없었다. 지금 와서 우리들은 혁명의 발발과 그 성공을 위해 필요한 일반적인 조건들이 무엇인지 알고 있다. 그러나 모든 혁명은 일반적 조건 외에 특수한 상황을 내포하고 있으며, 그것이 혁명의 계획과 실행을 가능하게 하는 것이다.

종전의 혁명들, 적어도 대혁명의 경우 전쟁 또는 더욱 정확하게 말하자면 그 나라의 국가 조직의 붕괴가 반드시 필요한 것은 아니었다. 그러나 지금까지는 이것이 공산주의 혁명이 승리하는데 필요한 하나의 기본 조건이었다. 이 점은 중국의 경우에서도 마찬가지였다. 사실상 중국에서는 일본의 침략이 있기 전에 혁명이 시작되었지만, 꼬박 10년 동안이나 계속 확대되어 마침내 종전과 더불어 공산당이 승리한 것이다. 1936년의 스페인 혁명은 예외라고 할 수 있으나, 온전히 공산주의 혁명으로 전화(轉化) 할 여유가 없었기 때문에 공산주의자들은 승리할 수 없었다.

공산주의 혁명 또는 국가 조직의 붕괴를 위해 전쟁이 필요했던 이유는 경제와 사회의 미숙성에서 찾아야 할 것이다. 체제의 심각한 붕괴 상황, 특별히 기성 지배 계층과 국가 체제가 전쟁을 성공적으로 이끌지 못하는 상황에서는, 비록 숫자는 적을지라도 잘 조직되고 훈련된 집단이 필연적으로 권력을 장악할 수 있게 된다. 예컨대, 10월 혁명기에 있어서 러시아 공산당은 약 8만 명의 당원을 갖고 있었을 뿐이다. 유고슬라비아 공산당은 약 1만 명의 당원을 갖고 1941년의 혁명을 시작한 바 있다. 권력을 장악하기 위하여는 적어도 민중 일부의 지지와 적극적인 참여가 필요한데, 어떤 경우에서건 혁명을 지도하여 권력을 장악하는 정당은 이례적으로 유리한 정세를 전적으로 활용할 수 있는 소수 집단이다. 이런 정당은 항구적인 권위를 확립하였을 때에야 비로소 다수파가 될 수 있다.

경제와 사회 내부의 제반 조건이 순조롭지 못한 시기에 사회질서를 파괴하고 새로운 사회를 건설한다는 거창한 과업을 완수할 수 있다고 하는 것은 소수파, 그것도 그 가능성을 광적으로 맹신하는 사람들만을 현혹시킬 수 있는 구호이다. 특별한 조건과 특별한 정당, 이것이 공산주의 혁명에 있어서는 기본적인 특징이 되고 있는 것이다.

전쟁에서 승리를 위해서와 마찬가지로 어떤 혁명이 되었건 승리를 위해서는 모든 힘의 집중을 요한다. 맬서스Thomas Robert Malthus. 1766-1834의 이론에 의하면, 프랑스 혁명은 "투쟁 중인 민중의 모든 자원, 다시 말해 사람 · 음식 · 의복이 권력의 손에 집중된" 최초의 사례였다. '미성숙'한 혁명의 성격을 지닌 공산주의 혁명에서는 그 도가 더욱 강해져서, 모든 물질적 수단뿐만 아니라 모든 지적 수단까지 당의 수중에 놓여야 하고, 그 결과 당 자체는 정치적으로, 하나의 조직체로 최고도의 중앙 집권을 달성하게 된다. 정치적으로 단일성을 갖고, 중앙을 중심으로 견고하게 결집하며 동일한 이념적 관점을 가진 공산당만이 유일하게 이와 같은 혁명을 성취할 수 있다는 것이다. 혁명적 정당들의 정치적 일치 및 모든 역량과 수단의 중앙집권화는 모든 혁명 성공의 필수 조건이다. 공산주의 혁명을 위해서 이러한 조건들은 더더욱 중요한데, 왜냐하면 공산당은 애초부터 자기 이외의 모든 독자적 정치 집단이나 정당과의 동맹을 배척하기 때문이다. 이와 동시에 공산당은 현실 정치적 관점을 포함하여, 이론적, 철학적 및 심지어 윤리적 관점에 이르기까지 모든 관점의 통일성을 요구한다.

중도 좌파left-of-center인 사회혁명당Socialist-Revolutionaries이 10월 혁명에 참가하였다는 사실, 그리고 다른 정당에 속했던 개인들과 집단이 중국 혁명과 유고슬라비아 혁명에 참가하였다는 사실은 위와 같은 주장에 배치되는 사례가 아니라, 오히려 이를 확인해 주는 것이다. 왜냐하면 이들의 역할은 공산당에 대한 단순한 협조자로서, 투쟁에 있어서 일정한 한계 내에서만 협력하는 것이 전부였기 때문이다. 혁명이 끝난 뒤 협력했던 모든 정당들은 해산 당하거나, 자진 해산하여 공산당과 합류하였다. 중도 좌파인 사회 혁명당이 독자 노선을 희망하자마자 볼셰비키는 이를 아예 박멸하였고, 혁명을 지지했던 유고슬라비아와 중국의 비(非) 공산주의적 정치집단들 또한 이런저런 일들을 겪으면서 일체 뒷전으로 사라지고야 말았던 것이다.

종전의 모든 혁명은 단일한 정치집단에 의하여 수행된 것이 아니었다. 확실히 혁명의 진행 과정에 있어서, 개별적 집단이 서로 갈등하고, 서로 파괴적 행위를 하기도 하였으나, 전체적으로 볼 때 혁명은 단일 집단의 사업만은 아니었다. 프랑스 혁명에 있어서 자코뱅 당이 독재를 한 적이 있으나, 그 유지 기간은 아주 짧았다. 혁명에서 탄생한 나폴레옹 Napoléon Bonaparte. 1769-1821 독재는 자코뱅 혁명의 종언과 부르주아 지배의 시작, 이 두 가지를 의미하는 것이었다. 종전의 모든 혁명에 있어서는 하나의 정당이 결정적인 역할을 했지만, 어떤 경우에도 다른 정파들이 그 독립성을 내놓고 굴복하지는 않았다. 탄압이 있었고, 강제 해산도 있었지만 그것은 극히 단기간 동안에만 강행될 수 있었다. 모든 정파를 박멸한다는 것은 불가능하였고, 이들은 언제나 다시 나타나곤 하였다. 심지어 공산주의자들이 공산주의 혁명 및 공산주의 국가의 선구라고 말하는 파리 콤뮨Paris Commune까지도 다수 정당에 의한 혁명이었던 것이다.

하나의 혁명이 시작된 특정 국면에서는 어떤 정파가 나서서 주역을 담당하거나 또는 독무대를 차지할 수도 있다. 그러나 과거의 정파로서, 이념적으로나 또는 하나의 조직체로서나, 공산당처럼 중앙집권화된 정파는 존재하지 않았다. 영국 혁명의 청교도도, 프랑스 혁명의 자코뱅 당도, 동일한 철학적 및 이데올로기적 견해로 결합되어 있지는 못하였다. 전자의 경우 종교적 집단임에도 그러했다. 조직 면에서 본다면 자코뱅당은 모든 집단들이 모인 연합체였고, 청교도들은 그러한 정도까지 이르지도 못했다. 오직 현대 공산주의 혁명만이 강제적 정당들compulsory parties, 다시 말해 이데올로기적으로나 조직적으로나 획일적인 정당을 전면에 내세웠던 것이다.

어떤 경우에도 이 한 가지는 확실하다. 과거의 모든 혁명에 있어서는 내전이나 외국의 군사적 개입이 끝나면 혁명적 방법과 혁명적 정당의 필요성은 소멸하였고 당파 역시 사라져야만 했다. 그러나 공산주의 혁명은 그것이 종결되었어도, 공산주의자들은 혁명적 방법과 형식을 지닌 채 지속하고, 그 당파는 곧 가장 완전한 중앙집권을 달성하며 이데올로기를 독점한다. 레닌은 혁명이 진행 중일 때, 코민테른 가입 조건들을 열거하면서, 이 점을 명백하게 강조한 바 있다.

"현재와 같은 치열한 내전의 시기에 있어서 공산당이 그 의무를 수행할 수 있기 위하여는 최고도로 중앙집권적 형태로 조직되고, 군대식 규율에 가까운 엄격한 규율에 의하여 지배되며, 당 중앙이 강력한 권위 있는 기관으로서 광범한 권한을 행사하면서, 당원의 보편적 신뢰를 받아야만 한다."

스탈린 또한 〈레닌주의의 기초Foundations of Leninism〉[2] 라는 책에서 다음과 같이 말했다.

"…이것이 투쟁의 기간 중, 독재를 수립하기 전에 당내에 있어야 할 규율에 관한 입장이다. 하지만 독재가 이미 확보된 후에도 이와 마찬가지로 당내 규율은 훨씬 더 엄해야 한다는 것을 잊으면 안 된다."

혁명적 분위기와 긴장감, 이데올로기적 통일성, 정치적 및 이념적 배타성, 정치적 및 그 밖의 중앙집권 제도에 대한 집착은 공산당이 지배권을 장악한 후에도 없어지지 아니할 뿐 아니라, 오히려 더욱 강화된다. 과거 혁명들에 있어서 수단의 무자비함, 이념의 배타성과 권위의 독점은 길고 짧건 간에 혁명 그 자체가 지속되는 동안에만 계속되었다. 그런데 공산주의 혁명에 있어서는 혁명은 한 집단의 전제적이며 전체주의적인 권위의 행동 개시에 불과하여, 그 권위가 얼마 동안 계속될는지 예측하기 어렵다.

프랑스의 공포 시대를 포함한 종전의 혁명들에 있어서는, 숙청은 겉으로 드러난 진정한 반대파를 숙청하는 일에 집중되었다. 앞으로 반대파가 될지도 모르는 잠재적 사람들을 숙청하고자 하는 데까지는 전혀 주의를 기울이지 않았었다. 다만 중세 종교 전쟁에 있었던 일부 사회적 및 이념적 집단에 대한 말살과 박해만이 유일한 예외이다. 공산주의자들은 자신들이 여타 모든 계급 및 이념들과 충돌하고 있다는 점을 알고 있고, 그에 따라 행동한다. 그들은 현실적 반대파와 투쟁할 뿐 아니라, 잠재

2 New York, International Publishers, 1939

적 반대자들과도 투쟁한다. 발틱Baltic 국가들에서는 구질서의 이념과 정치관을 담은 문건과 연루되었다는 이유로 하룻밤 사이에 수천 명의 사람이 숙청되었다. 카트인Katyn 삼림 지대에서 폴란드 장교 수천 명이 학살된 사건도 동일한 성격의 것이었다. 공산주의의 경우엔 혁명이 끝난 후에도 오랫동안 테러와 탄압이 계속 자행된다. 부농Kulaks의 숙청에 볼 수 있는 것과 같이 때로는 혁명기 보다 더욱 철저하고 광범하다. 이데올로기의 배타성과 편협성은 혁명 후에 더욱더 강화된다.[D]

물리적인 압제를 완화해도 될 수 있는 시기가 되어도 지배 정당은 미리 규정된 이데올로기, 즉 마르크스 · 레닌 주의Marxism · Leninism를 강화하는 경향을 나타낸다. 종전의 혁명들, 특히 부르주아 혁명의 경우에는 혁명적 테러revolutionary terror가 끝나면, 곧이어 개인의 자유 확립에 상당한 의의를 두었다. 혁명가라 할지라도 시민의 법적 지위 확보를 중요시하였다. 이런 혁명에 있어서는 사법권의 독립이 언제나 그 필연적인 최종적 결과였다. 소련의 공산주의 정권하에서는 40년이 경과하는 오늘날에 있어서도 아직 사법권 독립은 요원하다. 종전의 혁명의 최종 결과는 대개 더 강한 법적 안전과 더 큰 시민적 권리로 이어졌지만, 공산주의 혁명은 그렇지 못했다.

과거의 혁명과 현대 공산주의 혁명과의 사이에는 또 하나의 커다란 차이가 있다. 종전의 혁명, 특히 규모가 큰 혁명일수록 노동 계급들의 투쟁의 산물인 혁명의 최종 과실은 지적(知的)이면서 종종 조직력을 발휘하여 이를 이끌었던 자들이 속한 다른 계급의 몫이 되었었다. 부르주아의 이름으로 혁명이 달성된 뒤, 부르주아는 농민과 기층 민중의 투쟁 성과를 거의 다 거둬들여 갔던 것이다. 공산주의 혁명에 있어서도 대중이 참여하였으나 혁명의 성과는 대중에게 돌아가지 않고, 관료bureaucracy의 수중에 들어갔다. 여기서 말하는 관료는 혁명을 수행한 당 이외의 아무것도 아니다. 공산 혁명에서 그 혁명을 수행했던 혁명 운동은 아직 정산되지 않고 있다.

다만 공산주의 혁명은 '자기 자식을 잡아먹을 수' 있지만, 모두 잡아먹지는 않을 것이다. 사실 공산주의 혁명이 끝나면 장래의 진로를 두고 의견을 달리하는 여러 집단과 분파 사이에 무자비하고 음흉한 대결이 불가피하게 행하여 진다. 상호 비난은 늘 교리를 중심에 두고 객관적 또는 주관적으로 누가 더 반혁명적이며, 또는 안팎의 자본주의의 앞잡이인가를 공방을 벌이는 식이다. 이와 같은 의견 대립이 어떤 모양으로 해결되건 간에, 승리자로 부상하는 쪽은 공산주의 원리에 따라, 즉 전체적인 당의 독점total party monopoly에 기초하여, 특히 국가 기관의 생산 통제에 토대를 둔 산업화 실행을 가장 일관되고 단호하게 지지하는 집단이다. 공산주의 혁명은 자기 장래의 노선에 필요한, 즉 산업화에 필요한 자녀들은 잡아먹지 않는다. 혁명의 이념과 슬로건을 문자 그대로 받아들여 그 실현을 순박하게 믿고 있는 혁명가들은 대부분 숙청된다.[3] 혁명은 사회 정치적social-political 공산주의 토대 위에서 장래의 산업 변혁을 실행할 도구로서의 권력을 확보하는 것이 되어야 한다는 점을 이해하는 그룹이 승리하는 것이다.

혁명가와 그 동료들, 특히 권력을 휘두르는 집단이 혁명 후에도 여전히 존속하기로는 공산주의 혁명이 최초이다. 종전의 혁명에 있어서는 이런 집단들은 불가피하게 소멸하였다. 혁명 수행 이후 그 혁명가들의 형편을 활짝 펴게 해 준 혁명은 공산주의 혁명이 처음이다. 혁명가와 그 주위에 집결하는 관료들이 혁명의 열매들을 거둬들인다. 이것은 그들

3 역자 주: 1977년 23세의 나이로 반혁명 혐의로 중국 공산당에 체포되어 한 달 이상 심문을 받다가 풀려났던 션판(沈凡)이라는 한 청년의 경험은 자기 이권을 옹호하기 위해 마르크스의 이념조차도 자신들의 이해관계와 맞지 않으면 '반혁명'으로 몰아서 숙청해 버리는 새로운 계급의 잔혹함을 자세히 증언하고 있다. 션판이 체포된 이유는 당이 허락하지 않은 마르크스를 공부하고 가르친 리우공(劉恭)이라는 영어 교사와 만났었다는 것이었다. 그 영어 교사는 자신을 '진정한 혁명가이며 위대한 지도자를 경애하며, 자신의 글은 진정한 마르크스 민주주의에 대한 것이었지, 마오저뚱 주석을 공격한 것이 아니라'고 하였지만, 곧바로 반동으로 처형되고 말았다. 션판, 이상원 역, 홍위병(2004, 황소자리출판사), 250-260면 참조

사이에, 그리고 그 당의 사다리에 한층 더 광범하게 매달려 있는 사람들에게, 자신들의 혁명은 기치로서 내걸었던 구호에 충실한 혁명이라는 환상을 만들어 낸다.

2.4. 집단 소유라는 환상 속의 민중 수탈

모든 관계를 새로운 방식으로 접근하고, 소유의 새로운 형태를 야기하기 때문에 공산주의 혁명이 목표를 두고 만들어 내는 환상은 과거의 혁명들이 만들어 냈던 것들보다 더 영구적이며 광범하다. 종전의 혁명들도 크건 작건 필연적으로 소유관계에 변화를 가져왔었다. 하지만 그런 혁명들에 있어서는 사적 소유의 어느 한 형태가 다른 것으로 바뀔 뿐이었다. 공산주의 혁명의 경우에는 이와 다르다. 변화는 급격하고 깊숙하게 뿌리내리면서, 집단적 소유collective ownership가 사적 소유private ownership를 억누른다.

아직 발전 과정 중에 있긴 하지만, 공산주의 혁명은 자본가 · 토지 소유 · 사적 소유관계를 파괴한다. 이것은 곧바로 평등과 정의의 새로운 왕국을 도래시킨다는 혁명 공약이 이뤄지고 있는 중이라는 믿음을 자아낸다. 당 또는 그 지배하에 있는 국가권력은 기회를 놓치지 않고 산업화를 위한 대대적인 조치에 착수한다. 이 역시 궁핍으로부터 해방된 시대가 마침내 오고 말았다는 신념을 강화해 준다. 전제와 억압이 있을지라도 그것은 권력을 빼앗긴 자들과 반(反) 혁명가들의 반항이 분쇄되고, 산업화가 완성될 때까지의 일시적인 현상이라고 수긍되는 것이다.

산업화의 과정, 바로 그 속에 몇몇 본질적인 변화가 일어난다. 후진국에서의 산업화, 특히 외부 세계로부터 아무런 원조를 받지 못하고 방해가 있는 경우에는, 모든 물질적 자원은 집중될 것을 요한다. 첫 번째 걸음이 산업 자산과 토지의 국유화는 새로운 체제의 수중에 자원을 집중하는 것이다. 그러나 이것만으로 끝나지 않고, 끝날 수도 없는 일이다. 새로 생겨난 소유 제도는 그 밖의 소유 형태와 필연적으로 대립하게 된다. 이 새로운 소유제는 다른 사람을 고용하지 않거나, 그런 노동력을 필수불가결한 요소로 삼는 직업이 아닌, 예컨대 수공업자 · 노동자 · 소상공인 · 소작농들에 대하여서도 폭력으로 그 실시를 강제한다. 소규모 자산 소유자들로부터의 이런 몰수는 경제적 동기 아닌 목적에서, 예컨대, 생산성을 높이기 위하여 필요하다던가 하는 경우가 아님에도 실시된다. 산업화가 진전됨에 따라 혁명에 항거하지 않았던 사람들, 심지어 혁명에 협조했던 사람들의 재산마저 몰수 당한다. 형식적으로는 국가가 이러한 재산의 소유자가 된다. 국가가 재산을 관리하며 운영하는 것이다. 사유권은 종말을 고하거나, 기껏해야 부차적인 역할로 전락되는데, 완전히 사유권이 없어지느냐, 아니냐 하는 것은 권력을 장악한 새로운 인간들의 마음에 달렸다.

공산주의자와 대중의 일부는 이것을 계급의 소멸 및 계급 없는 사회를 경험하는 것이라고 생각한다. 사실상 혁명 전의 낡은 모든 계급은 산업화와 집단 소유의 완성과 함께 사라진다. 남는 것은 인민 대중의 산발적이며 비조직적인 불만인데, 이런 식의 불만은 소멸하지도 않고, 약화되지 않는다. 이를 두고 공산주의자들은 "적대 계급"의 잔재 내지 영향이라면서 공산주의식 망상과 자기 기만을 집요하게 퍼뜨린다. 적어도 공산주의자들은 이런 수단들을 동원하여야 오랫동안 꿈꿔 왔던 계급 없는 사회가 완성된다는 환상을 갖고 있다.

모든 혁명 그리고 모든 전쟁까지도 환상을 조작하는 수단으로 쓰이고, 실현 불가능한 이상들의 이름으로써 수행된다. 투쟁이 진행되는 동안만큼은 투사들의 입장에서 이상이란 것이 매우 현실적인 것으로 보인다. 그러나 결국 끝에 가서는 그 존재가 없어지는 경우가 많다. 하지만 공산주의 혁명의 경우는 다르다. 공산주의 혁명을 수행하는 자들과 그 아래쪽에서 협조하는 자들은 무력 투쟁이 끝난 후에도 오랫동안 완고하게 자신들의 환상을 간직한다. 박해 · 압제 · 노골적인 수탈 · 지배 사다리 층의 특권에도 불구하고, 민중의 일부, 특히 공산주의자들은 자신들의 구호에 들어 있는 환상을 간직한다. 비록 공산주의 혁명이 거창한 이념으로 시작하면서, 놀라운 영웅주의와 엄청난 노력을 요구한다 할지라도, 그것이 뿌려 놓는 것은 터무니없이 크고 가장 끈질기게 지속되는 환상의 씨앗이라는 것이다.

공산주의 혁명은 그 추진력의 바탕이 되었던 이념들 중 단 하나도 달성하지 못했다. 하지만 공산주의 혁명은 유럽과 아시아의 광대한 지역에 산업화의 조치를 가져왔다. 그리하여 미래의 보다 자유로운 사회를 위한 물질적 기초는 실제로 만들어 냈다. 그러므로 공산주의 혁명은 아주 완벽한 전제정치를 가져옴과 동시에, 그런 압정을 폐기할 토대까지 만들어 낸 셈이다. 19세기가 서방에 근대 산업을 가져온 것과 마찬가지로, 20세기는 동방에 근대 산업을 가져오게 할 것이다.

레닌의 그림자는 유럽과 아시아의 광활한 지역에 이런저런 모양으로 넓게 드리우고 있다. 중국에서는 전제주의적인 형태로, 인도와 버마(미얀마)에서는 민주주의적인 형태로서, 아시아의 그 밖의 나라들은 모두 불가피하게 산업혁명의 문턱으로 들어서고 있는 것이다. 러시아 혁명은 이 과정의 시작이었다. 이 과정은 예측이 불가능한, 그러면서 역사적으로 중요한 혁명의 실상을 남겨 둘 것이다.

2.5. 허풍과 무능, 그러나 권력 장악에 능한 그들

공산주의 혁명은 한낱 역사적 기만이며 우연한 사건처럼 보일 수 있다. 어떤 의미에서는 그게 사실이다. 공산주의 혁명처럼 이례적인 전제 조건들을 허다하게 필요로 하는 혁명은 없으며, 또한 약속만 많고 성취한 것이 없는 혁명도 없다. 공산주의 지도자들은 가장 이상적인 사회와 '모든 착취의 폐지abolition of every exploitation'를 약속하도록 압박을 받고 있었으므로 선동과 허위 선전은 예정된 일이었다.

그러나 공산주의자들이 민중을 기만하였다고, 다시 말해 의도적으로, 어떤 목적 하에 자신들이 했던 약속과 다른 짓을 했다고 단정하기는 어렵다. 사실은 아주 단순하다. 그들은 자신들이 그렇게 광신적으로 믿고 있었던 바를 달성할 능력이 없었던 것이다. 그런데 그들은 혁명 전에, 그리고 혁명 중에도 약속했던 모든 것과 정반대의 정책을 시행해야 할 상황에 몰렸을 때에도 이 사실을 인정할 수 없다. 이걸 인정한다는 건 그들의 입장에서는 혁명이 불필요하였다는 것을 시인하는 것에 지나지 않기 때문이다. 또한 그들이 잉여적superfluous 존재가 된다는 걸 인정하는 셈이기도 하다. 이런 상황은 공산주의자들에게는 도저히 불가능한 일이다.

사회 투쟁의 궁극적 결과는 그 투쟁을 수행하는 사람들이 생각했던 것과 늘 똑같이 나올 수는 없는 법이다. 그와 같은 투쟁들 중 일부는 인간 지성이나 행동반경의 바깥에 있는 수없이 많고 복잡한 일련의 환경의 영향에 좌우된다. 이는 초인적인 노력을 요하고, 사회 내에 급속하고 근본적인 변혁을 가져오는 혁명에 있어서 더욱 그러하다. 이런 혁명들은 승리 후에는 인간의 번영과 자유가 도래할 것이라는 절대적 확신을 만들어 낸다. 프랑스 혁명은 상식의 이름으로, 자유 · 평등 · 박애가 결국에는 오고야 말리라는 신념 하에 수행되었다.

러시아 혁명은 '순수한 과학적 세계관purely scientific view of the world'이라는 이름으로, 계급 없는 사회를 만들겠다는 목적을 갖고 실행되었다. 만일 혁명가들이 민중의 일부와 함께 자신들의 이상주의적인 목표들을 믿지 않았다면, 그 어떤 혁명도 실현되지 않았을 것이다.

혁명 후에 이뤄질 가능성에 대한 공산주의적 환상은 추종자들보다 공산주의자들에게 더욱 강했다. 공산주의자들은 산업화가 불가피하다는 점을 충분히 알고 있어야만 했고, 사실 알고는 있었지만, 산업화가 가져올 결과와 제반 관계에 대하여는 단지 어림 짐작만 했을 뿐이었다.

소련과 유고슬라비아의 공산주의 어용 역사가들은 혁명을 그 지도자들이 사전에 미리 계획한 행동의 성과였다고 기록하고 있다. 하지만 혁명의 과정과 무력 투쟁 만이 의도적으로 계획되었을 뿐, 혁명의 형식은 돌출되는 사태의 전개에 그때그때마다 대응하는 행동을 통해 나온 것이 전부이다. 둘째가라면 서러워할 역사상 일대 혁명가였던 레닌조차도 혁명이 목전에 임박할 때까지는 언제 혁명이 발발하여 어떤 형태로 진전할지 몰랐다는 것은 참으로 시사하는 바 크다. 2월 혁명 1개월 전, 그를 권력으로 인도한 10월 혁명으로부터는 겨우 10개월 전인 1917년 1월 레닌은 스위스 사회주의자 청년회 모임에서 다음과 같이 연설하였다.

"우리들 노년층은 아마도 이 임박한 혁명의 결정적인 투쟁을 볼 때까지 살아있지 못할 것이다. 그러나 나는 스위스와 전 세계의 훌륭한 사회주의 운동에서 활약하고 있는 청년들은 다가오는 프롤레타리아트 혁명을 위해서 투쟁하는 행운을 안고 있으며, 나아가 승리할 것이라는 희망에 대한 확신을 갖고 있다."

그렇다면 레닌이 아니라 레닌 할아버지라도 그 오랜 기간에 걸친 복잡한 혁명 투쟁의 뒤에 발생하게 될 사회적 결과를 미리 내다볼 수 있었다고 어떻게 말할 수 있는가?

하지만 비록 공산주의의 목표 자체는 비현실적이었지만, 공산주의자들은 그전 시대의 혁명가들과는 달리 가능하다 싶은 것들을 재빨리 현실로 옮기는 점에 있어서는 비상하리만큼 현실적이었다. 그들은 자기들이 쓸 수 있는 유일한 방식, 즉 절대적 전체주의적 권위absolute totalitarian authority를 현실로 옮겼던 것이다. 가장 현실적인 의미로 봤을 때 승리를 거둔 뒤에도 정치 무대에 남아 있을 뿐 아니라, 자신들이 믿었고 또 약속했던 바와는 완전히 거꾸로인 사회관계를 만들어 놓는데 성공한 것은 역사상 공산주의 혁명이 최초이다. 공산주의 혁명은 나중에 벌어지는 산업화 및 변혁 기간 중에 혁명가 자신들을 새로운 사회주의 국가의 창조주이자 주인으로 둔갑시키고 만다.

마르크스의 구체적인 모든 예언은 부정확하다는 것이 증명되었다. 독재의 힘을 빌려 자유로운 사회, 계급 없는 사회를 건설한다는 레닌의 기대는 마르크스의 주장보다도 훨씬 더 터무니없는 것이다. 그러나 혁명을 불가피하게 하였던 요구, 즉 현대적 기술에 기반한 산업적 변혁은 달성되고 있다.

2.6. 새로운 착취 계급의 탄생

공산주의 혁명을 통해 달성한 것이 산업혁명 및 자본주의가 서방에서 일궈 낸 것과 똑같고, 다만 그 방법만이 국가의 강제state compulsion에 의한다는 점에서 다르다면, 추상적 논리로 볼 때 공산 혁명이란 국가 자본주의 혁명state-capitalist revolution의 한 형태 외에 아무것도 아닌 것이다.

혁명의 승리로써 만들어지는 관계는 국가 자본주의적 관계이다. 이것은 새로운 정권이 모든 정치, 노동, 그 밖의 관계를 규제하고, 더욱이 국가 수입과 혜택을 분배하고, 사실상 국가 자산으로 변한 재화를 분배하는 것을 통해 더욱 분명하게 드러난다. 소련과 그 밖의 공산주의 국가들에 있어서의 모든 관계가 국가 자본주의인가, 사회주의인가, 또는 다른 무엇인가 하는 것은 논의는 상당 부분 교리적 논쟁의 성격을 갖는다. 그러나 이런 논쟁은 근본적으로 중요하다.

비록 국가자본주의가가 레닌이 강조한 바와 같이 '사회주의의 대기실 antechamber of socialism'에 불과하거나 또는 사회주의의 제1단계라고 포장한 들, 이것이 공산주의 전제정치 하에서 견뎌야 하는 대중에게는 실질적인 하등의 도움이 되질 않는다. 그러나 공산주의 혁명이 초래한 소유관계와 사회관계의 성격이 강화되고 명확하게 규정된다면, 이와 같은 모든 관계로부터 대중이 해방될 가능성은 보다 더 현실성을 띠게 될 것이다. 민중이 자신이 그 속에서 살아가고 있는 사회관계의 성격을 자각하지 못하고 그 사회관계를 바꿀 수 있는 방법을 모르고 있다면, 그들의 투쟁은 성공을 바라볼 수 없다.

공산주의 혁명이 그 공약과 환상에도 불구하고 국가자본주의적 관계를 가진 제반 사업을 수행한다는 의미에서 국가자본주의라고 한다면, 그 기관의 구성원들이 취할 수 있는 유일한 합법적이고 긍정적인 행동은 자신들의 업무를 개선하여 국가 관리state administration에 따른 압력과 무책임성을 줄이는 것이다. 공산주의자들은 이론상으로는 국가자본주의 제도 안에서 일하고 있다고는 인정하지 않고 있으나, 지도자들은 그와 같이 행동하고 있다. 그들은 자기들이 관리 업무를 개선하고 있고, '관료주의에 대한 투쟁'에 앞서고 있다는 것을 계속하여 자랑하고 있다. 하지만 이들이 맺고 있는 현실적인 관계들은 국가자본주의의 관계들이 아니다. 이 관계들은 국가 관리 체제를 기본적으로 개선하는 방안을 제공하지도 않는다.

공산주의 혁명 과정에서 발생하고, 산업화와 집단화의 과정에서 궁극적으로 수립되는 제반 관계의 성질을 분명하게 알기 위해서는 공산주의 하에서 국가가 작용하는 역할과 양상을 깊이 주시할 필요가 있다. 여기에서는 공산주의 아래에서 국가 기관은 사회관계와 소유관계를 실제로 결정하는 도구가 아니라, 이러한 관계를 보호하는 도구에 불과하다는 점을 지적하는 정도로 말해 두는 것으로도 충분할 것이다. 사실 모든 일이 국가라는 이름으로, 국가의 규제를 거쳐서, 실시되고 있다. 공산당은 직업적인 당 관료를 포함하여 규제 위에 있으며, 개별적인 모든 국가 행위의 배후에 도사리고 있다.

사회생활 전반뿐만 아니라 국유화된 재산이나 사회화된 재산을 공적으로 이용 · 관리 · 지배하는 것은 관료들이다. 사회에 있어서 관료들의 역할, 즉 국가 수입과 국부의 독점적 관리와 지배는 관료들에게 특별한 특권적 지위를 부여한다. 사회관계는 국가 자본주의와 유사하다. 자본가의 힘을 빌리지 않고 국가 기관의 도움을 받아 산업화를 실시하고 있기 때문에 더욱더 그렇게 말할 수 있다. 사실상 이 특권 계급은 국가 기관을 표면에 내세우고 도구로써 이용하면서 산업화의 기능을 수행하고 있는 것이다.

소유권이란 이득을 취하고 지배하는 권리 이외의 아무것도 아니다. 그러므로 이러한 권리를 기준으로 계급적 이익을 규정하고, 또한 잘 분석해 보면, 공산주의 국가에는 새로운 소유 형태 내지 새로운 지배계급new ruling class 내지 탈취계급new exploiting class이 생겨났음을 알 수 있다.

사실상 공산주의자들은 지금까지 자기들 앞에 있었던 어떤 지배계급과 비교해 볼 때 아무런 차이가 없는 행위를 하여 왔다. 그들은 자신들이 새롭고 이상적인 사회를 건설하고 있다고 믿으면서, 자기들이 행사할 수 있는 유일한 방법을 사용하여, 자신들을 위한 사회를 건설하였다. 그들의 혁명, 그리고 그들의 사회가 등장하는 것은 우연도 아니고 부자연스러운 것도 아니며, 특정 국가 및 그 국가의 발전 기간 중에는 당연하게 나타나는 것처럼 보이기도 한다. 실로 그렇기 때문에 공산주의 압정이 제아무리 가혹하고 비인도적이라 하더라도 일정한 기간, 즉 산업화가 계속되는 동안만은 사회는 이러한 학정을 참고 견뎌야 하며, 또 참을 수 있다는 것이다. 하지만 이런 학정은 더 이상 불가피한 것이 아니라, 새로운 계급의 특권과 수탈을 전적으로 보장해 주기 위한 것일 뿐이다.

과거의 혁명들과 달리 계급을 폐기한다는 명분 하에 수행된 공산주의 혁명은 가장 완전한 권력을 지닌, 단일한 새로운 계급을 만들어 냈다. 그 밖의 것들은 말짱 허풍과 환상이다.[E]

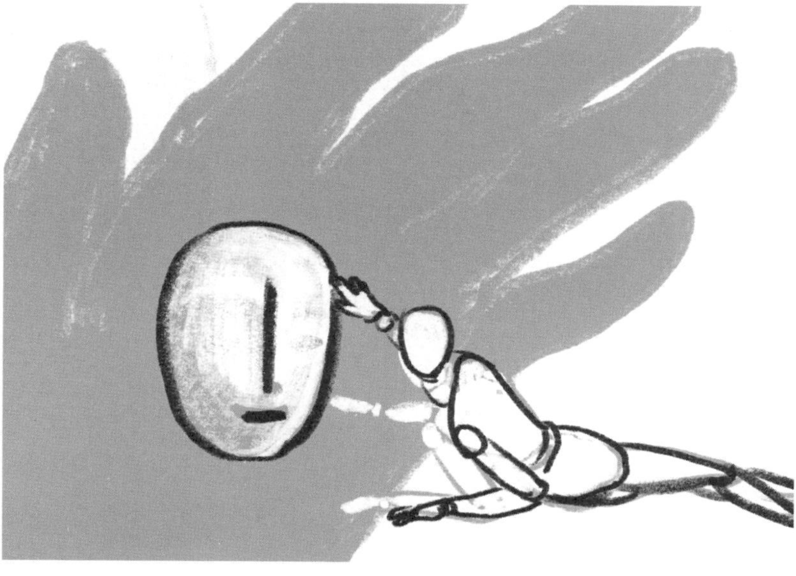

3

제3장 새로운 계급The New Class

3.1. 당과 국가의 기생충

소련 및 그 밖의 공산주의 국가들에서는 레닌 · 스탈린 · 트로츠키 · 부하린Nikolai Bukharin. 1888-1938 같은 그 지도자들이 예견하였던바와는 전혀 다른 사태들이 전개되었다. 그들은 국가가 급속히 쇠멸하고 민주주의가 강화될 것이라고 기대하였으나, 반대의 현상이 일어났다. 또한 생활 수준이 급격하게 개선될 것으로 기대하였지만, 하등의 변화도 일어나지 않았고 동유럽의 위성국가들에 있어서는 생활 수준이 도리어 악화되었다. 모든 부문에 걸쳐 생활 수준은 훨씬 더 급속하게 진전된 산업화의 속도에 발맞추어 향상되지 못하였다. 도농(都農) 간, 지적 노동과 육체노동 사이의 격차도 점차 소멸될 것이라고 하였으나 도리어 확대되고 말았다. 비 공산주의 세상의 발전에 대한 그들 나름대로의 예측을 포함하여, 다른 모든 부문에 있어서의 공산주의자들의 예상 또한 현실화되지 않았다.

가장 큰 환상은 소련에 있어서의 산업화와 집단화, 그리고 자본주의적 소유의 해체가 계급 없는 사회를 가져올 수 있으리라는 주장이었다. 1936년에 새로운 헌법이 공포되었을 때 스탈린은 '수탈계급exploiting class'이 더 이상 존재하지 않는다고 선언하였다.[F] 오랜 역사성을 가진 자본가 기타 계급이 실제로 근절되기는 하였으나, 일찍이 역사상 없었던, 새로운 계급이 형성되었다.

종전의 모든 여타 계급들과 마찬가지로 이 계급도 자기가 권력을 잡음으로써 모든 인류의 자유와 행복이 도래할 것으로 믿었다는 사실은 일면 이해할 수도 있다. 다만, 이 신생 계급이 여타의 계급들과 달랐던 점은 그 환상이 지연되고 있다는 사실을 아무렇지도 않게 여기고 있었다는 사실이다. 이것은 새로운 계급의 권력이 이때까지의 다른 모든 계급이 가졌던 권력보다 한층 완벽하면서도, 그 계급적 환상이나 편견은 훨씬 더 컸다는 사실을 말해 준다. 이와 같은 새로운 계급, 즉 관료, 보다 정확히 말하자면 정치 관료는 지금까지의 모든 계급이 가졌던 특징을 다 갖고 있는 동시에, 새로운 그만의 몇몇 특징도 지니고 있었다. 권력의 뿌리라는 측면에서도 다른 모든 계급들과 기본적으로 비슷하지만, 또한 그 출발에서 나름의 특징을 갖고 있었다.

다른 계급들도 혁명의 경로를 거치면서 세를 불리고 권력을 획득하며, 그 앞에 가로 놓인 정치적, 사회적 및 기타 질서를 무너뜨렸었다. 그렇지만 거의 예외 없이 이러한 계급은 구 사회의 내부에 새로운 경제적 양상이 형성된 이후에 권력을 획득하였었다.[G] 하지만 공산주의 제도 하의 신 계급은 이와 반대였다. 새로운 경제 질서를 완성시키기 위해 권력을 장악한 것이 아니라, 먼저 권력을 장악하고, 그렇게 함으로써 사회에 대한 패권을 차지하였던 것이다. 종전까지의 시대에서는 어떤 계급이나 계급의 일부, 또는 정당이 정권을 장악한다는 것은 그것이 형성되고 진전되어 가는 과정의 최종 종착지였다.

소련에서는 그 반대였다. 그곳에서는 권력을 획득한 뒤에야 새로운 계급이 확연히 형성되었던 것이다. 이 계급은 아직 국가라는 생명 속에 뿌리를 내리고 있지 못한 상태였기 때문에 경제적 및 물리적 권력에 앞서 계급적 자각이 먼저 발달되어야 했다. 이 계급은 세상과의 관계에서 자신이 역할을 이상적 관점에서 바라보았다. 그렇다고 이로 인해 실천 능력이 떨어지는 것은 아니었다. 그 환상에도 불구하고 새로운 계급은 산업화를 지향하는 점에서는 객관적 성향을 대변하였다. 현실적 영악함은 이런 경향에서 온 것이었다. 유토피아에 대한 약속은 새로운 계급 대오의 신념을 강화시키고, 대중 속에 환상의 씨앗을 뿌렸다. 그리고 그와 동시에 거창한 가시적 사업 착수를 독려하였던 것이다.

새로운 계급은 권력을 장악할 때까지는 경제적 및 사회적 생명의 일부로 제대로 형성되어 있지 못하였으므로, 모든 조직 구성원들을 획일적 철학적 내지 이념에 터 잡아 특별하게 단속하는 특별한 유형의 조직 속에서만 배양해야만 했다. 약점을 극복하기 위해서는 신념의 통일성과 강철 같은 기율이 필요하였던 것이다. 새로운 계급은 볼셰비키 형의 특수한 정당에 뿌리를 두고 있었다. 레닌이 자기 당을 인류 역사에서 하나의 예외라고 생각한 것까지는 맞았으나, 정작 그 자신도 당이 새로운 계급의 시작이 되리라고는 생각하지 못했을 것이다.

정확하게 말하자면 새로운 계급을 만들어 낸 자들은 볼셰비키 유형의 당 전체가 아닌 당이 권력을 획득하기 전에 당의 핵심을 이루었던 직업적 혁명가들 중에서 나왔다. 레닌이 1905년의 혁명이 실패한 후에 직업적 혁명가들, 즉 혁명 생활을 유일한 직업으로 삼고 있는 자들만이 볼셰비키 형의 새로운 정당을 조직할 수 있다고 주장한 것은 결코 우연한 일이 아니었다. 또한 미래의 새로운 계급의 창조자였던 스탈린이 이러한 직업적 혁명가의 가장 전형적인 모범이었다는 것은 더더구나 우연한 일이 아니었다. 새로운 지배계급은 이와 같이 혁명가들 중 매우 소수의 층에서 점차로 발전해 온 것이다. 이런 혁명가들은 오랫동안 새로운 계급의 핵심을 이루고 있었다. 트로츠키는 혁명 전의 직업적 혁명가들이 장래의 스탈린주의 관료의 기원이었다고 말한 바 있다.[H] 그가 미처 깨닫지 못한 것은 소유자와 착취자의 새로운 계급의 출발이었다.

새로운 당과 새로운 계급이 똑같다고 말해서는 안 된다. 그러나 당은 새로운 계급의 핵심이며 기초이다. 새로운 계급의 범위를 명확히 규정하고, 그 구성원을 분명하게 확정한다는 것은 매우 힘들고, 어떻게 보면 불가능하다고도 할 수 있다. 하지만 새로운 계급을 구성하는 자들은 관리상의 독점권을 장악하고 있음으로 인해 특별한 권리와 경제적 우선권을 갖고 있는 자들이라고 정의할 수 있을 것이다. 사회에서 관리 행위는 불가피한 까닭에 동일한 인물 안에 필요한 관리적 기능과 기생적 기능 parasitic functions이 공존할 수 있다. 일찍이 모든 직공이나 시민 정당의 당원들이 부르주아가 아니었던 것과 마찬가지로 당의 모든 구성원이 새로운 계급의 구성원은 아니다.

대략적으로 본다면 새로운 계급이 갈수록 강해져서 점차 명확한 모습을 띨수록 당의 역할은 희미해진다. 새로운 계급의 핵심과 기초가 당의 내부, 즉 그 상층부와 국가 정치기관의 내부에 똬리를 튼다. 한때는 충만한 활기에 창의가 넘치고, 견고하게 결합되어 있던 당은 점차로 소멸하고, 전통적인 소수 독재자들의 새로운 계급으로 전화(轉化) 되면서, 나아가 새로운 계급에 끼어들고자 갈망하는 자들을 그 대열에 흡수하면서, 한편으로 다른 어떤 이상을 꿈꾸는 자들은 억압하기에 이르는 것이다.

당은 계급을 만들지만, 계급은 당 안에서 자라나서 끝에 가서는 당을 그 기반으로 이용한다. 계급이 강화됨에 따라 당은 약화된다. 이것은 권력을 장악한 모든 공산당이 피할 수 없는 숙명이다. 당이 그렇게 오랫동안 권력을 유지하고, 도덕적으로나 또는 이념적으로 그렇게 천방지축으로 행동할 수 있는 것은, 당이 생산이라는 물질 문제에 지대한 관심을 갖고 있고, 한편으로는 그 안에 새로운 계급을 잉태할 수 있는 잠재력을 갖고 있기 때문이다.

제1차 5개년 계획을 마친 뒤 스탈린은 "만일 우리들이 '기구apparatus'를 만들어 두지 않았더라면 실패했을 것이다!"라고 말했으나, 그는 '기구'라는 단어 대신 '새로운 계급'이라는 말을 사용했어야 했다. 그렇게 했다면 모든 현상이 일찍이 더욱 명료하게 설명되었을 것이다. 정당이 새로운 계급의 시작이 된다는 것은 정상적으로 보이지 않는다. 당은 일반적으로 계급의 산물이며, 지적으로나 경제적으로 강한 부류들의 최종 산물인 것이다.

그렇지만 국가의 온갖 세력 위에 공산주의가 전반적으로 퍼져 있었던 혁명 전의 러시아 및 기타 국가들이 처해 있었던 실제 상황을 이해한다면, 이러한 종류의 정당이 특별한 기회를 통해 나온 산물인 동시에, 그런 당 안에서 계급이 나온다는 것도 그다지 부자연스럽거나 우연한 일이 아니라는 사실이 분명해질 것이다. 비록 볼셰비즘Bolshevism의 뿌리는 러시아 역사의 깊숙한 곳으로 거슬러 올라가지만, 그 정당은 부분적으로는 19세기 말과 20세기 초 러시아가 처해 있었던 국제적 관계의 부산물이었다. 러시아는 이미 절대 왕정으로서는 근대 세계에서 생존할 수가 없었고, 러시아의 자본주의는 너무나도 미약하고 외세의 이해관계에 너무 많이 좌우되어 산업혁명을 수행할 능력이 없었다. 산업혁명은 어느 새로운 계급에 의해서만, 아니면 사회적 질서의 변혁을 통해서만 실행될 수 있었다. 그렇지만, 아직 그런 계급은 없었던 것이다.

역사에 있어서는 그 과정을 누가 이행했느냐가 중요한 것이 아니라, 그 과정이 실행되었다는 것이 중요한 것이다. 공산주의 혁명이 일어났던 러시아 및 기타 모든 나라들의 경우가 그러했다. 혁명은 혁명에 필요한 힘 · 지도자 · 조직 · 이념을 만들어 냈다. 새로운 계급은 객관적인 이유로, 그리고 혁명 지도자들의 소망, 영악함, 그리고 행동에 의하여 등장하게 되었다.

3.2. 프롤레타리아트의 독재 명분 속의 프롤레타리아트에 대한 독재

새로운 계급의 사회적 기원은 프롤레타리아트 속에 있다. 이는 마치 귀족계급이 농민 사회에서 발생하고, 부르주아 계급이 상인과 직공의 사회에서 생겨난 것과 마찬가지이다. 각 나라의 사정에 따라 예외는 있으나, 경제적으로 뒤처진 후진국의 프롤레타리아트는 새로운 계급을 만들어 내는 토양이다.

새로운 계급이 항상 노동 계급의 챔피언으로 자처하는 이유는 이것뿐만이 아니다. 새로운 계급은 반 자본주의적이므로, 필연적으로 노동 계층에 의존하게 된다. 새로운 계급은 프롤레타리아트의 투쟁과 야만적 착취 없는 사회주의 내지 공산주의 사회에 대한 프롤레타리아트의 전통적인 믿음에 의하여 지지된다. 새로운 계급의 입장에서는 생산의 정상적 흐름을 확보하는 것이 극도로 중요하고, 그뿐만 아니라 프롤레타리아트와의 관계도 놓칠 수 없는 초미의 과제이다. 무엇보다 가장 중요한 것은 노동자 계급의 지지가 없이 새로운 계급은 산업화를 달성할 수 없고, 권력 강화도 꾀할 수 없다는 사실이다. 한편 노동자 계급은 빈곤과 절망으로부터의 구원을 산업 확장에서 찾는다. 오랜 기간에 걸쳐 노동 계급의 일부와 빈농의 이해관계 · 이념 · 신앙 및 희망이 새로운 계급의 그것과 만나고, 하나가 된다.

이런 식의 결합은 과거의 경우에는 폭넓게 서로 다른 계급들 간에도 있었다. 예컨대, 봉건 영주와의 투쟁에 있어서 농민 계급을 부르주아가 대변한 적도 있었던 것이다. 새로운 계급이 권력으로 이동할 수 있었던 것은 프롤레타리아트와 빈민이 수고한 결과이다. 당 또는 새로운 계급은 프롤레타리아트와 빈민 대중에 의존하지 않으면 안 되고, 그 이해관계는 이들 대중과 밀접하게 연결되어 있다. 새로운 계급이 권력과 권위를 최종적으로 확립할 때까지는 이와 같은 상태가 계속된다.

그런데 새로운 계급은 생산을 발전시키고, 가장 공격적이며 반항적인 사회 세력을 억압하기 위해 필요한 범위 내에서, 프롤레타리아트와 빈민에게 관심을 가지고 있을 뿐이다. 새로운 계급이 노동자 계급의 이름으로 사회 전체 위에 드리워 둔 독점은 근본적으로는 노동자 계급 그 자체에 대한 독점이다. 이 독점은 처음에는 지적(知的)인 것으로, 이른바 '전위 프롤레타리아트avant-garde proletariat' 위에 수립되었다가, 곧이어 프롤레타리아트 전체를 아우르는 독점으로 진화한다. 이것이 새로운 계급이 행하지 않을 수 없는 최대의 사기극이며, 새로운 계급의 권력과 이익이 근본적으로 산업에 있다는 것을 의미하고 있는 것이다. 산업이 아니고서는 새로운 계급은 지위도 권위도 강화할 수 없는 것이다.

전에 노동 계급의 아들로 자처하였던 자들이 새로운 계급의 가장 견고한 구성원이다. 노예들의 피할 수 없는 운명 중의 하나는 자신들 중에서 가장 총명하고 재능 있는 대표자를 골라 주인에게 바치는 것이다. 공산주의 혁명에 있어서도 수탈하고 지배하는 이 새로운 계급은 피착취 계급으로부터 탄생한다.

3.3. 집단소유 선동에 은폐된 당 관료의 특권 계급화

공산주의 제도를 비판적으로 분석하면서 볼 수 있는 근본적 특징은 특수한 계층 내에서 조직된 하나의 관료 집단이 대중을 지배하고 있다는 사실이다. 이런 분석은 대체로 맞다. 하지만 더욱 세밀하게 분석해 보면, 단순한 관료가 아닌 특수한 관료층이 지배적 관료, 또는 내가 표현하는 방식에 따르자면 새로운 계급을 형성하고 있음을 알 수 있다. 이것을 당 관료party bureaucracy 또는 정치 관료political bureaucracy로 칭할 수 있다. 그 밖의 공직자들은 새로운 계급의 통제 하에 놓여 있는 기구에 불과하다.

이런 기구는 우둔하고 태만할 수도 있으나, 어쨌건 모든 사회주의 사회에 존재하고 있다. 두 유형의 공직자들을 구별한다는 건 사회학적으로는 가능하지만, 현실적으로는 거의 구분할 수 없다. 공산주의 제도의 근본 성질이 관료주의적일 뿐 아니라 공산주의자들이 직접 여러 가지 중요한 관리적 기능을 담당하고 있기 때문이다. 여기에 정치 관료층이 그 밖의 공직자들에게 식탁 위에서 먹다 남은 조각이라도 던져 주지 않는다면, 자신들의 특권을 향유할 수 없다는 점도 양자의 구분을 어렵게 한다.

여기서 말하고 있는 정치 관료와, 현대 경제 현상에서 빚어지는 각종 중앙 집권적 형태들, 특히 독점 기업군, 그리고 국영과 소유의 집단적 형태로 이어지는 중앙집권화에는 근본적 차이가 있다는 점에 유의하여야 한다.

자본주의 독점 사업자들과 서방의 국영 산업에 있어서는 화이트칼라 노동자들의 숫자가 부단히 늘어나고 있다. 〈관리에 있어서의 인간관계 Human Relations in Administration〉[1]라는 저서에서 R. 듀빈R. Dubin은 경제

1 New York, Prentice-Hall, 1951

내의 국가 기능 요원들이 특수한 사회층으로 탈바꿈하고 있다는 사실을 지적한 바 있다.

"…관리들은 함께 일하고 있는 사람 전체에 공통적인 운명적 유대감을 지니고 있다. 그들은 동일한 이해관계를 갖고 있다. 연공서열에 따라 승진하는 한 그 내부적으로 별다른 경쟁이 없으므로 더욱 그러하다. 그러므로 같은 집단 내에서 타인에 대한 공격은 그다지 없으며, 그러한 관행은 관료들에게는 긍정적으로 작동한다. 그러나 이러한 환경으로부터 전형적으로 발달하는 응집력과 비공식적인 사회적 조직으로 인해 관리들은 종종 자기들의 도움을 원하는 국민이나 선거로 뽑힌 고위직에 도움을 주려 하기보다는 자신들의 견고한 이익을 지켜 내려는 경향을 보인다."

이런 공무원들은 공산주의 관료와 많은 공통점을 갖고 있으며, 특히 '일체감esprit de corps'에 있어서 그러한데, 하지만 양자가 전적으로 같지는 않다. 비 공산주의 국가들의 관료들도 특수한 층을 이루고 있다고 할 수 있지만, 공산주의자들로 이뤄진 관료들만큼 권력을 누리고 있지는 못하다. 비 공산권 국가들의 관료는 대개 선거로 뽑힌 정치적 상전political masters을 위에 두고 있으나, 공산주의자들의 위에는 상급자도, 소유자도 없다.

비 공산권 국가의 관료는 현대 자본주의 경제 내에서 복무하는 공직자이지만, 공산주의자들은 전혀 다르다. 새로운 존재, 즉 새로운 계급이다. 여타 소유자 계급과 마찬가지로 공산주의자들이 특수한 계급이라는 증거는 그 행사하는 소유권 및 다른 계급들에 대한 특별한 관계를 보면 된다. 마찬가지로 한 개인이 어떤 계급에 속함으로써 누리게 되는 물질적 및 기타 특권은 그 계급의 성격을 보여 주는 지표이다.

로마법의 원칙에 따르면 재산의 소유란 물질을 사용하며, 향유하며, 처분하는 것을 말한다. 공산주의자인 정치 관료는 국유화된 자산을 사용하고, 향유하며, 처분한다. 이런 당 관료 또는 새로운 소유 계급의 구성원이 특권층이 되고 있다는 표지를 소유에 내재된 특권의 행사 - 이 경우에는 국유화된 재물이 대상 - 를 통해 볼 수 있다는 사실은, 그들이 거기의 일원이 되는 순간 통상적으로 그러한 기능을 수행하는 공직자들이 받는 것보다 훨씬 더 큰 물질적 소득과 특권을 누린다는 점으로도 드러난다.

현실 세계에서의 새로운 계급이 누리는 소유에서의 특권은 정치 관료로서 국민 소득을 분배하고, 임금을 결정하며, 경제 발전의 방향을 지도하고, 국유화된 기타 재산을 처분하는 권리에 대한 당의 독점을 배타적 권리로서 행사하는 데 있다. 이로 인해 보통 사람들은 공산당 간부들을 매우 대단한 부자로, 그리고 일은 할 필요가 없는 자들로 생각하고 있다.

사적 재산의 소유가 여러 가지 이유에서 새로운 계급의 권위를 확립하는 데 불리하다는 점에 관하여는 이론의 여지가 없다. 여기에 국가의 경제 개혁을 위해서는 사적 소유의 철폐가 필요하였다. 새로운 계급은 특별한 소유의 한 형태, 즉 집단 소유의 형식을 통해 권력 · 특권 · 지배 이데올로기 및 관행을 만들거나 습득하면서, 국가와 사회의 이름을 빌어 관리와 분배를 독점하고 있다. 새로운 계급은 소유는 하나의 지정된 사회관계에서 파생한다고 주장한다. 지정된 사회관계는 좁고 폐쇄적인 계층으로 구성되는 관리의 독점권을 갖고 있는 자들과, 아무런 권리도 없는 농민 · 노동자 · 지식인과 같은 생산 대중과의 관계를 말한다.

하지만 공산주의 관료가 물질의 분배를 독점하고 있기 때문에 이 관계는 더 이상 유효하지 않다. 관리를 독점하는 자들과 노동하는 자들 사이의 사회적 관계에 내재하는 모든 근본적 변화가 소유관계에 반영되는 것은 불가피하다. 사회적 및 정치적 관계와 소유권, 다시 말해 통치에서의 전체주의와 권위의 독점은 다른 어떤 체제에서 보다 공산주의 하에서 훨씬 더 완벽하게 조화를 이루고 있다.

공산주의자들로부터 그들의 소유권을 박탈한다는 건 하나의 계급으로서의 공산주의자들을 완전히 없애 버리는 것과 다름없다. 공산주의자들로 하여금 기타의 사회적 권력을 포기시킴으로써, 그리하여 노동자들로 하여금 그 노동의 대가를 분배하는데 참여할 수 있도록 한다는 것은 - 이것을 자본주의에서는 노동자들의 파업과 의회의 입법 등으로 허용하고 있지만 - 공산주의자들로부터 재산 · 이념 · 통치에 대한 독점을 박탈한다는 것을 의미한다. 이것은 공산 체제하에서의 민주주의와 자유의 시작이 될 것이고, 공산주의자들에게 있어서는 독점과 전체주의의 종언이 될 것이다. 적어도 사회적 진보를 진지하게 생각하는 사람들이 보기엔 이것이 일어나기 전까지는 공산주의 체제하에서의 중요하고 근본적인 변화는 요원하다.

새로운 계급이 소유의 특권을 누린다는 것, 그리고 그 계급의 일원이라는 것은 다름 아닌 관리의 특권privileges of administration이다. 이 특권은 국가적 차원의 관리 및 경제 기업 활동의 관리에서부터 스포츠와 자선단체 조직까지 확장된다. 정치적 · 당적 또는 소위 '전반적 지도 general leadership' 는 핵심 세력이 수행한다. 이러한 지도적 지위에 특권이 수반되는 것이다. 1951년에 파리에서 출간된 〈권력을 장악한 스탈린Stalin au pouvoir〉이라는 저서에서 오르로프Orlov는 '1935년에 소련 노동자의 연평균 임금은 1,800 루블이었는데 비해, 지구당 위원회 비서의 봉급과 수당은 연 4만 5천 루블이었다'라고 기술하고 있다. 그 후 노동자와 당간부들이 처한 사정은 모두 변했지만 차별이라는 본질에는 변화가 없었다. 그 밖의 저자들도 동일한 결론을 내리고 있다. 노동자와 당간부들과의 사이의 임금의 격차는 극단적이다. 이런 사정은 과거 수년간 소련 기타 공산주의 제국을 방문한 사람들의 눈을 피할 수 없었다.

다른 모든 체제 내에도 직업적 정치꾼들은 있는 법이다. 긍정적으로 생각하건, 부정적으로 생각하건 그건 자유지만, 어쨌건 있는 것만은 사실이다. 사회는 국가나 정부 없이는 생존할 수 없고, 따라서 국가 또는 정부를 위하여 싸우는 사람 없이는 사회가 존속할 수 없는 것이다. 그러나 공산 체제하에서의 직업 정치꾼들과 그 밖의 다른 체제 하의 정치꾼들 사이에는 근본적인 차이가 있다. 극단적으로 표현하자면, 비(非) 공산주의 하의 정치꾼들은 자신과 지지자들을 위하거나 아니면 어떤 사회계층을 위한 특권을 얻을 요량으로 정부를 이용한다. 그런데 공산 체제의 경우에는 이와 달라서 거의 모든 국가 재산을 사용하고, 향유하며, 처분하는 행위 그 자체에 있어서 권력과 정부는 하나이다. 권력을 장악하는 자는 특권을 장악하고 이를 통해 간접적으로 재산까지 장악한다. 그러므로 공산주의 있어서 직업으로서의 권력 또는 정치는 타인의 희생의 토대 위에서 기생적인 생활을 이어 갈 것을 바라며 또 그렇게 기대하는 자들에게 가장 이상적이다.

혁명 전에 있어서는 공산당의 일원이 된다는 것은 희생을 의미하였으며, 직업 혁명가라는 사실은 최고의 명예였다. 당이 권력을 견고히 차지한 오늘날에 있어서 당원이라는 사실은 특권계급에 속한다는 것을 의미한다. 그리고 당의 핵심에는 강력한 권력을 휘두르는 착취자들과 상전들이 도사리고 있다.

오랫동안 공산주의 혁명과 공산주의 체제는 그 참 성격을 은밀히 숨겨왔다. 새로운 계급이 출현하였다는 사실을 사회주의적인 용어 속에 감춰왔고, 더 중요한 건 새로운 집단 소유라는 말로 이를 속여 왔다는 것이다. 이른바 사회주의적 소유라 함은 정치 관료들에 의한 소유의 실상을 감추는 가면이다. 특히 초기부터 이런 당 관료들은 산업화 수행을 서두르면서 그 가면 속에 그 계급적 수탈 요인들을 숨겨 두고 있었던 것이다.

3.4. 밑천 떨어진 공산주의, 남은 것은 세뇌 통한 합리화

현대 공산주의의 발전과 새로운 계급의 대두는 이를 부추겼던 자들의 성격과 역할들 속에 분명하게 드러나 있다. 지도자들 및 그들이 취했던 방법은 마르크스로부터 후르시초프Nikita Khrushchev. 1894-1971에 이르기까지 다양하게 변화해 왔다. 마르크스는 다른 사람들의 의견 개진을 막아야 하겠다는 생각은 하지 않았다. 레닌은 그 당내에서는 자유로운 토론을 용인하였고, 당 최고 수뇌는 물론이고 당의 모든 기관들이 '적절'하거나 또는 '적절치 않은' 의견 표명에 통제를 가해야만 한다고 까지는 생각하지 않았다. 그런데 스탈린은 온갖 종류의 장내 논쟁을 모조리 박살 내고, 이데올로기에 관한 표현은 중앙 기관 혹은 그 자신만이 갖는 권리로 만들어 버렸다.

다른 공산주의 운동들은 이와는 달랐다. 예컨대 마르크스의 국제노동자 동맹International Workers' Union, 즉 소위 제1 인터내셔널First International은 이념적 측면에서는 마르크스주의가 아니고, 각종 집단의 동맹으로서, 그 구성원들이 동의에 이른 사항만을 결의로 채택하였었다. 레닌의 당은 내적 혁명 윤리와 이데올로기적 일체적 구조를 각양 각색의 민주주의와 결합시킨 전위avant-garde 집단이었다.

스탈린 밑에서 당은 위로부터 부여된 이념을 지닐뿐, 사상적으로는 무관심한 자들의 집단에 불과했다. 하지만 이들은 절대적 특권을 자신들에게 부여하는 제도를 옹위하는 일에서만큼은 사력을 다해 한목소리로 뭉쳤다. 마르크스는 현실에서 당을 창설한 일이 없었다. 레닌은 그 자신의 당을 제외하고는 사회주의 정당을 포함한 모든 정당을 모조리 해산하였다. 스탈린은 볼셰비키 당조차도 부차적인 지위로 격하시키고, 당의 핵심을 새로운 계급의 핵심으로 갈아치운 뒤, 당을 몰인격적이며 색깔 없는 특권 집단으로 만들어 버렸다.

마르크스는 비록 자신이 발견한 것은 아니었지만, 사회 내의 계급들의 역할이라던가, 계급 투쟁의 이론을 하나의 체계로 수립했다. 그는 "어떤 사람도 내게는 낯설지 않다Humani nihil a me alienum puto."는 스토아 철학자 테렌스Terence. B.C. 185/195?-? 의 말을 인용하면서, 마르크스는 인류를 대부분 확연하게 식별 가능한 특정 계급에 속한 사람들로 이루어진 것으로 이해하였다. 레닌은 인간을 계급적 구성원이라고 생각하기보다는 같은 이념을 공유하는 자들로 구분하려 하였다. 그러나 스탈린은 인간을 순종적인 신민이거나 아니면 적으로 보았다. 마르크스는 런던에서 한 가난한 망명자로서 죽었지만, 식자들 사이에서 높이 평가를 받았고, 운동 세력 중에서도 존경을 받았다. 레닌은 인류 역사상 가장 큰 규모 중의 하나인 혁명 지도자였으나, 독재자로 죽었고, 한편 그에 대한 종교적 추앙 분위기가 이미 그때부터 형성되기 시작하였다. 스탈린이 죽었을 때, 그는 이미 자신을 신으로 둔갑시켜 놓고 있었다.

이와 같은 개성의 변화는 공산주의 운동의 정신 그 자체의 변화를 반영한 것에 불과하다. 레닌 자신은 비록 깨닫지 못하고 있었으나, 그 자신이 새로운 계급 결성에 들어서고 있었던 것이다. 그는 볼셰비키적 노선에 따라 당을 조직하고 새로운 사회 건설에 있어서 당의 독자적 지도 역할에 관한 이론을 발전시켰다. 그런데 이것은 그의 다양한 측면에서의 거대한 사업의 한 측면에 지나지 아니하였고, 그의 마음에서 의도되었다기보다는 행동으로 옮기는 과정에서 초래된 성격이 강하다. 어쨌건 이것 역시 새로운 계급이 그를 추종하도록 한 요인이다.

그러나 새로운 계급을 진짜 직접적으로 창시한 자는 스탈린이다. 그는 매우 머리 회전이 빠른 사람으로, 조악한 유머를 즐기기는 하였으나 유달리 풍부한 교양이 있었다고 할 수 없고, 연설도 그리 썩 잘하는 편이 아니었다. 그러나 스탈린은 탐욕스러운 교리주의자로서 관리 능력에 뛰어나, 대(大) 러시아의 새로운 권력이 어떤 방향으로 향하는가를 그 누구보다도 잘 알고 있었던 그루지아Georgia 출신의 사내였다. 그는 아주 야만적인 수단으로서 새로운 계급을 창설했는데, 그 자신에게 있어서는 그 계급조차도 가차없었다. 스탈린을 최고의 지위에 앉힌 새로운 계급이 훗날 그의 방자하고 잔인한 성격의 희생물로 된 것은 피치 못할 운명이었다. 새로운 계급이 자기 자체를 쌓아 올리고 권력을 획득하고 있는 동안 스탈린은 그 계급의 진정한 지도자였었다.

새로운 계급은 공산당 내의 혁명적 투쟁 가운데에서 탄생하고, 산업혁명 가운데서 발전하였다. 혁명이 없었고, 산업이 없었다면 계급의 지위는 불안정하고, 권력은 제한적이 되었을 것이다. 국가를 산업화하는 동안에 스탈린은 임금에 커다란 차등을 두기 시작하는 동시에 각종 특권이 생겨나는 것을 허용했다. 새로운 계급이 산업화의 과정에 물질적인 이해관계를 바랄 수 없고, 자기를 위해 일부 재산을 챙기지 못한다면, 산업화는 제대로 진행될 수 없다고 스탈린은 생각했던 것이다. 산업화를 실시하지 아니하였더라면, 새로운 계급은 지위를 유지함에 어려움을 느꼈을 것이다. 왜냐하면 새로운 계급은 존재를 계속 유지하기 위한 역사적 정당성도 물질적 자원도 갖지 못하였을 것이기 때문이다.

이상에서 언급한 것과 밀접한 연관성을 갖는 것은 당원 수의 증가 또는 관료 수의 증가이다. 1927년 산업화 전야에 있어 소련 공산당 당원은 887,233명이었으나, 제1차 5개년 계획을 끝마친 1934년에는 1,874, 488명으로 늘었다. 이는 명백히 산업화와 연관된 현상이었다. 새로운 계급의 장래와 그 구성원들의 특권은 점점 더 탄탄대로를 밟아가고 있었다. 아니 실상을 말하자면, 특권과 계급은 산업화의 속도보다 더 급속하게 확장되고 있었다. 이 점에 관하여 그 어떤 수치를 들어 세세한 비교 통계를 제시하는 어렵지만, 소련의 전반적 생활 수준이 산업생산과 보조를 같이 하지 못하고 있음에도 불구하고, 대중의 희생과 노력에 의하여 성취된 경제 및 기타 제반 부문의 발전의 결과의 제일 좋은 몫이 새로운 계급이 차지하고 있었다는 결론은 그 시대를 살았던 사람들에게는 이론의 여지가 없다.

새로운 계급의 형성은 순조롭게 진행되지 아니하였다. 기존 계급들로부터 격심한 저항을 받았을 뿐 아니라, 투쟁의 이상과 현실을 타협 시킬 수 없었던 혁명가들의 맹렬한 항의에 직면하였다. 소련에서 혁명가들의 저항은 트로츠키와 스탈린과의 싸움에서 아주 명백하게 드러났다. 트로츠키와 스탈린과의 싸움 또는 당내 반대파와 스탈린과의 싸움, 정권과 농민 계급 사이의 싸움은 산업화가 진전되고 계급의 권력과 권위가 확장됨에 따라 점점 더 격렬해졌다.

트로츠키는 웅변가에, 재치 있는 명필가였고, 동시에 우수한 토론가로서 교양과 지성이 풍부했지만, 현실 감각의 결핍이라는 유일한 결점을 지니고 있었다. 대중들의 삶이 평범한 일상으로 돌아오길 강요하는 그 기간에도 그는 혁명가가 되길 바랐다. 그는 혁명 정당이 완전히 다른 그 무엇으로 탈바꿈하면서, 다시 말해 위대한 이상에는 관심이 없고 오직 일상적 삶의 자질구레한 이익에만 관심 있는 새로운 계급이 생겨날 즈음에도, 혁명적 정당을 부활시키길 원했다. 새로운 계급이 이미 고삐를 견고하게 틀어쥐고 특권이 주는 달콤함을 맛보기 시작할 무렵 그는 대중의 행동을 기대하였으나, 대중에게는 전쟁과 기아와 죽음으로 인해 피폐가 극에 달하고 있었다. 트로츠키가 일으킨 봉화는 멀리 밤하늘을 비췄을 뿐, 피로에 지친 사람들의 마음속에 꺼진 불을 다시 타오르게 할 수는 없었다. 그는 새로운 현상의 찜찜한 측면을 예리하게 지적하였으나 그것이 갖는 의미를 이해하지는 못하였다. 더구나 그는 볼셰비키가 아니었다. 이것은 그의 결점인 동시에 장점이기도 했다. 혁명의 이름 아래 당 관료를 공격하면서, 당에 대한 종교적 숭배를 배격하였고, 그러면서 자기도 의식하지 못하는 가운데 종교적 차원으로까지 고양되고 있던 새로운 계급에 대한 숭배를 공격하였다.

스탈린은 먼 장래를 바라보지도 않았을 뿐 아니라, 아득한 과거도 돌아보지 아니하였다. 그는 탄생 도중에 있는 새로운 권력 – 새로운 계급 · 정치 관료 · 관료주의 – 의 최고봉에 자리를 잡고, 그 지도자와 조직자가 되었다. 그는 설교하지 않았다. 결정하였다. 그도 역시 빛나는 장래를 약속하였으나 그것은 당 관료들의 삶에서만 현실로 보게 될 것이었다. 왜냐하면 그들의 삶만이 날마다 개선되고 있었고, 그 지위가 강화되고 있었기 때문이다. 그는 말할 때 정열적이거나 현란한 수사를 동원하지 않았지만, 새로운 계급은 이런 식의 현실적인 언어들을 훨씬 더 잘 이해하였다. 트로츠키는 혁명을 유럽에 확대시킬 것을 바랐다. 스탈린은 이에 반대하지 않았으나 그런 무모한 사업으로 인해 모국 러시아에 대한 염려, 특히 새로운 제도를 강화하고 러시아의 국력과 평판을 높이고 강화하는 문제에 제약 요소가 되지 않도록 하였다. 트로츠키는 과거의 혁명의 사람이었으나, 스탈린은 오늘의 사람이었고, 따라서 미래의 사람이었다.

트로츠키는 스탈린의 승리 속에서 혁명에 대한 '변질적 반동thermidoric reaction'[2]을 보았고, 소비에트 정부와 혁명적 대의가 관료주의적 부패로 이어진다고 판단하였다.

따라서 트로츠키는 스탈린이 취했던 비윤리성을 이해하고 깊이 상처를 받았다. 비록 그때 트로츠키 자신은 자각하지 못하고 있었으나 그는 공산주의 운동을 구해서 바로잡아 보려고 시도하는 중에 현대 공산주의가 지닌 본질을 발견한 최초의 인물이었다. 하지만 그는 현대 공산주의 본질의 밑바닥까지 알아채지는 못하였다. 그는 단지 관료들이 순간적으로 발호하여 당과 혁명을 타락시키고 있을 뿐이라고 생각하고, 최고 지도부의 경질, 즉 '궁정 혁명palace revolution'이 그 해결책이라는 결론을

2 프랑스 혁명 달력의 11월 9일을 전후하여 국민의회에 의해 자코뱅 독재가 무너지면서 나폴레옹 독재가 들어설 수 있는 환경이 조성된 것을 말한다. 여기서는 혁명의 실패와 종언을 뜻하는 의미로 쓰이고 있다.

내렸다. 그러나 스탈린 사후에 실제로 궁정 혁명이 발생하지만 본질에는 변화가 없었던 것이다. 거기엔 뿌리 깊고 더욱 영속적인 그 무엇이 내재되어 있었던 것이다. 스탈린의 소비에트식 변질적 반동은 그전 정부보다도 더욱 전제주의적 정부를 수립했을 뿐만 아니라 새로운 계급을 창설하였다. 이는 아주 낯설고 폭력적인 혁명, 즉 새로운 계급을 만들어내고 강화시키는 혁명이 계속되고 있었음을 뜻하는 것이다.

스탈린은, 트로츠키 보다 더 옳다고는 할 수 없으나, 그에 못지않게 레닌과 그 밖의 모든 혁명을 자기의 변명거리로 인용할 수 있다. 왜냐하면 스탈린은 비록 사악하기는 하지만 어쨌건 레닌과 혁명의 합법적 계승자이기 때문이다. 다양한 재능과 집요함을 가지고 인류 역사상 최대의 혁명을 전개시켰다는 점에서 역사에 일찍이 레닌과 같은 사람은 없었다. 또한 세계에서 가장 큰 나라들 중의 한곳에서 일어난 엄청난 혁명 속에서 태어난 하나의 새로운 계급을 권력과 자산을 통해 배양하고 강화하는 엄청난 일을 했다는 점에서 역사상 스탈린만 한 인물도 없다. 정열과 사상으로 가득 차 있었던 레닌 뒤에 궁극적 권력을 위해서 비타협적이고, 잔인하며, 물불 가리지 않고 새로운 계급의 상승에 매달렸던 상징적 존재인, 칙칙한 회색의 조세프 스탈린이라는 인물이 서 있는 것이다.

레닌과 스탈린의 뒤에는 당연히 오지 않으면 안 되었을 그 것, 즉 집단지도체제라는 진부한 형태의 통치 제도가 뒤따랐다. 거기엔 겉보기에 성실하고, 친절하며, 지적 수준은 떨어지는 '민중의 인물man of the people' 니키타 후르시초프가 있었다. 새로운 계급은 한때 필요로 했었던 혁명가들이나 교리주의자들을 더 이상 필요로 하지 않았다. 말렌코프Georgy Malenkov. 1902-1988 · 불가닌Nikolai Bulganin. 1895-1975 · 쉐피로프Dmitri Shepilov. 1905-1995와 같이 평범한 인물, 즉 보통 사람들을 그 언어 속에 반영하는 수준의 인간이면 충분하였다.

새로운 계급은 이념 논쟁에 따른 숙청과 학습에 싫증이 났다. 조용하게 살고 싶었던 것이다. 새로운 계급이 충분하게 강화된 오늘날에는 권위 있는 자신의 지도자들로부터도 자신을 보호하지 않으면 안 된다. 계급이 아직 미약하고, 그래서 심지어 계급 대열 내에서 이탈이 우려되는 자들에 대하여서도 잔인한 조치들이 필요했던 시기에는 스탈린은 변함없이 그대로 있어도 되었다.

그러나 오늘날에는 전혀 그럴 필요가 없다. 새로운 계급은 스탈린의 지도하에 만들어 낸 것들은 그대로 남겨 두고, 대신 과거 수년 동안 스탈린의 권위를 폐기하고 있는 것 같다. 아니 실제에 있어서는 스탈린의 권위를 폐기하고 있는 것이 아니라 후르시초프에 따르면 '선량한 공산주의자들good Communists'을 해치는 스탈린의 사업 방식만을 폐기하고 있는 것이다.

레닌의 혁명적 시대와 교대한 스탈린의 시대에 와서는 권위와 소유권, 그리고 산업화의 진전으로 새로운 계급이 대망하던 평화롭고 안락한 생활을 시작될 수 있었다. 레닌의 혁명적revolutionary인 공산주의에 대신하여 스탈린의 교조주의적dogmatic인 공산주의가 등장하였고, 또다시 이를 대체하는 비교주의적non-dogmatic인 공산주의 소위 집단 지도 혹은 과두 독재집단이 등장하였다. 이것이 소련에 있어서의 새로운 계급 또는 러시아 공산주의, 나가서 기타 각종 형태의 온갖 공산주의의 발전 양상에 나타나는 세 단계인 것이다.

유고슬라비아 공산주의 경우에는 민족적 특징과 개인적 특징을 포함하여 티토Josip Broz Tito. 1892-1980라는 하나의 인격체에 이상의 세 단계를 하나로 하여 구현해야 할 운명에 있었다. 티토는 대 혁명가이지만 독창적인 이념을 갖고 있지 못하였다. 그는 개인적인 권력을 장악했으나 스탈린과 같은 독선과 도그마는 갖고 있지 않다. 후르시초프와 마찬가지로 티토는 인민의 대표자로, 당의 중간적 세력을 대표한다. 유고슬라비아 공산주의가 걸어온 길, 즉 혁명의 완수, 스탈린주의의 모방, 뒤이은 스탈린주의의 포기와 독자적 형태의 탐구는 티토의 개성에서 충분히 찾아볼 수 있다. 공산주의의 실체를 유지하면서 가치가 있어 보이는 형태는 결코 포기하지 아니한다는 점에서 유고슬라비아 공산주의는 다른 공산당들보다 철두철미하다.

새로운 계급의 발전의 세 단계인 레닌, 스탈린, 그리고 집단 지도 체제로 이어지는 단계들은 내용 또는 이념의 면에서 서로 완전히 분리시킬 수 없는 것이다. 레닌도 또한 교조주의자였고, 스탈린 또한 혁명가였다. 마찬가지로 집단 지도 역시 필요한 경우에는 교조주의 및 혁명적 방법과 결부될 수 있다. 그런데 집단 지도의 비 교조주의는 그 자신에게 대해서만 즉, 새로운 계급의 최고 지도부에게만 해당된다. 반면 민중은 더욱더 교리, 다시 말해 마르크스-레닌주의의 정신 하에 부단하게 '교양 educated'되지 않으면 안 된다. 이에 비해 새로운 계급은 자신들에게는 교리적 엄격성과 배타성을 완만하게 해석함으로써 경제적 지위를 강화시키고, 장래를 향해 보다 훨씬 큰 유연성을 획득하게 된다.

공산주의 영웅시대는 과거의 일로 돌아갔다. 위대한 지도자들의 시대는 끝났다. 실용적 인물들의 시대가 도래한 것이다. 새로운 계급이 만들어졌다. 그 계급은 권력과 부의 절정에 있으나, 새로운 이념을 갖고 있는 건 아니다. 민중들에게 말해 줄 밑천은 이미 다 떨어졌다. 남아있는 유일한 건 자신을 합리화하는 일뿐이다.

3.5. 고대 이집트 파라오 통치보다 강하고 정교한 전체주의

트로츠키를 포함한 약간의 반(反) 스탈린주의적 공산주의자들과 일부 사회민주주의자들이 현대 공산주의 하에 지배층을 일시적인 관료주의적 현상으로 보고 논함에 있어, 부르주아 사회가 크롬웰Oliver Cromwell. 1599-1658이나 나폴레옹Napoléon Bonaparte. 1769-1821의 전제 정치를 겪지 않을 수 없었던 것과 마찬가지로, 계급 없는 사회라는 새로운 이상도 아직은 강보(襁褓)에 싸여 있는 상태이므로 관료적 지배로 말미암는 고통 역시 경험할 수밖에 없는 것처럼 말하고 있다. 그래서 현대 공산주의 있어서는 관료 지배가 단지 일시적인 독재나 전횡에 그치는 것이 아니라 새로운 소유자이며 착취자인 계급을 내포하는 것이 그 본질이라는 점을 명백하게 밝혀 두는 것이 중요할 것이다.

새로운 계급은 사실상 구성에서의 특별함과, 권력에서의 특별함을 누리는 계층이 만들어졌다는 의미에서의 진짜 신(新) 계급이다. 계급에 대한 어떠한 과학적 정의, 심지어 생산에 있어서 차지하는 각자의 특별한 지위에 따라 어떤 계급들은 다른 계급들 보다 낮은 지위에 있다는 마르크스적 개념에 의하더라도, 우리는 소련이나 그 밖의 공산주의 국가들 속에는 소유자 및 착취자라는 새로운 계급이 존재하고 있다는 결론을 내릴 수 있다. 이 새로운 계급의 특징은 집단 소유에 있다. 공산주의 이론가들은 공산주의는 집단 소유에 도달했다는 사실을 인정하고, 일부는 심지어 그렇게 되었다고 믿고 있다.

혁명 이전의 모든 사회에는 각양 각색의 집단소유제가 존재하였었다. 고대 동양의 전제 정치는 재산의 국가 소유, 또는 군주의 소유를 전제로 하였다. 기원전 15세기 이후에 와서 고대 이집트에서는 경작지는 사유로 이전되었다. 그전까지는 집과 부속 건물만이 개인 소유였다. 경작을 위해 국가는 소유 토지를 넘겨주었고, 국가의 관리들은 토지를 관리하고 세를 징수하였다. 운하와 제반 시설 그리고 대개 중요한 작업장 역시 국가 소유였다. 기원전 1세기에 국가가 망할 때까지 국가가 모든 것을 소유하고 있었다. 이러한 사실은 이집트의 파라오, 그리고 고대 동양의 모든 전제 정치에서 발견할 수 있는 통치자들의 신격화의 이유를 설명하는 데 도움이 된다. 또한 이러한 소유 제도는 또한 황제의 사원 · 분묘 · 성곽 · 운하 · 도로 · 요새의 건설 등과 같은 거대한 토목공사의 성격도 해명하여 준다. 로마 제국은 새로 정복한 토지를 국유지로 취급하였고, 무수한 노예들을 소유하고 있었다. 중세의 교회 역시 집단 소유제를 취하고 있었다.

자본주의는 주주 조직shareholders' organizations이라는 것이 만들어 지기 전까지는 원래가 집단 소유의 적(敵)이었다. 집단적 소유가 새로 침식해 들어오고 그 활동 영역을 넓혀 감에 있어 자본주의가 대항하여 할 수 있는 그 어떤 것도 없었음에도 불구하고, 자본주의는 여전히 집단 소유의 적으로서 남아 있었다.

집단 소유의 관념을 발명한 것은 공산주의자들이 아니다. 공산주의자들은 집단 소유를 사회 전반에 뻗칠 수 있도록 고안해 낸 뒤, 혁명 이전 시대에 있었던, 심지어 파라오가 다스리던 이집트 당시보다도 훨씬 더 확장시켰다. 공산주의자들이 한 것은 그게 전부였다.

그 성격만큼이나 새로운 계급이 갖는 소유권도 상당한 시일에 걸쳐 형성된 것으로서 그 형성 과정에서 끊임없는 변화가 있었다. 맨 처음에는 민중의 극히 일부만이 산업적 변혁을 촉진하기 위하여는 모든 경제력을 하나의 정당의 수중에 둘 필요가 있다고 느꼈었다. 당은 프롤레타리아트의 전위avant-garde로써 '사회주의의 가장 개명된 권력most enlightened power of socialism'으로서 행세하면서, 권력의 집중을 꾀하였는데, 이는 소유 제도의 변화가 있어야만 가능한 일이었다. 그 변화는 사실상 및 형식상으로 처음에는 대기업들에 대한 국유화를 통해, 그리고 나중에는 그보다 작은 기업들의 국유화로 이어졌다. 사적 소유의 철폐는 산업화를 위한, 그리고 새로운 계급을 대두시키는 전제 조건이었다.

하지만 공산주의자들이 사회를 관리하며 재산을 분배하는 자로서의 특별한 역할을 갖지 못했다면, 공산주의자들은 자신을 새로운 계급으로 변신시킬 수 없었고, 새로운 계급을 형성하여 영구히 확립시킬 수도 없었을 것이다. 물질적 재화는 점차로 국유화되었으나 사실상 이런 재화들을 사용 · 향유 · 분배하는 공산주의자들의 권리에 의해, 국가의 재화는 당이라는 노골적인 계층과 당 주변에 몰려 있는 관료들의 차지가 되고 말았다. 자신의 권력을 위해 소유가 갖는 중요성에 비추어, 그리고 소유의 달콤함을 맛본 입장에서, 당 관료는 자신의 소유를 점점 늘려 가지 않을 수 없었는데, 결국 나중엔 소규모의 생산 시설에 대한 소유권까지 싹쓸이하고 말았다. 전체주의 및 독점주의적 성격으로 인해 새로운 계급은 자기의 관리나 취급 범위를 벗어난 모든 것들과는 일전을 피할 수 없으며, 집요하게 그것들을 파괴하거나 정복하려 들 수밖에 없다.

스탈린은 농업 집단화 직전에 비록 소비에트 정부가 정치적으로나 경제적으로 뭉쳐 있지 못한 농민층으로부터 심각할 정도의 반대에 직면에 있는 건 아니지만, "누가 누구에게 무엇을 할 것인가who will do what to whom" 의 문제가 제기되어 있다고 말했다.

새로운 계급은 자기 외에 다른 소유자가 존재하는 한 마음이 놓이지 않았다. 식량과 농산물 원자재 공급에 있어서 태업에 직면할 위험을 감수할 수는 없었던 것이다. 이것이 농민에게 공격을 가한 직접적 이유였다. 그러나 또 다른 다른 이유도 있었으니, 그것은 계급적 이유였다. 농민들은 불안정한 정세 속에서 새로운 계급에 위험 요소가 될 수 있었다. 그리하여 새로운 계급은 경제적으로나 관리상으로나 농민을 복속시킬 필요를 느꼈다. 농민들을 복속시키는 일은 콜호스Kolhoz[3] 와 기계 - 트

3 콜호스는 토지 ·농구 ·역축(役畜) ·종자 ·농업시설 등의 생산수단을 공유하고, 공동노동에

랙터 배치를 통해 이뤄졌는데, 이 과정을 통해 촌락 내에도 그 규모에 따라 새로운 계급이 비례적으로 늘어나야 했다. 그 결과 농촌 곳곳에도 당 관료가 우후죽순처럼 생겨났다.

다른 모든 계급들, 심지어 자영 소유자들에게서까지 재산을 수탈함으로써 경제에서의 생산이 저하되고 혼란이 생긴다는 사실은 새로운 계급에게는 관심 밖의 일이었다. 역사적으로 모든 소유자들이 그랬듯이 새로운 계급에게 가장 중요한 일은 소유권을 획득하고 강화하는 일이었다. 비록 국가는 손해를 입었어도, 새로운 계급은 획득한 자산을 통해 이득을 얻었던 것이다. 농민들이 보유한 토지까지 집단화시킨다는 것은 경제적으로 보아도 정당화될 수 없는 일이었으나, 새로운 계급이 자신의 권력과 계급을 확실하게 쟁취하기 위해서는 피할 수 없는 일이었다.

믿을 만한 통계 자료는 마땅히 없으나, 제반 증거에 의하면 소련에서의 1에이커당 곡물 생산량은 제정 러시아 때보다 증가하지 못하였고, 가축 사육 두수(頭數)는 아직 혁명 전의 수준에 도달하지 못하고 있다는 사실을 확인할 수 있다. 그런데 농작물 수확량과 가축의 손실은 산정할 수 있을지 몰라도 강제 노동 수용소에 처넣은 수백만 명의 농민들의 노동력에서 본 손실은 수치로 계산할 수도 없다. 농업 집단화는 미친 사업이라고 해도 될 만큼 무섭고도 파괴적인 전쟁이었다. 그 권력을 확실하게 함으로써 새로운 계급에게 이익이 되었다는 사실만 빼고 말이다. 국유화 · 강제적 협동조합화 · 고율의 관세 · 가격 차등제와 같은 각종 수단을 통하여 사유제가 파괴되고 집단 소유로 바뀌었다.[4]

의한 생산을 하며, 수익은 콜호스를 위하여 일정액을 공제한 후 소속원 각자에게 노동량에 따라 분배되었고, 소속원의 소규모 개인 부업 경영이 인정되어 있었다. 두산백과

4 역자 주: 소련 헌법 제10조는 다음과 같이 되어 있었다. "국가적(전인민적) 소유 및 집단농장적, 기타 협동조합적 소유 형태를 취한 생산수단의 사회주의적 소유가 소비에트 연방의 경제조직의 기초이다. 노동조합 기타 사회단체의 재산도 사회주의적 소유이다."

새로운 계급의 소유권이 수립되었다는 사실은 계층적 사다리에서 점하고 있는 지위에 따라 그 계급의 구성원 각자의 심리와 생활양식 및 물질적 지위에 변화가 일어났다는 사실을 통해서 알 수 있다. 별장 · 최고급 저택 · 가구 등과 같은 사치품들이 최고위 당 관료와 새로운 계급의 엘리트들의 몫으로 돌아갔고, 이들을 위한 특별 주거 구역과 외부와 차단된 안락한 집들이 건설되었다. 일부 지역의 당서기와 비밀경찰의 수장들은 그 지역에서 최고 권력자가 되었을 뿐 아니라 최상의 주택과 자동차를 비롯한 각종 특혜를 얻었다.[I] 그 아래의 사람들도 그 위계질서에 따라 각각 특권을 누릴 수 있는 지위에 있었다. 국가 예산과 하사gifts 혹은 국가 및 국가를 대표한다는 자들의 요구를 충족시키기 위해 수행되는 각종 건설 사업과 재건 사업은 정치 관료들에게는 영속적이고도 마르지 않는 특혜의 원천이 되었다.

빼앗은 소유권을 유지할 수 없게 되거나, 유지하려면 터무니없이 많은 비용만 들고 정치적으로 위험하다고 판단될 때에만 새로운 계급은 이를 다른 계급에게로 떠넘기거나 새로운 소유 제도를 고안해 냈다. 예를 들면 유고슬라비아에서는 농업 집단화가 포기되었는데, 농민들이 이에 대하여 저항했을 뿐만 아니라 집단화로 인한 꾸준한 생산량 저하가 체제 유지에 잠재적인 위험 요소로 작용하였기 때문이다. 하지만 새로운 계급은 이러한 경우라 할지라도, 다음 기회에 다시 소유권을 탈취하고 집단화를 실시할 수 있도록 하는 권리는 결코 포기하지 않았다. 새로운 계급이 이러한 권리를 포기할 수 없는 까닭은 만일 그렇게 한다면 이미 전체주의적 내지 독점주의적일 수 없게 되기 때문이다.

어떤 관료 집단도 단지 목적과 목표만 있다고 하여 그렇게 집요할 수 없다. 새로운 소유 방식과 관계를 맺고, 생산의 새로운 형태로 가는 도상에 있는 자들만이 그렇게 끈덕질 수 있는 것이다. 마르크스는 승리를 거둔 프롤레타리아트는 제거되었던 구 계급과 그 계급 하에 있었던 관료로부터의 도전에 직면할 것이라고 내다보았다. 공산주의자들, 특히 유고슬라비아의 공산주의자들이 스탈린의 관리와 관료주의적인 방식을 비판할 때면, 그들은 대개 마르크스가 예견했던 내용을 인용하곤 한다. 하지만 오늘날 공산주의 하에서 발생하고 있는 사태는 마르크스와는 관계가 없고, 마르크스의 예상과는 더더구나 연관성이 없다. 마르크스가 우려했던 것은 기생적 관료parasitic bureaucracy 내에서 점증할 위험성이었는데, 지금 현대 공산주의 내에 바로 이것이 존재하고 있는 것이다.

오늘날의 공산주의 실력자들처럼 물질적 재화를 그나마 관료 전체도 아닌 그중에서도 아주 좁은 자신들만의 특권적 이익을 위해 주물럭거리는 기생 세력이 등장하리라고는 마르크스 자신도 결코 생각하지 못했던 일이다. 하지만 새로운 계급의 온갖 다양한 사치스러운 취향이나 관리적 무능이 비판의 대상이 되는 경우에 있어서도, 공산주의자들은 마르크스를 끌어다 핑곗거리로 삼는다. 현대 공산당만이 경제를 국가가 독점하거나 과도하게 간섭함으로써 이익을 누리는 유일한 정당이나 관료층은 아니다. 이런 것보다 더 중요한 것은 현대 공산주의의 체제적 본질이 소유자이면서 동시에 착취자인 새로운 계급이라는 사실이다.

3.6. 삶의 주도적 양식을 파렴치 문화로 만드는 수탈계급

어떤 계급이라도 의식적인 투쟁을 통해 세를 조직하고 불릴 수 있다 하더라도 그 자신의 활동만으로 세워질 수 없다. 공산주의 하의 새로운 계급의 형성도 마찬가지다. 새로운 계급은 경제 및 사회구조와 연결 관계가 미약하였고, 단일 정당에 그 뿌리를 두고 있었기 때문에 가장 고도의 조직을 만들어 내지 않을 수 없었다. 그리고 마지막엔 의도적으로 영악하게 자신의 초기 교리에서 떨어져 나왔다. 그 결과 새로운 계급은 유사 이래 그 어떤 계급보다도 고도로 조직되고 강렬한 자기 계급 의식을 갖게 되었던 것이다.

계급 의식과 조직 구조가 외부 세계 및 기타 다른 계급, 힘과 사회적 세력과 관계 속에서 결정된다는 점을 감안하면, 이런 명제의 진실성은 상대적으로 파악할 때만 가능하다. 새로운 계급만큼 자기를 방어하며 자기가 장악한 독점주의적 집단 소유와 전체주의적인 권위를 통제함에 있어 응집력을 발휘하고 한마음이 되어 있는 집단은 역사상 없었다. 또한편 새로운 계급만큼이나 자신에 대하여 스스로 미망에 빠지고, 제대로 깨닫지 못하는 집단도 없다.

개개의 자본가들이나 봉건 영주들만 하더라도 자기들이 특별히 선명하게 분간되는 사회적 범주 안에 속하고 있다는 사실을 자각하고 있었다. 그들은 자신이 속한 그 사회적 범주에서 인류를 행복하게 만들어야 할 사명이 있고, 그 범주가 없는 날에는 혼란과 전면적인 붕괴가 도래할 것이라고 믿고 있었다.

새로운 계급에 속하는 공산주의자들도 역시 공산당이 없다면 사회는 퇴보하고 결국은 좌초한다고 믿고 있다. 그러나 자기를 소유자라고 생각하지 않고, 자기들이 어떤 특별한 특권을 누리고 있는지 신경을 쓰지 않고 있기 때문에, 자신이 새로운 소유 계급의 일원이라는 사실을 의식하지 못하고 있다. 자신을 일정한 이념 · 목표 · 태도 · 역할에 충실한 그룹의 일원으로 생각한다. 그것이 그들이 생각하는 전부이다. 그렇기 때문에 자신은 특별한 사회적 범주인 '소유 계급ownership class'에 속해 있다는 사실을 보지 못한다.

집단 소유는 계급을 축소시키는 역할을 하지만, 그와 동시에 그것에 내재된 계급적 본성을 의식하지 못하도록 함으로써, 집단에 속한 각자는 미혹되어 자신이 사회 내의 계급을 철폐하는 운동에 나름대로 속해 있다고 생각하게 된다.

새로운 계급의 다른 특징들을 그 밖의 다른 소유자 계급들이 갖는 성격과 비교해 보면, 유사한 점들도 많지만, 상당한 차이점들이 두드러진다. 부르주아지들이 그랬었던 것과 마찬가지로 새로운 계급도 또한 탐욕스럽고 만족할 줄을 모른다. 그러나 그들에게는 부르주아지들이 가졌던 검소와 절제의 미덕이 없다. 새로운 계급은 귀족과 마찬가지로 배타적이지만 귀족적인 세련미와 당당한 기사도의 정신을 갖고 있지는 못하다.

새로운 계급은 다른 계급에 비해서 장점 또한 갖고 있다. 이 계급은 어떤 계급보다도 응집력이 탁월하기 때문에 보다 큰 희생과 영웅적 헌신을 위해 누구보다 준비가 잘 되어 있다. 개인은 전체에 완전히 복속되어 있기 때문에, 개인적으로 자신의 이익을 추구하고자 할 때에도 적어도 큰 대의적 요구가 있을 때에는 복종하게 된다. 새로운 계급은 기타 어떠한 계급도 행할 수 없었던 실행과 그 밖의 모험을 감행할 수 있을 만큼 강력하다. 새로운 계급은 국부를 소유하고 있으므로, 자기들이 수립한 목표를 위해서 종교적 헌신 수준으로 몰두할 수 있고, 대중의 모든 역량을 이 목표들을 향해 집중시킬 수 있는 지위에 있다.

새로운 소유 제도는 정권과 반드시 동의어는 아니지만, 정권에 의하여 형성되고 지지되고 있다. 자산의 사용 · 향유 · 분배는 당과 당의 고위층만이 갖는 특권이다. 당원들은 자산을 지배하는 권위가 이 세상에서의 특권을 가져다준다는 사실을 느끼고 있다. 그러므로 뻔뻔한 야심 · 표리부동 · 아첨 · 질투가 늘어나는 것은 불가피한 일이다. 출세주의와 날로 증가하는 관료주의야말로 공산주의의 불치병이다. 공산주의자들 스스로를 소유자로 둔갑시켜 왔고, 또한 권력과 물질적 특권으로 가는 길은 오직 당에의 '헌신', 즉 자기 계급에 대한 충성에만 열려 있기 때문에, 파렴치한 야심이 삶의 가장 중요한 방식이 되어 버리고, 공산주의 발전을 위한 가장 주된 수단을 이루고 있을 수밖에 없다.

비(非) 공산권 세계에서도 출세주의나 부도덕한 야심이 일어나고 있다는 건 관료들에게 지금 뜯어먹을 것이 많다는 것을 의미하거나, 아니면 소유자들이 그저 기생충처럼 되어 있어서 자산의 관리가 아랫사람들의 수중에 장악되어 있다는 징조이다. 그런 점에서 공산주의 하에서 출세주의 또는 부도덕한 야심이 활개를 친다는 말은 물질적 재화와 인간을 관리하는데 부수되는 소유의 독점과 특권이라는 거부할 수 없는 자극이 도처에 만연되어 있다는 사실을 증거하는 것이다.

다른 소유 계급에 있어서는 그 일원이 된다는 것과 특정 자산에 대하여 소유권을 갖는다는 것은 다른 말이다. 소유가 집단으로 되어 있는 한 공산 체제하에서는 더욱 그렇다. 공산주의 체제 속에서 소유자가 된다는 것 또는 공동 소유자가 된다는 것은, 그 당사자가 지배적 정치 관료의 대열에 끼어든다는 것을 의미한다.

다른 계급과 마찬가지로 새로운 계급에서도 남들이 사다리를 올라가고 있는 동안 일부의 인간들은 낙오하고 만다. 사적 소유 계급에서 개인은 그 재산을 자손에게 남겨 주었다. 새로운 계급에서는 사다리를 어쨌건 한 칸이라도 더 올라가려는 탐욕 외에는 물려받을 것이 없다. 새로운 계급은 사실상 민중의 밑바닥의, 그리고 가장 광범한 층으로부터 형성되어 있고, 부단히 요동친다. 비록 사회학적으로는 누가 새로운 계급에 속하는지 규정할 수 있지만, 실제로 그렇게 하는 일은 어렵다. 왜냐하면 새로운 계급은 민중, 즉 그 밖의 하층 계급 속으로 용해되어 들어가고, 흩어지며, 부단히 변하고 있기 때문이다.

마치 나폴레옹 군대의 사람들이 모두 그의 배낭 속에 원수의 지휘봉을 넣어 갖고 다녔듯이 이론상으로는 최고 높은 계단으로 향한 길은 누구에게나 개방되어 있다. 그 길에 들어서는 데 있어 요구되는 유일한 것은 당 내지 새로운 계급에 대해 신실하고도 절대적인 충성심을 보여 주는 것이다. 바닥은 넓게 퍼져 있으나 새로운 계급은 위로 올라갈수록 점차로 사정없이 좁아진다. 사다리를 오르기 위해서는 올라가고자 하는 강한 집념이 필요할 뿐 아니라, 교리를 이해하고 발전시키는 능력, 적들과의 견고한 투쟁 의지, 당내 투쟁에서의 남다른 재주와 영악함, 그리고 계급을 강화시키는 소질이 필요하다. 나서는 자들은 많으나 선택되는 자들은 극히 소수이다. 얼핏 보아 다른 계급들에 비하여 어떤 면에서는 더 개방적인 것 같으나, 실제로 새로운 계급은 그 어떤 계급들보다도 훨씬 더 배타적이다. 새로운 계급의 최대 특징의 하나는 권위의 독점이므로, 이런 배타성은 관료주의적 위계질서에 따른 편견에 의해 강화된다.

어느 곳에서나 공산주의 제도 하에서처럼 헌신적이며 충성한 자에게 항시 출세의 길이 넓게 열려 있는 곳은 없다. 그러나 위로 올라가는데 이처럼 어렵고, 허다한 희생을 요하며, 그처럼 많은 희생자를 필요로 하는 것은 없다. 공산주의는 한편으로는 모든 자에게 길을 개방하고 친절하기도 하지만, 또 한편으로는 신봉자들에 대해서 조차도 배타적이며 편협하다.

3.7. 계급독점의 옹위는 모든 존재의 목적

공산주의 국가들 속에 새로운 소유 계급이 존재한다는 사실만으로 모든 것을 설명되는 것은 아니지만, 공산 국가들, 특히 소련과 같은 나라에서 주기적으로 발생하고 있는 변동을 이해하는 가장 중요한 열쇠는 새로운 계급의 존재이다.

특별한 상황 속에서 일어나는 변화의 규모와 의의를 정확하게 파악하기 위하여는 공산주의 각국 내에서의 변동과 공산주의라는 체제 속에서 일어나는 변화를 따로 떼어 보아야 함은 두말할 나위 없다. 하지만 이를 위해서는 공산주의 제도를 가능한 총체적으로 이해하고 있어야 한다.

소련에서 현재 발생하고 있는 모든 변화와 관련하여서는 콜호스에서의 실태를 곁들여 언급해 두는 것이 좋을 것 같다. 콜호스의 창설과 소비에트 정부의 정책은 새로운 계급의 수탈적 성격을 명확하게 보여 주고 있다. 콜호스를 '논리적인 사회주의적logical socialistic' 소유 형태라고 스탈린은 생각하지 않았었고, 그건 후르시초프도 역시 마찬가지였다. 현실적으로 콜호스라는 소유 형태가 존재한다는 것은 새로운 계급이 농촌의 관리를 완전히 독점하는 데 성공하지 못하고 있음을 뜻한다. 새로운 계급은 콜호스와 추곡 강제 매입 제도compulsory crop-purchase system를 통해 농민을 종으로 만들고, 그 수입을 무지막지하게 탈취하는데 성공하였지만, 아직은 토지에 대한 유일한 권력자의 지위에는 미치지 못하고 있다. 스탈린은 이런 상황을 완전히 꿰뚫고 있었다. 그는 죽기에 앞서 쓴 저서 〈소련 연방에 있어서의 사회주의의 경제적 문제Economics Problems of Socialism in the U.S.S.R〉에서 콜호스는 국가 소유가 되지 않으면 안 될 것이라고 내다봤는데, 그것은 관료가 진정한 소유자가 되어야만 한다는 의미였다. 후르시초프는 스탈린의 과도한 숙청을 비판했지만, 콜호스에 관한 스탈린의 입장까지는 포기하지 않았다. 새로운 정권이 3만여 명의 당 일꾼들을 주로 콜호스의 대표자들에 임명한 것은 스탈린의 정책 노선을 견지한 각종 조치의 한 사례에 불과하다.

스탈린 치하에서와 마찬가지로 신(新) 정권은 소위 자유화 정책을 실시함에 있어, 새로운 계급의 '사회주의적' 소유권을 늘려 가고 있다. 경제에 있어서의 탈중앙 집권화는 소유권의 변화를 의미하는 것이 아니고, 관료 내지 새로운 계급 내에서 조금 지위가 낮은 층에 권력을 주기 위한 시도에 불과하다. 만일 소위 자유화나 권력 분산이 그 이상의 어떤 의미를 가지려면 적어도 재화 관리에 있어, 어느 정도 영향력을 발휘할 수 있도록 새로운 계급 외의 대중이 갖는 정치적 권력에 그 양상이 반영되어야 할 것이다. 그러면 적어도 대중은 과두 지배자들의 전횡을 비판할 권리를 갖게 되는 것이다. 그렇게 되면 그것이 단지 어용 반대파loyal opposition에 지나지 않을 수는 있어도, 새로운 정치 운동의 형성으로 이어질 것이다. 그러나 당내 민주주의에 대하여 언급하지 않고 있는 것처럼, 소련의 새로운 정권은 이런 일에 대하여는 말도 꺼내지 않고 있다.

자유화와 탈 중앙집권화는 단지 공산주의자들, 우선은 새로운 계급의 지도자들인 과두지배 집단, 그리고 그다음엔 새로운 계급 내 사다리 서열 아래쪽에 있는 사람들에게만 시행될 뿐이다. 이것은 그저 새로운 계급의 독점적 소유와 전체주의적 권위를 강화하고 굳히기 위해, 정세의 변화에 따라 어쩔 수 없이 취하게 되는 새로운 수법에 지나지 않는다.

공산주의 국가들에 새로운 소유, 독점적이며 전체주의적인 계급이 존재한다는 사실에서 우리는 다음과 같은 결론을 얻을 수 있다. 공산당 수뇌부에 의해서 주도되는 모든 변화란 무엇보다 다른 모든 사회적 집단과 마찬가지로 자신이 생존하고 반응하며, 방어하면서 그 권력을 강화할 욕심으로 밀어붙이고자 하는 새로운 계급의 이해관계와 욕망에 의해 내려지는 명령이다. 그렇지만 이것이 그러한 변화가 새로운 계급 이외의 민중에게 중요하지 않다는 말은 아니다. 새로운 계급이 실시하는 변혁은 공산제도 그 자체를 실질적으로 변화시키는 정도에까지는 미치지 못하고 있으나, 과소평가해서는 안 된다. 그 규모와 의의를 이해하기 위해서는 이런 변혁들의 내용을 들여다볼 필요가 있다.

공산 체제 역시, 다른 체제들과 마찬가지로, 대중의 정서와 그 동향을 감안해야만 한다. 공산당의 배타적 성격과 당 대오 내에 자유로운 여론이 없는 까닭에, 정권은 대중이 처해 있는 현실적 지위를 분별하지 못한다. 하지만 대중의 불만은 최고 지도자들의 의식 속으로 침투한다. 전체주의적인 운영에도 불구하고, 새로운 계급이 모든 유형의 반대에 대하여 효과적으로 대처할 수 있는 것은 아니다.

일단 권력을 장악한 공산주의자들에게 부르주아지와 대(大) 지주들을 처치하는 일은 식은 죽 먹기이다. 역사적 전개 양상은 부르주아와 대 지주들, 그리고 그들이 갖고 있는 재산에 관하여 적대적이기 때문에, 대중을 부추겨 이들과 대적하도록 하고, 그 재산을 빼앗는 것은 매우 쉬운 일이다. 어려움은 중산층의 작은 재산을 빼앗는 데 있다. 하지만 그전 단계의 탈취 과정 속에 획득된 권력을 통해 공산주의자들은 이것도 해낼 수 있게 된다. 관계는 급속하게 명확히 드러난다. 낡은 계급들과 구 소유자들은 더 이상 존재하지 않고, 사회는 '계급 없는' 사회가 되거나 그런 길로 접어들게 되고, 사람들은 하나의 새로운 삶의 양식에 맞춰 살아가기 시작하는 것이다.

이런 상황에서 예전의 혁명 전 관계로의 복귀를 요구한다는 것은 어리석다고 까지는 할 수 없겠지만, 현실적이라고 보이지는 않는다. 그러한 관계들을 유지할 수 있는 물질적 및 사회적 토대는 더 이상 존재하지 않는 것이다. 공산주의자들은 이와 같은 요구를 터무니없는 짓으로 일소에 부친다.

대중이 전반적인 자유나 정치적 자유를 요구하는 것이 아니라 특별히 한정된 자유를 요구하는 데 대하여도 가장 신경질적인 반응을 보이는 부류가 새로운 계급이다. 이들은 과거의 사회적 및 소유관계로 돌아가자는 요구도 아니고, 현재의 주어진 여건 하에서, 그리고 '사회주의'라는 틀 안에서 사상과 비판의 자유를 요구하는 데 대하여 특히 과민하다. 이런 과민한 반응은 이 계급의 '특수한 지위special position'에서 나온다.

새로운 계급은 본능적으로 실은 국가의 재화와 물질이 자기 소유 재산이고, 심지어 '사회주의적'이니, '사회적'이니, '국가적' 재산이니 하는 용어를 동원하더라도 그건 전반적인 법적 허구legal fiction를 가리기 위한 수단에 불과하다는 걸 자각하고 있다. 새로운 계급은 또한 자기 전체주의적 권위가 조금이라도 침해 당하는 날에는 소유권이 위태롭게 된다고 생각하고 있다. 그러므로 새로운 계급은 겉으로 '사회주의적' 소유를 유지한다는 명분으로 어떠한 식의 자유에도 반대하는 것이다. 새로운 계급의 독점적인 자산 관리에 대한 비판은 이들에게 권력을 잃을지도 모른다는 공포를 가져다준다. 이런 비판과 요구가 새로운 계급이 권력을 장악하여 휘두르는 정도를 얼만큼 문제 삼느냐에 따라 이 계급은 신경을 바짝 곤두세우는 것이다.

이것은 정말 중대한 모순이 아닐 수 없다. 자산은 법적으로는 사회적, 그리고 국가 소유로 되어 있다. 그러나 실제에 있어서는 하나의 단일 그룹이 자기 이해관계에 따라 주무르고 있는 것이다. 법과 현실 상황 사이의 불일치는 불투명하고 비정상적인 사회적 및 정치적 관계를 가져온다. 이는 또한 지도 집단이 표리부동하며, 그들이 하는 모든 행위는 자기들의 재산 소유를 강화하고 정치적 지위를 공고히 하는 결과로 이어진다는 것을 의미한다.

이러한 모순은 그 계급의 지위를 위태롭게 할 때만 해결이 가능하다. 혁명 전의 다른 지배적 자산 소유 계급들의 경우에 있어서도 강제로 권력과 소유의 독점을 빼앗지 않고서는 이 모순은 해결될 수 없었다. 사회 전반에 걸쳐 한 차원 높은 자유가 존재하였을 때에는 지배계급이라도 이런저런 방식으로 소유의 독점을 포기할 수밖에 없는 입장에 놓였었다. 그 반대도 역시 마찬가지다. 소유의 독점이 불가능해지면, 자유는 어느 정도 불가피해지는 것이다.

공산주의 하에서 권력과 소유권은 항상 같은 손에 다 장악되어 있지만, 이런 사실은 법률이라는 껍데기 안에 은폐되어 있다. 고전적 자본주의 하에서는 비록 노동자는 탈취당하고, 자본가는 탈취한다고 하더라도 법 앞에서는 양자가 평등하였다. 공산주의 하에서는 법률적으로는 물질적 재화와 관련하여 만인이 평등하다. 형식상의 소유자는 국가이다. 하지만 현실적으로 보면 독점적인 관리로 인해 관리자들 중에서도 극히 소수의 계층만이 소유권을 누리고 있는 것이다.

공산주의 하에서 자유에 대한 모든 현실적 요구, 공산주의의 폐부를 강타하는 그 요구는, 물질 및 재산 관계를 법에서 정하고 있는 대로 하라는 요구로 압축된다. 국가에 의하여 생산된 자본재는 사적 독점이나 사적 소유자보다는 사회에 의하여 보다 효율적으로 관리될 수 있으므로, 자유롭게 선출된 대표가 통제하는 수중에 들어가도록 해야 한다는 입장에 기반을 둔 자유를 위한 요구는 불가불 새로운 계급으로 하여금 다른 세력에 양보를 하게 하던가, 아니면 그 가면을 벗고 자신의 지배적, 수탈적 성격을 인정하지 않을 수 없게 할 것이다. 자신의 권위와 관리상의 특권을 이용하여 만들어 내는 소유권과 착취라는 형태는 심지어 새로운 계급 스스로가 거부해야만 하는 것이다. 그런데 새로운 계급은 국가 소유를 전반적으로 국가의 이름으로 보존하기 위해 자신의 권위와 관리적 기능을 사용하고 있는 것이라고 장황하게 강조하고 있지 않은가?

그런데 이렇게 할수록 새로운 계급의 법적 지위는 불안정하게 되고, 이 계급이 내부적으로 부딪치는 가장 큰 어려움의 원천이 된다. 이 모순은 말과 행동 사이의 불일치, 즉 사회적 불평등을 철폐한다고 약속하면서, 국가의 노동 현장에서 나온 생산물을 수탈하여, 자신의 지지자들에게 특권으로 부여함으로써 사회적 차별을 점점 벌리는 행태를 폭로한다. 인류를 모든 빈곤과 재앙으로부터 '궁극적final'으로 해방시켜야 한다는 역사적 사명을 수행 중이라는 자신의 교리를 핏대를 세워 가며 떠들지만, 정작 행동은 정반대로 하고 있는 것이다.

가장 근본적인 비판의 이유는 새로운 계급이 갖고 있는 사실상의 소유자로서의 지위와 법적인 지위 사이의 모순에서 찾을 수 있다. 이 모순은 사실상 극히 소수의 인간들만이 특권을 향유하고 있기 때문에 다른 사람들을 자극할 뿐 아니라, 계급 자신의 대오를 부식(腐蝕) 시키는 힘을 갖고 있다. 지배계급이 이런 변화를 좋아하건 말건 이런 모순이 격화되면 공산 체제 내에 진정한 변화를 예상할 수 있다. 새로운 계급에 의한 이른바 자유화니 탈 중앙집권화니 하는 변화는 이런 명백한 모순이 그 원인으로 되었던 것이다.

새로운 계급은 뒤로 물러나 굴복할 처지에 몰린다 할지라도, 이런 모순을 은폐하고 자신의 입지를 강화하려는 시도를 잊지 않는다. 소유권과 권위가 손상되지 않고 남아 있는 이상, 새로운 계급에 의하여 취해지는 모든 조치들은, 비록 그것이 민주적 동기에 의한 것이라 하더라도, 정치적 관료들의 관리를 강화하는 경향을 보여 주게 된다. 공산 체제는 민주적 조치들조차 지배계급의 지위를 강화하는 결정적 수단으로 만들어 버린다. 고대 동양에서의 노예 제도는 사회의 모든 활동과 가족을 포함한 모든 사회 구성원들에게까지 구석구석 침투해 있었다. 마찬가지로 비록 정치 수뇌부에서 그걸 목적으로 하지 않더라도 공산 체제 내에 존재하는 지배계급의 독점주의와 전체주의적 속성은 사회생활의 모든 면을 짓누르고 있다.

유고슬라비아의 이른바 '노동자 관리workers' management'와 노동자 자치는 소비에트 제국주의와 싸우고 있을 무렵에는 당으로부터 관리 독점권을 박탈하는 엄청난 민주적 조치라고 인식되었지만, 나중엔 점점 더

당 사업의 여러 부문 중 하나로 강등되었다. 현존하는 제도를 변화시킨다는 것은 이처럼 거의 불가능하다. 관리를 이런 식으로 하면서 새로운 민주주의를 구현하겠다는 것은 연목구어(緣木求魚)이다. 게다가 자유가 가장 큰 몫을 차지하도록 만드는 것도 불가능하다. 노동자들에 의한 관리는 전국적 차원이나 지방 기업 차원을 막론하고, 그 어디에서도 생산 대중에게 수익의 분배를 해 주지 못하고 있다. 이런 유형의 관리는 점차 체제 안전판으로 변하고 있을 뿐이다.

각종 세금 기타의 수단을 통해 정권은 노동자들이 자신들에게 주어진 것이라고 믿고 있는 이윤의 몫마저 빼앗아 가고 있다. 노동자들에게 남겨진 것은 식탁에 흩어진 식탁 부스러기와 환상뿐이다. 전반적인 자유가 없는 곳에 노동자 관리인들 자유로울 수는 없다. 자유가 없는 사회에서 그 누구도, 무엇 하나 자유롭게 결정할 수 없음은 명백하다. 노동자들에게 자유라는 선물을 주는 것처럼 했던 자들은 그 대가로 가장 가치 있는 것들을 어떻게든 손에 넣어 왔다.

새로운 계급이 자기 이익만을 생각하는 건 사실이지만, 그렇다고 이것이 그들로 하여금 대중에게 양보를 할 수 없도록 한다는 걸 의미하지는 않는다. 노동자들에 의한 관리 또는 탈중앙 집권화는 대중에 대한 하나의 양보이다. 새로운 계급이 제아무리 독점주의적이며 전체주의적이라고 할지라도 주변의 정세에 눌려 대중에게 양보하는 일은 있을 수 있다. 1948년 유고슬라비아와 소련과의 사이에 분쟁이 발생하였을 당시, 유고의 지도자들은 다소나마 개혁을 실시하지 않을 수 없는 처지로 몰렸다. 비록 그것이 한 걸음 후퇴를 의미할 수 있었지만, 자신들이 위험에 처했다는 것을 안 유고의 지도자들은 곧바로 개혁에 착수하였던 것이다. 이와 비슷한 일들이 오늘날 동유럽 국가들 속에서 일어나고 있는 중이다.

새로운 계급이 국가의 재산을 자기의 것으로 멋대로 주무르고 있다는 사실이 대중에게 명백하게 드러날 때마다 지배계급은 자신들의 권위를 방어하기 위하여 개혁을 실시해야 한다. 이런 개혁은 그 속 사정에 대하여는 함구한 채, '사회주의의 한 단계 발전'이라거나, '사회주의적 민주주의' 따위로 선포된다. 위에서 말한 언행 불일치, 위선과 표리부동이 공론의 장으로 나올 때 개혁의 기초가 놓이는 것이다.

역사적 견지에서 보면 새로운 계급은 진실로부터 도망하면서, 부단히 자신의 권위와 소유권을 공고히 만들지 않으면 안 되는 처지에 몰려 있다. 그래서 행복한 인민의 국가를 착착 건설 중에 있으며, 사회의 모든 성원들은 평등한 권리를 누리고 있고, 일체의 착취로부터 해방되었다고 거듭하여 과시하여야 한다. 새로운 계급이 부단히 심각한 내적 모순에 빠지는 것은 어쩔 수 없는 운명이다. 왜냐하면 새로운 계급은 그 역사적 출발에도 불구하고 자신의 소유권을 합법화할 수 없는데, 그렇다고 소유권을 포기한다는 건 자기 존립을 위태롭게 하는 일이기 때문이다. 따라서 이 계급이 살아남는 방법은 추상적이며 비현실적인 목표들을 끌어와서 자신들의 권한 강화를 합리화하는 것뿐이다.

사람 위에서 권력을 휘두르는 계급치고, 역사상 가장 이렇게 완벽한 계급도 없다. 바로 이런 이유로 인해 극히 좁은 시야, 그리고 거짓과 불안에 가득한 눈을 갖고 있는 것이 새로운 계급이다. 안에 갇힌 채 성장하면서, 대신 절대적 권위 안에 있는 까닭에 새로운 계급은 자신 및 자신을 에워싸고 있는 사람들의 역할을 평가함에 있어 비현실적일 수밖에 없다. 산업화를 달성하고 나면 새로운 계급은 야만적 폭력을 강화하고, 인민을 약탈하는 외에 다른 아무것도 할 수 없다. 새로운 계급에서 창의성은 멈춘다. 새로운 계급의 정신적 유산은 암흑 속에 사라진다.

새로운 계급이 혁명에서 하나의 커다란 성공을 거두었다고 하지만, 그 지배 방식은 인류 역사상 가장 수치스러운 한 장을 기록하고 있다. 세상 사람들은 그 계급이 달성한 거창한 사업에 경탄하겠지만, 그것들을 달성하기 위해 그들이 사용한 모든 수단들은 치욕으로 기억할 것이다. 새로운 계급이 역사의 무대에서 퇴장하는 날 - 그날은 기어이 오고야 말 것이지만 - 과거 그 어떤 계급이 퇴장했을 때 보다 그 퇴장을 슬퍼하는 자들이 적을 것이다. 자기 자신의 이익에 부합하는 것 빼고는 모두 질식시킴으로써, 새로운 계급은 실패와 수치스러운 멸망을 스스로에게 선고하였다.

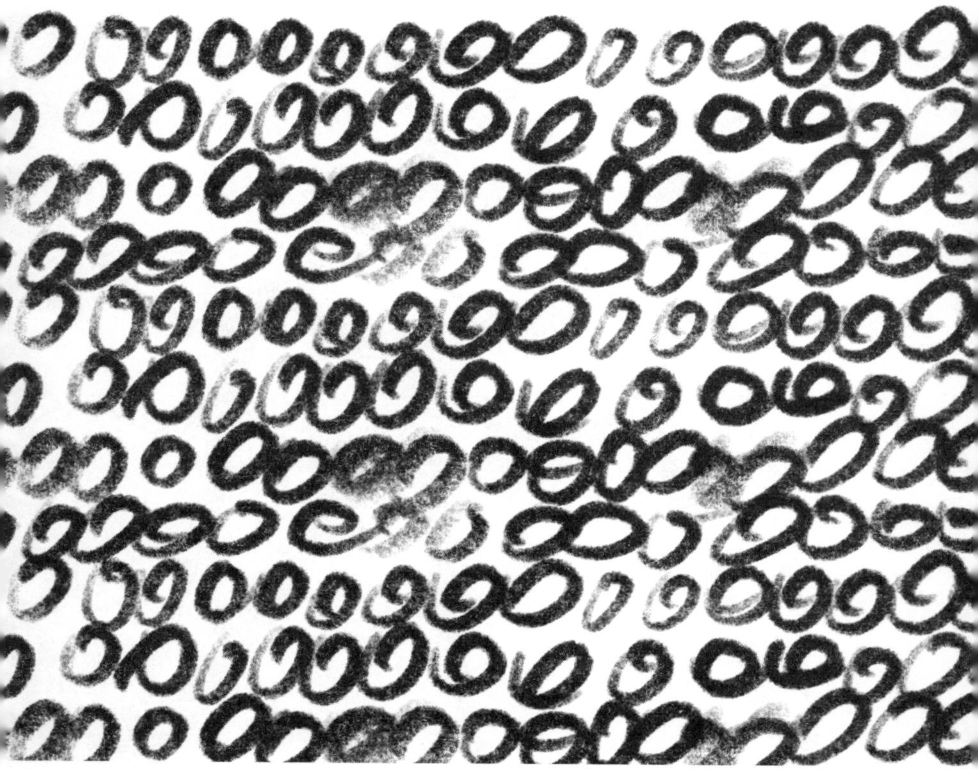

4

제4장 일당 중심 국가The Party State

4.1. 국가는 껍질, 당은 알맹이

공산주의 권력 구조는 가장 세련된 폭정과 가장 야만적 착취로 귀결되고 있으나, 그 구성은 우리가 아는 한 가장 단순한 구조로 되어 있다. 그 구조의 단순함은 공산당이라는 오직 한 개 정당만이 전체적인 정치적 · 경제적 · 이념적 활동의 중추를 이루고 있다는 사실에서 유래한다. 모든 공적 생활이란 것은 당 지도부에서 일어나는 상황에 따라 따라 멈추기도 하고, 앞으로 나아가기도 하며, 뒤로 가기도 하고, 방향을 돌리게도 된다.

공산 체제하에서 대중은 자신들에게 어떠한 행동이 허용되어 있고, 어떤 행동이 허용되어 있지 않는가 하는 것을 금방 알아차린다. 법률이니 규정이니 하는 것은 대중에게 별로 중요하지 않다. 정부와 피치자 간의 관계에 관한 현실의 불문율이 중요하다. 모든 사람이 법과는 무관하게 정부가 당의 각종 위원회와 비밀경찰의 손아귀에 있음을 알고 있다.

당의 '지도적 역할directing role'은 그 어디에도 명시되어 있지는 않으나, 모든 조직과 부문에는 당의 권위가 있다. 어떤 법률도 비밀경찰에게 시민을 통제할 권리를 부여하고 있지 않지만, 비밀경찰은 전능하다. 어떤 법률도 비밀경찰과 당의 각종 위원회가 법관과 검사를 감독해야 한다고는 정해 놓고 있지 않으나, 현실에서는 법관과 검사들은 통제 당하고 있다. 대중은 대개 이런 사정을 다 알고 있다. 민중은 모두 해도 될 일과해서는 안 될 일을 알고 있고, 무엇이 누구의 손에 달려 있다는 사실을 알고 있다. 대중은 환경과 현실적 상황에 순응하여 모든 중요한 문제에 관하여 당 지도부와 당의 통제 하에 있는 모든 기관의 지시를 받는다.

각종 사회단체와 사회 기관의 지휘는 다음과 같은 방법으로 이뤄진다. 공산주의자들이 하나의 세포를 결성하면, 이 세포는 모든 문제에 개입하여 정치적 권위를 갖는 지도부로 화(化)한다. 하지만 이것은 이론상 그렇다는 것이고 실제로는 다음과 같이 진행된다. 사회 기관이나 조직이 한 사람에 의해 관리되고, 그 사람이 당에서도 또한 권한을 갖고 있는 경우, 그 사람은 중요도가 떨어지는 일에 관하여는 누구한테도 지시를 받지 아니한다. 공산주의자들은 자신들의 체제와 이것이 만들어 낸 모든 관계에 익숙하다. 그들은 중요한 것과 중요하지 않은 것들을 구별하는데 익숙하여, 특별히 중요한 문제만을 당 지도부에 지도를 요청한다. 세포는 단지 잠재적으로 존재할 따름이고, 중요한 결정은 당이 행한다. 정부나 어떤 조직의 집행부를 선출한 사람들의 의견 따위란 전혀 중요하지 않다.

공산주의의 전체주의 성향과 새로운 계급은 공산당이 혁명을 준비하는 단계에서부터 그 뿌리를 내리기 시작했다. 권력을 관리하고 유지하는 방식도 그 시기로 거슬러 올라간다. 정부의 기관과 사회단체 있어서의 '지도적 역할'은 다름 아닌 이전의 공산당 세포에 있다. 이 세포는 그 후 가지를 뻗고 자라서 자신을 완성시켰던 것이다.

'사회주의 건설'에 있어서의 당이 제2의 '지도적 역할'을 해야 한다는 것은 노동 계급에 대한 당의 전위적 역할을 운운하는 낡은 이론 외에 아무것도 아니며, 한때 지금과는 다른 사회적 의의를 띄고 있었다는 정도에 지나지 않는다. 공산주의자들이 권력을 탈취하기 전에 이 이론은 혁명가를 모집하고 혁명 조직을 불리는데 필요했지만, 지금에 와서는 새로운 계급의 전체주의적 지배를 합리화하고 있을 따름이다. 혁명이 이론으로부터 나오지만, 혁명은 이론과 다른 내용을 갖게 되는 것이다. 기술적 및 경제적 발전을 갈망하여 마지않았던 사회의 일부에 의하여 혁명과 그 혁명의 형식은 불가피하였고, 필요하기조차 하였다.

혁명기에 발생한 전체주의적 독재와 새로운 계급의 지배는 인민의 멍에로 변하여, 사회의 모든 성원들은 이 질곡 밑에서 피땀을 흘리며 사슬에 매여 있다. 특정 혁명적 방법들은 반동적 수단으로 둔갑했다. 공산당 세포들의 경우에도 마찬가지였다. 사회 기구에 대한 공산당의 통제는 두 가지 본질적인 수단들을 통해 이뤄지고 있다. 첫 번째 방법은 세포로서, 원칙적으로나 이론상으로나 주된 수단이다. 두 번째 방법은 실제로 더 많이 행하여 지고 있는데, 일정한 정부의 자리를 당원으로 국한하는 것이다. 이런 직위들은 어떤 정부에서도 핵심적인 것이지만, 특히 공산 정권에서는 매우 중요하다. 여기에는 경찰, 특별히 비밀경찰의 배치, 외교관들과 군 장교, 특히 정보와 정무적 업무를 하는 자리가 포함된다. 사법부의 경우엔 지금까지는 최고위직만이 공산주의자들의 수중에 놓여 있다. 법관은 당과 경찰 기구에 복속되고, 급여도 적은 편이어서 공산주의자들에게는 별로 매력이 없는 직종이다. 그러나 지금은 사법관의 자리도 오직 당원에게만 개방되는 특권으로 여겨지는 경향이 있고, 사법부의 구성원에 대한 특권도 커지고 있는 중이다. 그래서 사법부가 계속하여 당의 의도 내지 '사회주의의 정신in the spirit of socialism'에 따라 판정을 내리게 된다면, 사법부에 대한 통제는 완전한 정도까지는 아니더라도 완화될 수는 있을 것이다.

일련의 특정 및 불특정 자리들을 당원만으로 채운다는 것은 공산주의 국가들에서만 가능할 뿐이다. 비록 하나의 계급적 구조이긴 하나, 공산주의 정부는 '당 정부party government'이다. 공산주의 국가의 군대는 당의 군대party army이며, 국가 역시 '당 국가party state'이다. 정확히 말하자면 공산주의자들은 군대나 국가를 자기가 독점하는 무기로 취급하는 경향이 있다.

비록 성문화되어 있는 건 아니지만, 당원들만이 경찰관, 장교 및 외교관 기타 이와 유사한 직위를 차지하고, 오직 그들만이 실제적 권력을 행사할 수 있다는 배타적 불문율은 특수한 특권 관료 집단을 만들어 내고, 정부와 행정의 구조를 간소화한다. 이런 식으로 당 세포는 점점 커져 크건 작건 간에 모든 직무를 장악한다. 그렇게 되면 그 세포는 사라지고, 반면 이런 직무들은 당 활동을 위한 하나의 필수 부문으로 자리 잡는다. 공산주의 체제하에서는 당과 비밀경찰의 사례에서 볼 수 있듯이 정부의 각종 직무와 당 조직들과의 사이에 근본적인 구별이 없다. 당과 경찰은 일상적 권능에 있어서 상호 긴밀하게 엮여 있다. 양자의 구분은 단지 직무의 분배에 있을 뿐이다. 정부 기구의 전체가 이런 식으로 조직되어 있다. 정치적인 모든 지위는 당원들이 독점하고 있다. 정치와 직접 관련이 없는 정부 조직이라도 공산주의자가 전략적 지위 또는 집행을 감시하는 지위를 차지하고 있다. 당 중앙에서 회의를 소집하던가, 어떤 입장을 표명하는 것으로써 국가와 사회의 기구 전체가 움직이기에 충분하다. 어떤 곳에서 어려운 일이 생기면 당과 경찰이 매우 신속하게 그 '과오'를 시정한다.[J]

4.2. 당내의 이념 통일 강제와 전체주의

공산당의 특수한 성격은 이미 기술하였다. 그 밖에도 공산주의 국가의 본질을 밝히는 데 도움이 되는 여러 특징들이 또한 존재한다.

공산당이 혁명적이며 중앙집권적이며 군대와 같은 규율을 준수하며 확고한 목표를 추구한다든가 또는 기타 특성을 갖고 있다는 것만으로 그 독특한 성격이 설명되지는 않는다. 그와 유사한 특징을 갖고 있는 당들도 있으며, 심지어 공산당에서 보다 이런 특징들이 더 강한 경우도 있을 수 있다.

그러나 '이념적 통일ideological unity' 즉, 세계관 및 사회 발전을 위해 구성원들에게 요구되는 의무가 무엇인가에 대하여 동일한 관념을 가질 것을 요구하는 것은 공산당이 유일하다. 이것은 당의 상급 기관에서 활동하는 자들에게만 적용된다. 그 밖에 하급 지위에 있는 자들은 똑같은 사상을 앵무새처럼 되풀이하며, 상부로부터의 명령을 수행하기만 하면 된다. 그러나 하급 지위에 있는 자들은 자기 이데올로기 수준을 지도자들의 수준에 맞추려는 경향을 보인다.

레닌은 당원들이 모두 동일한 견해를 가져야 할 의무가 있다고는 생각하지 않았다. 다만, 그는 '마르크스주의적'이거나 '당의 것party's'으로 보이지 않는 견해들, 즉 그가 본래 생각하였던 식으로 당을 강화하는데 기여하지 않는 온갖 견해를 논박하고 설득시켰다. 당내의 모든 반대파를 처치하는 경우, 레닌의 방식은 스탈린과는 달랐다. 레닌은 그의 노예들을 살해하지는 않고, '단지' 진압했기 때문이다. 그가 권력을 장악하고 있었을 때에는 표현의 자유와 투표할 특권은 유효하였었다. 모든 것에 대한 전체적 권위total authority는 그때까지는 확립되지 못하였던 것이다. 스탈린은 모든 당원에 대하여 결합의 토대로서 정치적 통일 외에 이념적 통일, 즉 철학과 기타 세계관의 일체성을 요구하였다. 이는 사실상 스탈린이 당에 관한 레닌의 교시를 철저히 잘 보완한 것이다. 스탈린은 이미 청년 시절부터 의무적 이념 통일이라는 개념을 만들어 냈다. 스탈린의 시대에는 만장일치는 모든 공산당들이 요구하는 불문율로 되었고 오늘날까지 남아 있다.

유고슬라비아의 지도자들도 지금까지 종전과 마찬가지의 견해를 갖고 있다. 이들은 아직도 소련의 '집단지도collective leadership' 및 다른 공산당들과의 연계 아래 있다. 이처럼 의무적 이념의 일치를 고집하는 사실은 근본적인 변화가 일어나지 않았다는 것을 말해 주는 징조로, 지금 유고의 '집단지도' 하에서도 자유로운 토론은 불가능하거나, 아주 협소한 부분에서만 가능하다는 사실을 확인해 준다.

당내에서의 의무적인 일치란 무엇을 의미하며 어떤 결과로 이어지는가? 우선 정치적인 면에서 매우 심각한 결과를 초래한다. 모든 정당, 특히 공산당에서의 권력은 그 지도자들과 더 높은 수뇌부의 수중에 놓인다. 의무로서의 이념적 통일, 특히 중앙집권화되어 있고 군대와 같은 기율을 고수하는 공산당 내에서의 사상적 단일성은 불가피하게 중앙기관의 지도자들이 모든 당원들의 사상을 지배하는 권한을 갖도록 한다. 레닌 시절에도 최고 기관에서 행하여 진 토론을 통해 이념의 통일이 확보되었으나, 스탈린은 스스로 혼자서 이데올로기를 통제하기 시작하였다. 오늘날 스탈린 사후의 집단 지도는 새로운 사회적 이념의 등장을 불가능하게 하는 것으로 만족하고 있다. 이처럼 마르크스주의는 당 지도자들이 독점적으로 정의(定義)해 버리는 이론으로 변질되었다. 오늘날에는 마르크스주의와 공산주의의 다른 유형은 존재하지 아니한다. 당 지도부의 배타적 해석에서 벗어난 유형의 이론 발전은 거의 불가능하다.

이념의 통일이라는 사회적 결과는 비극적이다. 레닌의 독재도 가혹하였지만 스탈린의 독재는 전체주의적인 것으로 되었다. 당을 통해서만이 모든 계층이 그 의견을 표명할 수 있기 때문에, 당내에서 온갖 이념적 투쟁에 대한 박멸은 사회에 존재하는 모든 자유의 종말을 의미했다. 다른 이념들을 절대 용납하지 않고 마르크스주의만이 오로지 유일무이한 과학적 내용을 가진 것이라고 고집하는 행위는 당 지도부에 의한 이념 독점의 출발이었고, 이것은 나중에 사회에 대한 완전한 독점으로 발전하였다. 당의 이념 통일은 공산주의 체제 내부 및 사회 자체 내의 자주적인 운동을 불가능하게 한다. 모든 행동은 당에 의존하고 당은 사회를 완전히 통제하며, 그 결과 사회 내부에는 한 조각의 자유도 남아 있지 않게 된다. 이념의 통일은 갑자기 생겨난 것이 아니다. 공산주의 하에서는 모든 것이 그러하듯, 점차적으로 발전하여 당의 각종 분파 사이의 권력 투쟁기에 그 절정에 달하였었다. 1920년대 중반 스탈린이 권력을 장악할 무렵 당이 공식화하지 않은 모든 이념을 포기하라고 최초로 트로츠키에 대하여 공개적으로 요구한 것은 결코 우연이 아니었다.

당 이념의 통일은 개인 독재의 정신적 토대이다. 통일된 이념이 없는 개인 독재는 상상조차 할 수 없다. 이념 통일은 독재를 초래하고 강화하고, 반대로 독재가 이념의 통일을 초래하고 강화하기도 한다. 이념에 대한 독점 내지 강제적 이념 통일은 개인 독재를 위한 완벽하고도 이론적인 가면이기 때문에 이것은 쉽게 이해될 수 있다. 개인 독재와 이념적 통일은 현대 공산주의나 볼셰비즘의 시작 과정에서도 이미 명확했었고, 공산주의가 권력의 정점에 이르면서부터 양자 모두 견고하게 확립되었기 때문에, 그 추세로 보거나 현재의 대세를 보거나 간에 이 두 가지는 공산주의가 몰락할 때까지는 절대로 포기되지 않을 것이다.

지도자들 사이의 이념적 차이에 대한 억제는 당파와 이견(異見)을 모조리 박살 냈고, 그 결과 공산당 내의 민주주의도 박멸되었다. 그리하여 공산주의 체제 속의 '지도자 원리Führer-principle'의 시대가 개시되었다. 이념가들은 지적 능력이야 모자라건 말건 무관하게 당내에서 실권을 장악하고 있는 자들에 불과하다.

당내에서 이념의 통일이 지속되고 있다는 사실은 개인 독재 또는 오늘날 소련에서 볼 수 있는 바와 같이 일시적으로 협력 관계를 유지하거나 세력 균형을 잡고 있는 소수에 의한 집단 독재가 유지되고 있다는 부인할 수 없는 증거이다. 우리는 다른 정당들, 특히 그 이전 단계에 있었던 사회주의 정당들 속에서도 이념적 통일을 추구했던 경향을 볼 수 있다. 하지만 그런 정당들 안에서 이것은 어디까지나 하나의 경향에 불과하다. 반면 공산당들 속에서 이념 통일은 의무적이다. 개인은 단지 마르크스주의자가 될 의무가 있을 뿐만 아니라 지도부가 원하고 지정하는 유형의 마르크스주의를 채택하여야 할 의무를 지닌다. 마르크스주의는 자유로운 혁명 이념fee revolutionary ideology에서 하나의 지시된 교리prescribed dogma로 둔갑해 버렸다. 황제가 대제사장archpriest이기도 했던 고대 동양의 전제 군주제에 있어서와 마찬가지로 최고 권력이 교리를 해석하고 지시하는 것이다.

당의 의무적 이념 통일은 다양한 국면과 형태를 거쳐 내려오면서 의무적인 당 이데올로기 통일은 볼셰비키당 내지 공산당의 가장 본질적인 특징으로 남게 되었다. 이런 당들이 동시에 새로운 계급의 시작으로 연결되지 않았다면, 그리고 특별히 해야 할 역사적 역할이 없었더라면, 강제적 이념 통일은 그 안에서 살아남지 못하였을 것이다. 공산주의 관료체제를 제외하고, 현대 역사에서 어떤 계급이나 정당도 완전한 이념 통일을 달성한 바 없다. 그전까지 정치적 및 행정적 수단을 동원하여 사회 전체의 개조라는 과업을 자임했던 조직도 없었다. 이런 임무를 위해서는 사상을 통제하는 조직 지도부의 사고는 늘 옳다는 구성원들의 광신에 가까운 확신이 필요하다. 그러한 임무에는 다른 이념 및 사회적 그룹에 대하여는 가차 없이 야만적인 조치를 취할 것도 요구된다. 이것은 또한 사회에 대한 이념적 독점 및 지배계급의 절대적 단결도 요구한다. 공산당들이 특별한 이데올로기 상의 결속을 요구했던 것은 이런 이유 때문이었다. 일단 이데올로기 통일이 이뤄지면, 선입견으로서 강력하게 작용한다. 공산주의자들은 이념적 통일 내지 상부에서 내려오는 이념적 교시는 최고의 신성the holy of holies이며, 당내의 분파주의factionalism은 모든 범죄 중에서 가장 극악한 것이라고 교육받는다.

사회에 대한 완벽한 통제를 할 수 있기 위하여는 다른 사회주의 집단들과의 어느 정도의 타협은 불가피하다. 이념적 통일 역시 당 대열 내에서의 타협을 통해서만 가능하다. 전자와 후자는 거의 동시에 일어난다. 전자는 새로운 계급과 그 적대자들과의 타협이고, 후자는 지배 계급 내에서의 타협이지만, 전체주의를 신봉하는 자들의 사고 속에서 양자는 '객관적으로' 동일한 것으로 보인다.

사실 스탈린은 트로츠키 · 부하린 · 지노비예프Grigory Zinoviev. 1883-1936 및 그 밖의 인물들이 외국의 스파이도 아니며, '사회주의 조국socialist fatherland'에 대한 반역자도 아니라는 것은 알고 있었다. 그러나 스탈린과 그들과의 사이에 있는 의견 차이가 전체주의적 통제의 수립을 명백하게 지연시키고 있었기 때문에, 그들을 제거해야 했던 것이다. 당내에서의 스탈린의 범죄는 '객관적 불화objective unfriendliness', 즉 당내에서의 이념적 및 정치적인 견해 차이를 들어 그들이 저지르지도 않은 집단 및 개인적 차원의 주관적 범죄로 만들어 뒤집어 씌운 데 있다.

4.3. 당 · 계급 · 과두지배 · 개인독재로의 진행

하지만 이것은 모든 공산주의 제도가 벗어날 수 없는 길이다. 전체주의적 통제나 이념 통일을 확보하는 방식이 스탈린처럼 가혹하지는 않을지 몰라도 그 본질은 언제나 변함이 없다. 전체주의적 통제를 수립함에 있어 산업화라는 형식이나 여건을 들고 나올 필요가 없었던 체코 및 헝가리 같은 나라들에서조차 공산당 관료들은 불가피하게 후진적인 소련과 같은 국가들에서 했었던 것과 똑같은 방식으로 권위적 체제를 수립하지 않을 수 없었다. 이는 단지 소련이 그들을 종속 국가들로 취급하여 그런 형식을 강제로 주입했기 때문이 아니라, 공산당 그 자체의 성격과 그 이념적 본성 때문에 일어나는 것이다.

사회는 당이 통제하여야 하고, 정부 및 정부 기구와 당은 일체이며, 의견 표명의 권리는 그 사람이 당내 위계질서 내에서 차지하는 권력과 지위에 비례하여야 한다는 등의 사고는 공산당이 권력을 잡자마자 당 관료들 사이에서 나타나는 본질적이며 필연적인 특징이다. 당은 공산주의 국가와 정부의 주력이며, 모든 것의 원동력이다. 당은 그 안에서 새로운 계급 · 소유 · 이념을 결합한다.

그래서 소련에서 군부의 음모가 몇 차례 일어난 것처럼 보이지만, 공산주의 체제하에서 군부 독재는 지금까지 불가능하였다. 군부 독재는 국민 생활의 모든 국면을 다 아우를 수 없고, 일시적이나마 국민에게 왜 그러한 비정상적인 수고와 자기희생을 해야 하는지의 필요성을 설득할 수도 없을 것이다. 이러한 일은 오직 당에 의해서만, 그것도 거창한 이상을 내세우며 자신이 압정을 하더라도 그 구성원과 지지자들에게 최고도의 국가 내지 사회조직을 위해 필요하다고 선동하여 믿도록 할 수 있다는 자기 확신이 있는 당에 의해서만 가능한 것이다.

자유라는 관점에서 본다면 공산주의 제도 하에서는 군부 지배조차도 위대한 진보를 의미할 것이다. 군부 지배는 전체주의적인 당의 통제 내지는 당 과두 지배의 종말을 의미하기 때문이다. 그러나 이론적으로 본다면 군부 독재는 군사 패배 또는 예외적인 정치적 위기 상황의 경우에만 가능할 것이다. 그러한 경우 군부 독재는 그 시작은 당 독재 형태를 취하던가, 당 속에 은폐되어 있어야 하겠지만, 이것은 불가피하게 체제 전체의 변화로 이어지게 될 것이다.

공산주의 제도 하에서 공산당 과두 지배의 전체주의 독재는 일시적인 정치 관계의 결과가 아니고 장기간에 걸친 복잡한 사회적 전개의 결과물이다. 따라서 전체주의 독재 내에서의 어떤 변화는 하나의 동일한 체제 내에서 지배 형태의 변화에 그칠 수는 없고, 체제 자체의 변화 내지 그 변화의 시작을 의미할 수밖에 없다. 그러한 독재는 그 자체가 제도이며, 육체이자 영혼이고, 그 본질인 것이다. 공산주의 정부는 순식간에 당 지도자들의 작은 동아리로 변한다. 프롤레타리아트의 독재라고 하는 주장은 공허한 슬로건으로 변하고 만다. 이와 같은 상태에 도달하는 과정은 불가피한, 그리고 통제 불가능한 숱한 요인과 더불어 전개되고, 당이 프롤레타리아트의 전위라고 하는 이론은 이런 과정을 보조할 뿐이다

그렇다고 해서 권력을 지향하는 투쟁기에 있어서, 당이 근로 대중의 지도자도 아니며 근로 대중의 이익을 위해 일하지 않는다는 것은 아니다. 하지만 그러할 때의 당의 역할이나 모든 투쟁은 권력을 향한 그 운동의 단계들이며 형식들이다. 당의 투쟁은 노동자 계급을 원조하기도 하지만, 당도 강화하며 아울러 장래의 권력자들과 맹아 상태에 있는 새로운 계급도 강화한다. 그래서 권력을 획득하자마자 당은 노동 계급과 근로 대중의 이익을 대표한다고 공언하면서 모든 권력을 지배하고 모든 재화를 자신의 수중에 넣어 버린다. 혁명 투쟁 중에 약간의 기간을 제외한다면 프롤레타리아트는 그 이상의 일에 참여하지 못하고, 다른 어떤 계급보다 더 큰 역할을 하지도 못한다. 그렇다고 프롤레타리아트 또는

그 계층의 일부가 당이 권력을 유지함에 있어 일시적으로라도 이해관계가 없다는 말은 아니다. 농민들도 산업화를 통해 절망적인 비참한 상태로부터 구출해 주겠노라 약속했던 자들을 지지하였던 것이다.

노동 계급의 각 개별 단위에서 일시적으로는 당을 지지할 수도 있으나, 정부는 노동자 계급의 것도 아니요, 사회적 발전과 사회적 관계라는 측면에서 그들이 정부에 대하여 일부 지분이 있는 것도 아니다. 공산 체제하에서는 근로 대중, 특히 노동 계급이 권력 및 권리를 획득하는데 어떤 도움도 없다. 그렇게 할 이유가 만무한 것이다.

노동 계급과 대중은 권력을 행사하지 못하지만 당은 노동자 교육과 근로 대중의 이름 아래 권력을 행사한다. 그런데 가장 민주주의적인 정당을 포함해서 모든 정당에서는 리더들의 역할이 중요해서 당의 권위가 그 리더의 권위로 될 정도이다. 하물며 비할 바 없이 유리한 상황 속에서 시작된 이른바 프롤레타리아트 독재가, 당의 권위로 이어지고, 다시 지도자들의 독재로 발전해 나가는 것은 필연적일 수밖에 없다. 이와 같은 유형의 전체주의적 통치에 있어서 프롤레타리아트 독재란 몇몇 과두 지배자들의 권위를 이론적으로 합리화하거나 기껏해야 이데올로기적인 가면을 씌워 주는 것에 불과하다.

마르크스는 프롤레타리아트의 독재를 프롤레타리아트의 내부에서의, 프롤레타리아트를 위한 민주주의라고 상상했다. 다시 말해 다수의 사회주의적 조류 또는 정당들이 공존하는 것을 전제로 한 통치 구조를 생각하였던 것이다. 마르크스가 내린 모든 결론의 기초가 되었던 1871년의 파리 콤뮨Paris Commune은 유일한 프롤레타리아트의 독재라고 할 수 있는데, 이것은 여러 개 정당들로 구성되어 있었고 그중에서 마르크스주의 정당은 아주 작지도 않고, 그렇다고 가장 중요한 정당도 아니었다. 그러나 어떠한 통치도 정치적 조직이 없이는 불가능하기 때문에, 프롤레타리아트에 의해 직접 운영되는 프롤레타리아트의 독재라는 것은 순전히 하나의 유토피아적 발상에 지나지 않는다. 레닌은 프롤레타리아트 독재를 단일 정당, 즉 자기 정당에게 위임하였다. 스탈린은 프롤레타리아트 독재를 자기 자신의 권위에, 즉 당 안에서와 국가 차원에서의 자기 개인 독재에 맡겨 버렸다. 공산주의 황제가 죽은 뒤, 그의 후계자들은 집단 지도를 통하여 자기들끼리 권위를 분배하였다. 어떤 경우가 되었건 프롤레타리아에 의한 공산주의 독재란 것은 유토피아적 발상 아니면 당 지도자들 중의 엘리트 그룹에게 유보된 하나의 기능에 불과한 것이다.

레닌은 마르크스의 '궁극적 발견ultimate discovery'인 러시아의 소비에트들을 프롤레타리아트의 독재의 구현으로 생각하였다. 시작 당시에는 혁명 과정에서 보여주었던 그들의 주도적 역할, 그리고 대중의 참여로 인해 소비에트들이 그런 식으로 인식되기도 했었다. 트로츠키 역시 절대왕정에 대한 투쟁 과정에서 태어난 의회와 한 가지로 소비에트를 현대적 정치 행태라고 믿었다. 그러나 이는 환상이었다. 소비에트는 혁명적인 기구에서 새로운 계급 내지 당의 전체주의적 독재에 적합한 형식으로 변하고 말았던 것이다.

당과 정부, 양자를 포함한 레닌의 이른바 민주적 중앙집권제의 경우에도 마찬가지였다. 당내에서 공적 견해의 차이가 용인되는 한 비록 아주 민주적 형태의 중앙집권 형태라고 까지는 할 수 없어도, 여전히 중앙집권적이라고 부를 수 있다. 그러나 전체주의적인 권위가 수립되면, 중앙집권제가 소멸하고 노골적인 소수 독재자에 의한 전제 지배가 이를 대신하게 된다.

이를 통해 우리는 과두 독재가 개인독재로 변하여 가는 꾸준한 경향이 있다는 결론에 이를 수 있다. 이념적 통일, 당 최상부에서의 불가피한 권력 투쟁 및 전반적인 체제의 요구 등은 개인 독재 쪽으로의 경향성을 갖는다. 정상에 오르는데 성공한 지도자와 그 주변부는 그 당시에 있어 새로운 계급의 이해관계를 가장 논리적으로 대변하고 방어하는데 성공한 자들이라 할 수 있다.

그 밖에도 개인 독재로 강하게 쏠리는 경향을 보이는 역사적 상황들이 있을 수 있는데, 예컨대 산업화의 압력에 직면하거나 국가가 전쟁에 휘말려 있는 경우 등이 그런 사례들인데, 이때는 모든 역량이 하나의 사고와 하나의 의지에 복속되어야 할 필요가 있는 것이다. 그러나 개인 독재를 추구함에 있어서는 공산주의만의 특별하고도 순전한 이유가 있는데, 그것은 권력은 공산주의 및 모든 진정한 공산주의자들의 근본 목적이며 수단이기 때문이다. 공산주의자들 사이에서 권력에 대한 갈망은 늘 채워질 줄 모르며 저항할 수 없는 힘을 갖고 있다. 권력 투쟁에서의 승리는 거의 신적인 지위에 오르는 것과 같지만, 반면에 패배란 씻을 수 없는 굴욕과 불명예를 의미한다.

공산주의 지도자들은 또한 개인적 사치로 흐르기 십상인데, 그러한 방종은 인간이 지닌 원초적 약점으로 인해, 그리고 권좌에 오른 자들이 자신의 명민함과 힘을 과시하고 인정받고 싶어 하는 전형적인 내재된 욕구로서 헤어나기 어려운 습성이다. 출세주의 · 사치 · 권력욕을 피할 수 없는 것과 마찬가지로 부패 역시 피할 길 없다. 이런 부패는 혁명 전의 국가들에 있어서의 부패와 같이 빈번하게 일어나지는 않을 수 있다는 점에서 공무원들의 부패 문제는 아니다. 이것은 통치 구조가 단일한 정치 집단의 수중에 있고 모든 특권의 원천이라는 사실로부터 나오는 특이한 형태의 부패이다. '자기 사람 봐주기care of its men'라든가, 떡고물이 많은 자리에 자기 사람들을 꽂는다던가, 각종의 특권을 분배한다든가 하는 일은 불가피하다. 정부와 당이 국가와 한 몸이고, 모든 재산을 보유하고 있다는 사실이, 공산주의 국가를 자연스럽게 부패시키고 각종 특권과 기생적인 기능parasitic function을 만들어 내고 있는 것이다.

유고슬라비아 공산당의 당원 한 사람이 정규 공산주의자regular

Communist들이 살아가고 있는 분위기를 아주 훌륭하게 묘사한 바 있다.

"나는 현실적으로 세 부분으로 분열되어 있다. 나보다 좋은 자동차를 갖고 있는 사람들을 보면 그런 사람들이 나보다도 더 당과 사회를 위해 헌신하고 있다고는 생각되지 않는다. 그런데 진짜 어떤 수입도 얻지 못하기 때문에 자동차를 갖지 못하는 사람들을 위에서 내려다보면, 나는 행복하다. 내가 갖고 있는 그것으로 인해."

확실히 이 사람은 공산주의자가 아니라 이상주의자였기 때문에 공산주의자가 되었던 사람들 중의 한 명이다. 그리고 그는 지금 환멸을 느끼면서도 보통의 공직에서 얻을 수 있는 것으로 만족하려고 애쓰는 중에 있는 것이다. 진정한 공산주의자란 권력을 향한 광신과 무절제함이 뒤섞여 있는 자들이다. 오직 이런 부류만이 진정한 공산주의자가 될 수 있다. 그 밖의 인간들이란 이상주의자들이거나 출세주의자careerist들이다.

공산주의 제도는 관리에 토대를 두고 있으므로, 엄격한 서열 조직을 갖춘 관료주의적 성격을 피할 수 없다. 공산 체제하에서는 정치 지도자들과 지도 기관들의 주위에 배타적인 그룹들이 포진한다. 모든 정책 수립은 패거리 근성과 당파심이 만연해 있는 이런 배타적 집단들 내에서의 언쟁으로 귀결되고 만다. 최고위 집단은 대개 아주 친밀하다. 은밀한 만찬과 사냥 또는 두서너 명의 숙덕임 속에 국가의 생존이 걸린 중대사가 결정되곤 한다. 당 회의 · 내각 회의 · 인민 회의 등은 결정된 것을 선포함에 불과하고, 외양을 갖춰 주는 것에 지나지 않는다. 이러한 회의들은 사적인 공간에서 미리 짜 놓은 내용을 확인해 줄 요량으로 개최될 뿐이다. 공산주의자들은 국가나 정부를 자기들 소유인 것처럼 생각하여 미신에 집착하듯 매달린다. 당내에서는 친밀하고 낯익은 체 하던 바로 똑같은 인간, 똑같은 집단이 국가를 대변한다고 행동할 때는 경직되고, 형식적이며, 거만한 인간상을 보인다.

이 왕정은 계몽과는 거리가 멀다. 군주 즉, 독재자 자신은 자기를 군주나 독재자로 생각하고 있지 않다. 스탈린은 자기가 독재자라고 지적받으면 이를 비웃었다. 자신은 집단적인 당의 의지를 대표하고 있다고 생각하고 있었던 것이다. 역사상 그처럼 거대한 개인적 권력을 누렸던 자도 드물었기에 어떻게 보면 그 생각도 일리가 아주 없는 건 아니었다. 그도 다른 모든 공산주의 독재자들처럼 당의 이념으로부터, 새로운 계급의 독점주의로부터, 국가의 재화에 대한 소유로부터, 그리고 과두 지배라는 전체주의적 권력으로부터의 후퇴는 그 자신의 개인적 몰락으로 이어진다는 사실을 잘 인식하고 있었다. 사실상 스탈린은 공산 체제 최고의 대표자이자 그 고안자였으므로 아마도 그런 양보를 상상조차 하지 않았을 수도 있다.

하지만 그런 그조차도 자신의 관리하에 만들어진 체제 내지 당의 과두 지배 집단의 의견에 의존하였었다. 그는 이들에 반하여 행동하거나 무시할 수 없었다. 이렇게 보면 공산주의 체제하에서는 수뇌부나 지도자 그 자신까지도 자유롭지 못하다는 사실을 알 수 있다. 그들은 모두 상호 의존하고 있으며 자신들을 둘러싼 환경 · 지배적 이념 · 통제 · 이해관계로부터 떨어져 나가지 않도록 해야 한다. 이런 사정 하에서 공산주의 하에서 프롤레타리아트 독재를 이야기하는 것이 과연 어떤 의미가 있겠는가.

4.4. 공산주의자들의 국가관과 선동의 요령, 반만의 진실

레닌에 의해 상세하게 정립되었고, 스탈린과 그 밖의 인물들이 추가해 온 공산주의 이론은 당 관료에 의한 전체주의적 독재를 지지하고 있다. 그 국가 이론에는 기본적 요소 두 가지가 있다. 국가 그 자체 관한 이론과 국가의 사멸에 관한 이론이다. 두 요소가 다 상호 연관성을 갖는다.

이 두 개가 합쳐서 전체적인 이론을 구성한다.

레닌의 국가론은 그가 10월 혁명 전에 임시정부의 눈을 피해 가면서 썼던 〈국가와 혁명The State and Revolution〉에 가장 자세하게 기술되어 있다. 레닌의 이론은 모두가 그렇지만 국가론 역시 마르크스 가르침의 혁명적인 면에 주목하고 있다. 국가론을 전개하면서 레닌은 특히 1905년 러시아 혁명의 경험을 들면서 이 측면을 아주 극단적 수준까지 끌어갔다. 역사적으로 본다면 레닌의 〈국가와 혁명〉은 혁명 후 그 이념에 따라 세워진 새로운 권위를 발전시키는 기초라기보다는 혁명 과정에서 쓰였던 이념적 무기로서 훨씬 더 큰 의의를 갖는다.

레닌은 국가의 역할을 폭력에 불과한 것으로, 보다 정확하게 말하자면 한 계급이 다른 계급들을 억압하기 위해 동원하는 압제 조직으로 격하시켰다. 국가의 성격을 아주 확실하게 규정하기 위해서 레닌은 "국가는 몽둥이다The state is a club"이라고 하였다. 레닌 역시 국가가 갖는 다른 기능들도 인식하고 있었다. 그러나 그러한 모든 기능 중에서 그가 가장 우선적으로 드러냈던 것은 국가의 불가피한 역할, 즉 한 계급의 다른 계급들에 대한 야만적 폭력의 행사였다.

옛 국가 기구들에 대한 파괴를 요구하는 레닌의 이론은 과학적인 것과는 거리가 멀다. 역사적 견지에서 상당히 중요한 이 레닌의 저작은 모든 공산주의 이론의 전형적 요소들을 정당화시키려 든다. 당은 눈앞의 필요에서부터 출발하여 논지를 전개하는 과정에서 일반화를 통해 과학적인 듯한 외양을 가진 그럴싸한 결론과 이론들을 꾸며 낸 다음, 진실과 거짓이 반반 섞인half-truth것을 완전한 진리라고 선언한다. 강제와 폭력이 모든 국가 권위의 기본적 특징이라던가, 또는 무력 충돌의 경우 개별적인 사회적 및 정치적 세력이 국가 기구를 사용한다는 사실은 부정할 수 없는 사실이다. 하지만, 우리가 경험한 바에 의하면 다른 이유들, 즉 국가의 다양한 기능들을 발전시키고 통합시키기 위해서라도 국가 기구는 사회나 국민에게 필요한 것이다. 레닌의 이론이나 공산주의 이론은 이러한 측면을 무시하고 있다.

아주 오랜 옛날에 국가와 권위가 없는 공동체가 있었다. 그것은 사회적 공동체는 아니었으나, 반(半)짐승semi-animal에서 인간 사회로 이행되는 과정에 있는 그 어떤 사회생활의 형태였다. 이와 같은 몹시 원시적인 공동체에서조차도 그 어떤 권위의 형식은 존재했었다. 사회적 생활에서 복잡성이 점점 더 증가한다는 점을 감안하면, 장차 국가에 대한 필요는 소멸할 것이라는 점을 증명하겠다고 나서는 것은 유치한 발상이 아닐 수 없다. 레닌은 이 점에 관하여 무정부주의자들에 동의하는 마르크스를 지지하여 그와 같은 국가 없는 사회를 생각하여 이론적으로 정립하려 애썼다. 레닌의 주장이 얼만큼 타당한지 굳이 따질 필요까지는 못 느끼지만, 어쨌건 그가 국가 없는 사회를 계급 없는 사회로 여기고 있었다는 정도는 기억해 둘 필요가 있다. 레닌의 이론에 의하면 계급이 없어지면 계급 투쟁도 없어진다. 타인을 박해하는 자들도 착취하는 자들도 없어진다. 그리고 국가의 필요성도 없어질 것이다. 그때까지는 '가장 민주적인' 국가는 '프롤레타리아트의 독재'가 되는데, 왜냐하면 프롤레타리아트의 독재는 계급들을 '철폐'하고, 그렇게 함으로써 점차로 프롤레타리아트의 독재 그 자체를 불필요하게 만들기 때문이다.

따라서 독재를 강화하거나 계급 철폐로 이어지는 모든 것들은 정당화되며, 진보적이고, 심지어 자유적이기까지 한 것이다. 그런데 공산주의자들은 자기들이 세력을 장악하지 못하는 곳에서는 민주적 방법들을 가장 옹호하고 대변하는 자들로 나서야 한다. 왜냐하면 그래야 투쟁이 쉽고 유리하기 때문이다. 그러나 공산주의자들의 주도적 통제가 가능한 곳에서는, 모든 민주주의적 형태에 '부르주아적'이라는 낙인을 찍어서, 이에 대적하는 자로 등장한다. 민주주의를 구분할 때는 유일하고 공정한 기준으로서 오로지 자유의 양에 기초하거나, 자유의 보편성에 따라야 함에도 불구하고, 지금 공산주의자들은 자기들 이해에 따라 멋대로 민주주의를 '부르주아적'인 것과 '사회주의적'인 것, 이 두 가지로 구분하여 선동하고 있다.

레닌주의 또는 공산주의 국가 이론은 과학적인 관점에서나 현실적인 관점에서, 전반적으로 숱한 결함이 있다. 현실은 레닌이 예상한 것과는 전혀 반대의 결과가 나오고 있음을 여실히 증명해 주고 있다. 프롤레타리아트 독재 하에서는 계급이 소멸하지 않을 뿐 아니라, 프롤레타리아트의 독재도 사라질 기미도 보이지 않는다.

사실 공산주의자들의 완전한 권위가 수립되고, 구 체제의 모든 계급이 청산되면서 전반적 계급 청산도 이뤄진 것처럼 보였다. 그러나 국가 권력의 성장, 또는 보다 정확히 말하자면 독재의 수단으로 전락한 관료주의의 발호로 인해 프롤레타리아 독재는 중단되기는커녕, 더 강화되었다. 이에 따라 이론적 구멍을 어떻게 해서든 다시 봉합하지 않으면 안 되었고, 스탈린은 프롤레타리아트 독재가 '점멸되기(漸滅)withered' 전까지는 소비에트 국가가 나서서 한층 더 높은 '교양적educational' 기능을 떠맡아야 한다는 식의 주장을 꾸며 냈다.

스탈린의 결론에 도달하기 위해서는 악의적 왜곡이 있지 않고서는 안 된다. 스탈린의 주장에는 공산주의자들 특유의 반만의 진실이 있을 뿐이다. 스탈린은 이미 '확립된 사회주의 사회'에서도 국가 기구의 권력과 힘이 끊임없이 강화되고 있는 명백한 현실을 어떻게 설명해야 할지 몰랐다. 그래서 그는 국가 기능들 중 하나인 교육적 기능을 국가의 주된 기능으로 삼았다.[K] 이미 대립되는 모든 계급이 존재하지 않는 상황에서 자신이 전제적 권한을 행사한다는 것은 정당화되지 않기 때문이었다.

공산주의식의 국가론에 주목을 하자면, 특별히 그 현실적인 측면, 다시 말해 폭력과 억압을 국가의 주요한 본질 내지 유일한 기능으로 봐야 한다는 주장으로 돌아가서 본다면, 스탈린의 이론은 경찰 체제가 이런 높은 교양을 떠맡는다는 이야기가 된다. 유고슬라비아 지도자들의 '자치'에 관한 이론에 있어서도 상황은 똑같다. 스탈린과 충돌을 일으킨 그들로서는 '일탈'을 '시정'하고 국가가 머지않아 소멸하도록 뭔가를 해야만 했다. 그렇지만 스탈린은 물론 유고슬라비아의 지도자들은 그들에게 가장 중요한 기능이기도 하지만, 국가 이론의 전제이기도 한 국가 폭력이 촉진되고 강화된다는 점은 전혀 문제 삼지 않았다.

국가 기능을 점점 팽창시켜 더욱더 많은 시민들을 공산당으로 끌어들이는 식으로 국가는 점점 강력해지고, 그럼에도 한편으로 국가는 점멸할 것이라는 스탈린의 사고는 정말 흥미롭다. 이미 '완전히 계급 없는' 공산주의 사회로 이행하기 시작하였음에도 불구하고, 국가기관의 역할이 더욱더 확대되어 가는 걸 본 스탈린은 시민 전부를 국가의 수준으로 올려놓고 각자 책임을 지도록 하면 국가는 점멸할 것이라고 생각하였다. 레닌 또한 "가정주부조차도 정부를 관리하게 될 때even housewives will administrate the government"에 관하여 이야기한 적이 있다. 스탈린의 주장과 비슷한 말들이 유고슬라비아에서 퍼지고 있는 중이다. 하지만 스탈린식 주장이건, 유고 식 주장이건 간에, 그 어떤 것도 국가를 둘러싼 공산주의식 설명, 즉 사회주의 안에서 계급은 소멸(消滅)disappearance 하고 국가는 점멸(漸滅)withering away한다는 주장과, 반면 당 관료에 의한 전체주의적 권위가 횡행하는 현실과의 사이에 가로놓인 그리고 날로 커져 가고 있는 간극을 이어 줄 다리가 될 수는 없다.

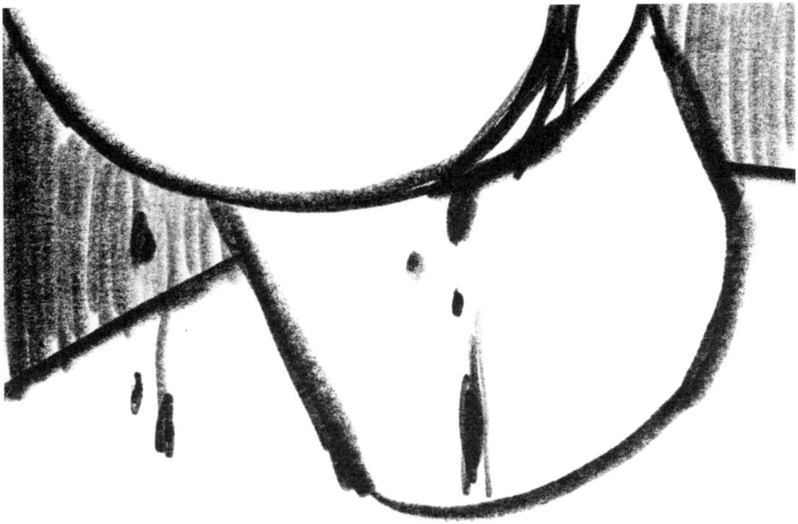

4.5. 경찰과 당의 국가기관 접수, 사법의 무력화

이론적으로나 현실적 면에서 공산주의가 직면하고 있는 가장 중대한 난제는 국가라는 문제인데, 이것은 공산주의 내부에서는 하나의 명백한 모순이기 때문에 항상 골치 아픈 문제들을 발생시키고 있다.

공산주의의 정권은 정부와 인민 사이에 있는 하나의 잠재적 내란 상태라고도 할 수 있다. 국가는 단지 압제의 도구에 그치지 않는다. 사회도, 국가의 집행기관도 항시 과두정치에 대하여 활발하게 저항하고 있으며 과두 지배 역시 노골적 폭력으로 이 저항을 진압하려 몰두한다. 현실적으로 공산주의자들은 전적으로 폭력에만 의존하여 국가의 목적을 달성할 수 없고, 사회를 완전하게 복종시킬 수도 없다. 그러나 그들은 강제 기구, 즉 경찰과 당을 좌우할 수 있는데, 결국 경찰과 당이 모든 국가 기관과 기능을 통제하는 것이다.[L]

당, 경찰 내지 개인적 실권자의 '부조리'에 대하여 국가 기관 및 기능이 반대한다는 것은 사실상 국가 기구에 대한 사회적 반대인 것이다. 그것은 사회의 객관적 염원과 필요가 억압당하고, 좌절된 데서 온 불만의 표현인 것이다.

형식 면에서 공산 체제하에서, 국가와 국가의 기능이 억압 기관으로 바뀌었거나, 그것들과 동일한 것도 아니다. 하지만 국민적 및 사회적 생활이라는 조직 면에서는 국가가 이런 억압 기관들에 복속되어 있다. 전체주의적인 전제 지배로 인하여 공산주의는 국가의 사회적 기능 안에서도 발견되는 사회의 이질적이고 상반된 경향과 필연적으로 충돌할 수밖에 없기 때문에, 공산주의는 이런 모순을 해결할 수 없다.

이와 같은 모순 때문에, 그리고 공산주의자들이 국가를 순전히 폭력의 수단으로 취급할 필요가 불가피하게 늘 있으므로, 공산 체제하에서의 국가는 합법적인 국가lawful state, 다시 말해 정부로부터 사법기관이 독립하고, 그 안에서 법률이 현실적으로 강제될 수 있는 그런 국가가 될 수 없는 것이다. 공산 체제 전반이 그러한 국가와는 양립할 수 없다. 비록 공산주의 지도자가 합법적인 국가의 수립을 원한다고 해도, 여기에는 자신들의 전체주의적인 권위를 위태롭게 하는 위험이 뒤따를 수밖에 없다. 사법권의 독립과 법의 지배는 불가피하게 반대 세력의 등장을 가능하게 만들 것이다. 공산주의 제도 속에도 의견 표명의 자유나 결사의 자유에 반대하는 법률은 없다. 공산주의 제도 아래서의 법률은 각종 권리를 시민들에게 보장하고 있으며 사법권 독립의 원칙에 입각하고 있다. 그러나 현실적으로 이런 것들은 전무하다.

공산주의 정권 하에서도 형식적으로는 자유는 허용되고 있으나, 이 자유를 행사하기 위한 하나의 결정적인 전제 조건이 있어야만 한다. 그 자유는 공산주의 지도자들이 대표하는 사회주의 제도의 이익 고수를 위하거나, 지도자들의 지배를 지지하기 위해서만 행사되어야만 한다는 것이다. 물론 이런 현실은 법률에 반하는 데, 이런 관행을 만들어 내기 위해 경찰 및 당의 기관들은 상상할 수 없을 정도의 야만성과 가혹한 수단들을 강구하지 않으면 안 되었다. 한편에서는 법적 외양을 유지하고, 다른 한편으로는 권위의 독점을 확보해야 한다는 이중성으로 인해 빚어지는 필연적 사태이다. 대부분의 경우 공산 체제하에서는 입법적 권위란 행정적 권위와 분리될 수 없다. 레닌은 이런 식의 입법권과 행정권의 결부를 아주 완벽한 해결책으로 여겼다. 유고슬라비아의 지도자들 또한 이 방식을 고수하고 있다. 일당 체제하에서 이것은 전능한 정부의 출발이자, 모든 부패의 원천이다.

마찬가지로 경찰권을 사법권으로부터 분리시킨다는 것도 현실적으로 불가능하다. 체포 권한을 행사하는 자들은 또한 심판과 형벌 집행권까지 갖는다. 이 집단들은 폐쇄적이다. 행정부 · 입법부 · 수사기관 · 법원 및 형벌 집행 기관들은 하나이고 동일하다.[M]

왜 공산주의 독재 정권은 가능한 할 수만 있으면 법을 이용해야만 하는가? 왜 자신들을 적법성legality의 뒤에 숨기려 하는가? 국제 사회에 대한 정치적 선전political propaganda이 그 이유 중의 하나이다. 또 하나의 중요한 이유는 공산주의 체제는 자신들이 의존하고, 자신들을 지탱해 주는 새로운 계급의 권리를 보장하고 확보해 주어야만 할 필요가 있기 때문이다. 공식적으로 법률들은 모든 시민들을 위해 씌어졌다고 주장하지만, 그 법의 혜택을 누릴 수 있는 권리는 조건부로 허락되는데, 다시 말해 '사회주의의 적들'이 아닌 사람들만 법률상의 권리를 누릴 수 있다. 그렇기 때문에 공산주의자들은 자신들이 채택하고도 그런 법률을 실행해야 하는 상황에 놓여 있는 것인지, 아닌 것인지에 대하여 부단히 관심을 갖게 된다. 결과적으로 공산주의자들은 항상 자신들은 법을 피해 갈 수 있는 구멍이나 예외를 남겨 두게 되는 것이다.[N]

예컨대, 유고의 입법 당국자들은 형벌 법규에 명확하게 규정된 요건에 해당하는 행위를 하지 않은 이상, 그 누구도 유죄 판결을 받아 처벌될 수 없다는 원칙을 주장하고 있다. 하지만 대부분의 정치적 재판은 이른바 '적대적 선동hostile propaganda'을 했다는 죄목으로 이뤄지는데, 이런 개념은 정확하게 정의된 바도 없고, 대신 판사나 비밀경찰에게 해석 권한이 달려 있다.

이런 까닭에 공산주의 체제하에서의 정치적 재판은 대부분 사전에 각본이 짜여 있다. 법정이란 그저 막강한 권력 행사자들이 대중에게 과시할 필요가 있는 것을 보여 주거나, 아니면 피고인들이 저질렀다는 적대적 행위에 대한 정치적 재판 위에 법적 망토legal cloak를 걸쳐 주는데 존재 이유가 있을 뿐이다.

이런 방식에 의해 진행되는 재판에서는 피고인의 자백이 가장 중요하다. 피고인 스스로 바로 적이라는 사실을 인정해야만 한다. 이렇게 하여 기소 사실이 확인되는 것이다. 증거는 없을 수도 있지만 상관없다. 자백으로 대체하면 그뿐이다. 유고슬라비아의 정치 재판은 모스크바 식의 정치 재판의 복사판일 뿐이다. 소위 모스크바 정치 재판은 공산주의 체제 내에서도 가장 기괴하고도 피를 부르는 잔혹한 사법 코미디이다. 다른 유형의 재판들 역시 대다수가 범죄와 형사 처벌에 관한 한 이와 비슷하게 진행된다.

정치 재판은 어떤 식으로 이루어지는가? 우선 당의 간부들이 넌지시 암시를 하면 당 경찰party police이 특정인을 지목하여 현존 상황에서의 '적'으로 규정한다. 근거로 내세울 만한 것이 아무것도 없다면 그 사람의 견해나 친지들과 나눈 이야기를 문제 삼는데, 적어도 각 지역 당국 차원에서는 이렇게 시작된다. 다음 단계는 그 '적'을 합법적으로 제거하는 준비에 들어가는 것이다. 공작원provocateur을 이용하여 '말썽이 될 만한 발언embarrassing statement'을 하도록 유도하거나, 비합법적 조직에 참가토록 하고, 또는 그와 유사한 행위를 하도록 만든다. 때로는 '끄나풀stool pigeon'을 이용하여 희생자에게 불리한 경찰이 원하는 증언을 유도하는 식으로 일을 처리하는 경우도 있다. 공산주의 정권 하에서의 대부분의 비합법 조직은 비밀경찰이 조성한 것으로서 상대편을 유인하여 경찰이 손쉽게 해치우는 요긴한 수단으로 활용되고 있다. 공산당 정권은 '이의가 있는' 시민이 법을 위반하거나 범죄를 범한 것을 말리지 않는다. 오히려 그러한 불법과 범죄를 저지르도록 교사한다.

스탈린은 재판소를 이용하지 아니하고 고문을 광범하게 자행하였다. 그러나 고문을 사용하지 않고 재판소를 이용하였다 해도 본질은 마찬가지이다. 공산주의자들은 반대자가 죄를 범했기 때문에 처단하는 것이 아니라 반대자이기 때문에 처단하는 것이다. 처벌되는 대개의 정치범은 정권에 대한 반대자가 될 수는 있어도, 법적 관점으로는 무죄이다. 공산주의자들 입장에서는 이러한 반대자들에게 유죄를 선고할 법적 근거가 없을 수도 있다는 건 문제가 되지 않는다. '법이라는 정당한 절차'에 따르면 처벌이 된다는 것이다.

시민들이 정권이 조치에 대하여 어쩌다가 우발적으로라도 대항하는 경우, 공산주의 당국은 헌법과 법률 규정을 무시하고 처리한다. 근대 이후 공산주의 정권처럼 대중의 저항에 대하여 야만적이고, 비인간적이며, 불법적인 행동을 취한 사례는 역사에서 찾아볼 수 없다. 널리 알려져 있는 포즈난Poznan에서의 잔혹함도[1] 다른 사건들에 비하면 심하다고 할 수 없다. 점령국과 식민지 지배 국가들이 비상 법률이니 비상 조치니 하는 것들을 통해 그런 행동을 한 적이 있어도, 공산주의자들처럼 야만적인 경우는 매우 드물었다. 공산주의자들은 권력의 칼춤을 추면서 '자신의' 국가에서 자기들이 제정한 법률을 유린하고 있다.

정치와 무관한 일에 있어서 조차도 사법 기관과 입법 기관은 전제적 지배자의 수중에서 벗어나지 못한다. 전체주의적 계급과 그 구성원들은

1 역자 주. 1956년 6월 28일 폴란드의 포즈난 지역에서 노동자들이 근로조건 개선을 요구하며 집단 시위를 벌인 사건으로, 이에 대하여 400여 대의 탱크와 1만 명의 병력이 동원되어 시민을 향해 난사하면서 진압을 하였고, 그 과정에서 13세 소년을 포함하여 수 백 명이 사망하였다.

사법 기관과 입법 기관에 부득불 섞여 들어가 개입하지 않을 수 없는 것이다. 이런 일은 매일 같이 일어나고 있다. 1955년 3월 23일 자 벨그라드Belgrade의 신문 〈폴리티카Politika〉에 게재된 한편의 기사는 유고슬라비아에서의 재판소의 진짜 역할과 위상을 훌륭하게 묘사하고 있다 (그나마 다른 공산주의 제국에 비하면 유고슬라비아의 법률 수준은 늘 한 수 위라고 할 수 있지만 말이다).

"브라나 예브레모비치Brana Jevremovic 검찰 총장의 사회 하에 이틀간에 걸쳐 개최된 연례 회의에서 경제 내부에서 암약하는 범죄자들에 대한 문제를 토의한 결과 각 연방공화국, 보이보지나Vojvodina 및 벨그라드Belgrade의 검사들은 경제 및 모든 정치조직 내에서 암약하는 범죄자들과의 투쟁에서 완전한 승리를 거두기 위해서는 사법기관과 경제 부문의 자치기관들과 모든 정치 조직들 간의 협력이 필요하다고 발표하였다…. 검사들은 사회가 아직도 이러한 범죄자들을 제거하기 위하여 아직 충분한 활력을 갖고 투쟁하지 못하고 있다고 판단하고 있다…. 검사들은 사회의 대응이 한층 더 효과적이 되지 않으면 안 된다는데 의견이 일치하였다. 검사들의 입장에 따르면 필요한 것은 오직 더욱더 엄격한 형벌과 더욱더 준엄한 형벌 집행 방식이다…. 토론 과정에서 제시된 한 사례에 의하면 정치 부문에서 패배한 일부 적대 분자들이 이번에는 경제 영역에 잠입하고 있다는 사실이 확인되었다고 한다. 따라서 경제 부문 내의 범죄 문제는 단순한 법률상의 문제가 아니고, 모든 정치기관과 사회기관의 협력을 요하는 정치 문제인 것이다. …토론을 매듭지으면서 브라나 예브레모비치 연방 검찰총장은 유고슬라비아에서 실시된 탈중앙집권화의 결과로 빚어진 상황에 처하여 적법성이 갖는 의의를 강조하면서, 우리의 최고 지도자들이 경제에 대한 범죄 행위를 범한 자들에 대하여 무거운 처벌을 선고한 것은 정당하다고 강조하였다."

위 기사에 따르면 검사들이 나서서 재판소는 '최고지도자들'의 의사에 따라 재판을 행하고 형벌을 가해야 한다고 결정하였다는 것이 명백하다. 그렇다면 재판소와 적법성legality이란 허울에는 도대체 무엇이 남아 있을 수 있다는 말인가?

공산 체제하에서 법리는 환경에 따라, 과두 지배의 필요에 따라 변화한다. 비신스키Vishinsky의 원칙, 이른바 형을 선고함에 있어서는 '최대한의 신뢰성maximum reliability', 즉, 정치상의 분석과 필요에 기초해야 한다는 원리는 폐기되었다. 비록 더 인도적이며 더욱 과학적인 원칙이 채용된다 하더라도 정부 · 사법 기구 · 법률 사이의 관계가 변하지 않는 한 본질은 변하지 않을 것이다. 주기적으로 벌어지는 '적법성' 확보 소동과 당은 이제야 비로소 경찰과 사법기관을 통제하에 두는 데 성공하였다고 뽐내는 후르시초프의 말에서 우리가 볼 수 있는 것은 고작해야 자신들의 법적 안전 보장을 위한 지배계급의 필요성이 더 커지고 있다는 것, 그리고 그에 부수되어 일어나는 변화일 뿐이다. 사회 · 국가 · 재판소 내지 법률과의 관계에 있어서 지배계급의 지위에 어떤 변화는 찾아볼 수 없다.

4.6. 공산당 선거는 말 한 마리만 달리는 경마(競馬)

공산주의 법 제도는 그 자체가 형식주의에서 벗어날 수 없으며 재판, 선거 및 기타 유사한 업무에 있어서의 당 세포나 경찰이 미치는 결정적 영향을 제거할 수도 없다. 위로 올라갈수록 합법성이란 한낱 하나의 장식물로 변하고 재판, 선거 및 이와 유사한 부문에서의 정부 역할은 더욱 커진다.

공산주의자들의 선거 제도가 갖고 있는 속 빈 공허함과 그들의 과장된 허풍은 익히 잘 알려져 있다. 내 기억이 잘못되지 않았다면 애틀리 Clement Attlee. 1883-1967 전 영국 노동당 수는 공산당 선거를 '말 한 마리만 달리는 경마a race with one horse'라고 신랄하게 혹평한 바 있다. 이 문제에 관하여 몇 가지 언급을 해 두어야만 할 것 같다. 선거가 정치적 관계에 아무런 영향을 주지 못함에도 불구하고, 무엇 때문에 공산주의자들은 선거를 하지 않을 수 없고, 왜 굳이 인민 회의와 같이 돈이 많이 드는 공허한 제도를 고수하려는 것일까? 이것 역시 선전과 대외 정책이 그 이유지만 또 다른 이유도 있다. 말하자면 모든 것이 합법적으로 조직

legally constituted되어 있지 않는 한, 어떠한 정부라도, 심지어 공산주의 정부조차도 존재할 수 없다는 그것이다. 지금 상황에서는 선출된 대표들을 이용하여 통치가 행하여 진다. 대중은 공산주의자들이 하고 있는 모든 일을 공식적으로 확인해 주어야만 하는 것이다.

그 밖에도 공산주의 국가들이 의회 비슷한 것들을 두는 데는 보다 중요하고 깊은 사정이 있다. 최고위 당 관료top pary bureaucracy 또는 새로운 계급의 정치적 핵심이 기구 중에서는 어쨌건 최고 상위 기구인 정부가 취한 조치를 승인할 필요가 있는 것이다. 공산주의 정부는 일반적인 여론은 무시할 수 있으나, 모든 공산주의 정부는 당내 여론과 공산주의적 여론Communist public opinion에는 구속된다. 따라서 공산주의자들에게 선거는 거의 무의미하지만 당의 최고 집단은 인민 회의에 보낼 자를 극히 신중하게 선발한다.

선거에서는 운동과 사회 내에서의 공헌, 역할과 기능, 그 사람이 대표하는 직업 등 모든 사정이 고려된다. 당내 관점에서 본다면 지도부에게 선거는 대단히 중요하다. 즉, 지도자들은 가장 중요하다고 생각하는 당의 모든 권력을 인민 회의에 분배하는 것이다. 이리하여 지도부는 당, 계급, 그리고 민중의 이름으로 활동함에 있어 필요한 합법성을 확보하는 것이다.

하나의 의석을 두고 두 명 또는 그 이상의 공산당원들이 경쟁하도록 하려는 시도는 지금까지 어떤 건설적인 결과도 낳지 못하고 있다. 유고슬라비아에서도 지금까지 여러 차례 시행되었으나, 지도부는 이런 시도를 '분열 행위'로 규정하였다. 최근 동유럽 국가들에서 여러 명의 공산당 후보가 같은 의석을 놓고 경쟁한다는 보도가 있었다. 아마도 하나의 의석에 두 명 또는 그 이상의 후보자들을 세우려는 의도 같으나, 앞으로도 이런 일이 체계적으로 시행될 가능성은 거의 없다. 확실히 그렇게 되면 그것은 일보 전진이고, 심지어는 공산 체제가 민주주의로의 방향을 전환하기 시작했다는 것을 알리는 징조가 될지도 모른다. 하지만 민주주의적인 모든 조치가 실시될 때까지는 아직은 갈 길이 멀고, 동유럽에서의 발전 양상은 정치적 민주주의 및 이에 수반되는 변혁으로 이어지기보다는 우선 유고에서 시행하는 '노동자들의 관리workers' management' 쪽으로 방향이 전환될 것으로 보인다. 전제적 통치의 핵심부 인사들은 전통적인 당의 통일성을 포기한다는 것이 매우 위험하다는 점을 잘 알고 있기에, 여전히 모든 것을 수중에 확고하게 부여잡고 있다. 당내의 어떠한 자유도, 지도자들의 권위뿐만 아니라 전체주의 그 자체를 위태롭게 하기 때문이다.

공산주의식 의회는 중요한 것을 결정할 능력이 없다. 인민 회의 대의원들은 사전에 선발되고 또 그렇게 하여 선발된 것에 자부심을 갖고 있으나, 비록 하고 싶어도 의논할 권한도, 용기도 없다. 그뿐 아니라, 그 선발이 유권자들에 달려 있는 것이 아니기 때문에, 유권자들의 요구에 답을 할 필요성도 느끼지 않는다. 공산당 인민 회의는 대의원들의 '그럴듯한 무덤mausoleums'이라고 불러 마땅하다. 대의원들의 권한과 역할이란 무대 뒤에서 사전에 결정된 사항들을 가끔 만장일치로 가결해 주는 것뿐이다. 공산주의 통치 제도에서 이것과 다른 형태의 의회는 필요하지 않다. 사실 다른 형태의 인민회의는 쓸데 없는 일이요, 비용만 많이 드는 것이라 비판받을 것이다.

4.7. 인민은 법 속에, 계급은 법 위에

힘과 폭력으로 세워지고, 그 대중과 부단히 대립하고 있는 공산주의 국가는 비록 외부로부터의 원인이 없다 하더라도 군국주의적militaristic이 되지 않을 수 없다. 공산주의 국가들만큼 폭력 숭배, 특히 군사력 숭배가 보편화된 경우도 없다. 군국주의는 새로운 계급이 국내적으로 근본적으로 필요로 하는 것이다. 군국주의는 새로운 계급의 존재와, 힘과 특권을 가능하게 하는 힘들 중 하나이다.

공산주의 국가는 필요한 경우에는 전적으로, 그리고 배타적으로 폭력기관화하도록 늘 압력을 받고 있는데, 그 출범 이래 관료적 국가로 이어지고 있다. 한 줌 밖에 되지 않는 권력자들의 전제 지배에 의해 유지되고 있지만, 공산 국가는 온갖 법들과 규정을 동원하여 그 어떤 다른 체제의 국가 조직보다 막강한 권력을 휘두르고 있다.

공산주의 국가는 수립되자마자 엄청나게 많은 법령으로 가득 차서 판사들이나 법률가들조차도 법령 속에서 길을 찾는데 골머리를 앓고 있는 실정이다. 별로 실익도 없건만 매사는 일일이 세밀하게 정해져 있고, 확인되어야 한다. 공산주의 입법자들은 이념적 이유로 현실적 여건이나 실현 가능성 같은 것은 고려하지 않은 채 수많은 법령들을 쏟아 낸다. 어떤 비판이나 반대 의견도 제시되지 않는 상태에서, 이들이 법적 문구와 추상적인 '사회주의' 공식에 푹 잠긴 채, 인간사를 법조문 속에 압축해 넣으면, 인민 회의가 기계적으로 이를 비준하는 것이다.

그러나 과두 지배의 요구가 있거나 그 지도자들의 사업 방식이 어떤 문제에 직면하였을 때 공산 정권은 전혀 관료주의적이 아니다. 심지어 예외를 인정받더라도 당 수뇌부는 규칙에 속박되는 것을 좋아하지 않는다. 정책 입안과 정치적인 결정권은 당 지도부의 수중에 있는데, 이들은 무엇이 지체되거나 엄격한 형식주의를 견디기 힘들어한다. 경제 전반에 관한 결정, 그리고 사소하거나, 형식적 문제를 제외한 기타 제반 사안에 있어서 당 수뇌부는 자신들이 볼 때 답답하다 싶은 제한은 어떤 것이건 무시하고 결정을 내려 버린다. 가장 융통성 없는 관료주의와 정치적 중앙집권제를 고안해 낸 자들이 개인적으로는 관료주의를 따르지도, 법령의 구애를 받지도 아니하는 것이다. 예컨대, 스탈린만 하더라도 어느 모로 보나 관료주의자가 아니었다. 많은 공산주의 지도자들의 집무실과 기관에는 무질서와 지체 현상이 팽배해 있다.

그렇다고 해서 지도자들이 자기 필요에 따라 일시적이나마 '관료주의 척결' 다시 말해 행정에 있어서의 무원칙과 복지부동에 반대하는 태도를 취하지 않는 것은 아니다. 그들은 오늘날 스탈린주의적인 관료적 행정과 투쟁하고 있다. 그러나 경제와 국가 내의 모든 정치 기관의 작동 속에 만연된 진짜 근본적인 관료주의를 제거할 의도는 갖고 있지 않다. 이와 같은 대(對) 관료주의 투쟁에 있어서 공산주의 지도자들은 대개 레닌을 모범 사례로 꼽는다. 하지만 레닌을 좀 자세히 연구해 보면, 정작 그 자신은 새로운 체제가 정치적 관료주의 쪽으로 굴러갈 것이라고 예상하지 못하고 있었다는 걸 알 수 있다. 부분적으로는 제정 러시아의 행정 기구로부터 물려받은 관료주의와 투쟁하면서, 레닌은 그 어려움의 대부분의 원인을 "공산당원 명부나 소비에트 당 학교 출신 명단에서 당 기구들을 채워 넣지 못했던" 탓으로 돌렸다. 그런데 스탈린 치하에서 옛 공무원들이 없어지고, 그 대신 '명단'에서 선발한 공산당원들로 그 자리를 채웠지만 관료주의는 더욱 심해졌다. 유고슬라비아처럼 관료주의 행정이 상당히 약화된 곳에서조차도 그 본질 즉 정치 관료의 독점과 그것으로부터 발생한 모든 관계는 근절되지 않았다. 운영함에 있어서의 행정 방식으로서는 근절되었다 하더라도 관료주의는 정치 - 사회적 관계 political-social relation로 존속하고 있다.

공산주의 국가 또는 정부는 개인, 국가, 심지어는 그 자신의 대표자들에게서조차도 개성을 완전히 빼앗는 방향으로 나가고 있다. 공산주의는 나라 전체를 '공적 종사자들functionaries의 국가'로 변신시키길 열망한다. 그리하여 직·간접적으로 임금, 주택 조건 및 심지어는 지적인 활동조차도 규제하고, 조종하려 안간힘을 쓴다. 공산주의자들은 모든 사람들을 기본적으로 공적 종사자로 보고 있기 때문에, 공직에 있는지 여부로 따지지 않고, 받는 급여의 액수와 향유하고 있는 특권이 얼만큼인가에 따라 구별한다. 집단 농장화를 통하여 심지어 농민들조차도 점차로 일반적인 관료주의 사이의 일원이 되고 있다.

그러나 이것은 어디까지나 겉모습이 그렇다는 것이다. 공산주의 제도에서는 각 사회 집단은 명확하게 구분된다. 그러한 차별과 갈등에도 불구하고 공산주의 사회는 전체로서 볼 때는 여타의 어떤 사회들보다도 견고하게 단일화되어 있다. 전체적 약점은 그 강제적 태도 및 억압적 관계, 그리고 그 구성원들 사이의 사이의 충돌 요인들이다. 하지만 모든 부분은 하나의 거대한 구조의 일부처럼 다른 모든 부분들과 맞물려 있다.

공산당 정권 또는 국가 밑에서는 절대왕정 하에서와 마찬가지로 인간 개성의 발전이란 추상적인 이상에 지나지 않는다. 절대주의 왕정기에는 중상주의자들이 국가의 제반사를 경제 문제에 엮어 두었고, 국왕 자신은, 예컨대, 카테리나 여제Catherine the Great. 1729-1796 같은 인물은 정부는 민중을 재교육할 의무가 있다고 생각하였다. 공산주의 지도자들도 같은 행동을 하고 있고, 같은 생각을 갖고 있다.

하지만 절대주의 왕정 시대에는 정부는 현존하는 모든 이념을 자기 이념에 종속시키려는 의도에서 민중을 재교육하였었다. 그런데 지금의 공산주의 제도 하에서는 정부가 소유자인 동시에 이념가이다. 이것이 인간 개성이 사라졌다거나, 또는 인간성이 전능한 마법사의 의지에 따라 거대하고 무자비한 국가 체계를 따라 돌아가는 그저 멍청하고 몰개성적인 톱니바퀴 수준으로 전락했다는 걸 뜻하지는 않는다. 개성은 본래가 집단적이면서도 개인적인 까닭에 공산 체제하에 있다고 하여 다 파괴될 수 있는 것은 아니다. 물론 공산주의 제도 하에서는 여타의 다른 제도 아래에서 보다 개성은 질식되어 있고, 그래서 그 개별성은 다른 형태로 발현되어야만 한다.

개성의 세계는 소소한 일상적 배려의 세계이다. 이러한 배려나 염원이 민중의 물질적 및 지적 생활을 독차지하는 체제라는 요새와 부딪치게 되면, 이런 소소한 세상도 자유롭지 못하고, 안전하지 않다. 공산주의 체제 내에서는 불안이 곧 개인의 생활양식이다. 공산국가는 개인에게 생계를 꾸려 갈 기회를 부여하지만, 개인이 복종할 것으로 조건으로 내 건다. 그래서 인격은 바라는 것과 실제로 가질 수 있는 것과의 사이에서 분열되어 버린다. 그 밖의 다른 제도 하에서와 마찬가지로 집단의 이익을 인정하고 복종하는 것은 자유이며, 수탈을 일삼는 집단의 대표들을 향하여 개인이 저항하는 일도 있을 수 있다.

공산주의 제도 아래 대부분의 개인은 사회주의를 반대하고 있는 것이 아니라 사회주의를 건설하고 있는 방식에 반대하고 있는데, 이는 공산주의자들이 사실상 어떠한 유형의 진정한 사회주의도 발전시키지 않고 있다는 사실을 확인해 주는 것이다. 개인은 과두 지배자들의 이해관계를 위한 모든 제한에 대하여는 반기를 들지만, 사회의 이익이 달린 제한에 대하여는 반기를 들지는 않는다.

공산주의 체제하에 생활하고 있지 않는 사람들에게는 인간, 특히 자부심과 용기에 찬 사람들이 생각의 자유를 포기하고 그 정도로 살아간다는 데 대하여 이해하기가 곤란할 것이다. 비록 가장 완벽하지는 않을지 몰라도, 이러한 상태를 가장 정확하게 설명하는 단어는 폭압의 혹독성 severity과 전체성totality이다. 그러나 이런 상태가 처해 있는 그 밑바닥에는 보다 더 깊은 이유들이 있다.

그 이유 중의 하나는 역사적인 것이다. 불가피하게 경제적 변화를 추진하는 과정에서 대중은 자유의 상실을 감수하도록 압박을 받는다. 또 다른 이유는 지적이며 윤리적 성격을 띤다. 산업화는 생사가 달린 문제되었었기 때문에, 일반 주민들 중 일부에게는 공산주의자들에게 있어서와 마찬가지로 그 이상적 표현으로서의 사회주의 또는 공산주의는 거의 종교적 집착의 대상이 되었었다. 구 사회적 계급에 속하지 않았던 사람들의 눈에 보기엔 당이나 정부에 대한 의식적이며 조직적인 반역은 거의 조국과 지고한 이상에 대한 반역 행위와도 같았을 것이다.

그러나 공산주의에 대한 조직적인 저항이 없었다는 이유에 대한 설명으로서 가장 중요한 것은 공산주의 국가의 포괄성all-inclusiveness과 전체주의totalitarianism에 깊이 뿌리를 박고 있다. 포괄성 및 전체성은 과학자의 상상력과, 시인의 영감, 애인들의 꿈속까지, 사회와 인간 개성의 온갖 공간에 속속들이 침투하여 스며들었다. 공산주의 국가에 반항한다는 것은 무모한 개인의 죽음을 의미하였을 뿐 아니라, 낙인이 찍혀 사회에서 매장되는 것을 의미하였다. 공산당 정부의 철권통치 하에서는 공기도, 빛도 없다.

두 개의 주요한 반대 세력들, 즉 구 계급들로 유래한 반대 그룹 및 원조 공산주의 그 자체에서 유래한 반대 그룹, 그 어느 것도 자신들의 자유를 침식해 들어오는 것에 대항하여 투쟁할 방법과 수단을 찾지 못하였다. 전자는 상황을 과거로 돌리려 하였고, 후자는 초점도 없고, 생각도 없이 맹목적으로 혁명 활동을 수행하면서, 집권 세력과 교리 논쟁에 빠져들었다. 새로운 길을 발견하기에는 아직 정세가 무르익지 못하였던 것이다.

반면 대중은 새로운 길이라는 것에 본능적으로 의심쩍은 눈길을 보내고 모든 조치와 자질구레한 간섭에 저항했다. 오늘날 이러한 식의 저항이 공산주의 정권에게는 가장 크고, 가장 현실적인 위협이 되고 있다. 공산주의 과두 지배자들은 이미 대중이 무슨 생각을 하고, 무얼 느끼고 있는지 더 이상 모르고 있다. 정권은 깊고 어두컴컴한 불만의 대해(大海) 속에서 찜찜한 불안함에 사로잡혀 있다.

역사상 공산주의 독재처럼 저항을 저지하는 데 성공한 제도는 없었으며, 그처럼 심각하고 광범하게 불만을 야기하는 제도도 없었다. 양심이 갈수록 억압되고, 반면에 조직화의 기회는 더욱 줄어드는 상황에서는, 불만이 점점 더 고조될 수밖에 없다. 공산주의적 전체주의는 전체적인 불만total discontent을 초래하는데, 이 속에서 모든 의견의 다양성은 점차로 소멸하고 절망과 증오만이 남게 된다. 자연 발생적인 저항, 즉 일상생활의 사소한 것에 대한 수백만 대중의 불만은 공산주의자들이 질식시켜 버릴 수 없는 형태의 저항이다.

이 사실은 독소(獨蘇) 전쟁 중에 확인된 바 있다. 독일군이 소련을 공격하기 시작한 개전 초기에는 러시아 사람들 사이에 항전의 의사가 전무하였던 것으로 보인다. 그러나 히틀러가 곧 러시아 사람들의 국가를 파괴하고, 슬라브 민족이나 기타 소비에트 민족들을 독일 지배 민족의 비인격적 노예로 만들 의사를 분명히 하자, 대중의 밑바닥으로부터 꺼뜨릴 수 없는 전통적 조국애가 불타올랐다. 전쟁의 전 기간을 통하여 스탈린은 대중을 향해 소비에트 정권이나 사회주의에 관하여 언급하지 않았다. 그가 입에 달고 산 유일한 말은 조국이었다. 민중에게는 스탈린의 사회주의에도 불구하고 조국을 위해서 목숨을 바친다는 것은 가치 있는 일이었다.

4.8. 계급 옹위를 위한 전가의 보도, 감성적 민족주의

공산주의 정권들은 자신들이 대체한 그 이전의 구 체제들을 당황스럽게 했었던 문제들 중 많은 것을 해결하는 데 성공했다. 또한 그들이 권력을 장악할 때까지도 계속되었던 민족 문제의 해결에도 성공하고 있다. 그러나 민족 부르주아지national bourgeoisie의 대립을 완전히 해결할 수는 없었다. 공산주의 정권 하에서 이 문제는 새로운 그리고 한층 더 심각한 형태로 재현되고 있다.

소련에서는 고도로 발달한 관료 제도를 통하여 민족 간 문제에 관한 규칙이 정립되고 있다. 하지만 유고슬라비아에서는 민족적 관료들 간의 마찰로 인해 분쟁이 벌어지고 있다. 전자나 후자의 경우 모두 낡은 의미의 민족 분쟁과는 관계가 없다. 공산주의자들은 민족주의자들이 아니다. 그들이 민족주의에 집착하는 것은 그 밖의 모든 형식이 다 그렇게 취급되듯이 자신들의 권력을 강화하기 위한 하나의 형식에 불과하다. 권력을 강화하기 위하여 필요하다면 공산주의자들은 때로는 맹목적 국수주의자chauvinists처럼 행동할 수도 있다.

스탈린은 그루지아인Georgian이었으나 필요한 경우에는 실제로도 그랬고, 선전에 있어서도 광신적인 위대한 러시아Great Russian민족주의자가 되었다. 후르시초프 조차도 인정하고 있듯이 스탈린의 과오 중에는 민족 전체를 멸절시켰던 끔찍한 진실이 포함되어 있다. 스탈린과 그 무리는 가장 규모가 큰 민족이었던 러시아 민족의 편견을 이용하였다. 마치 러시아 민족이 과거에 남아프리카 미개인Hottentotz들로 구성되어 있었던 것처럼 조종하였던 것이다. 공산주의 지도자들은 항상 쓸모 있다고 생각되는 수단이라면 무엇이건 의지하려 드는데, 예컨대 민족적 관료들 사이의 평등을 계속 언급하는 것으로서 실제로 민족들 간의 평등이 이뤄지는 것처럼 민중을 호도할 수 있는 것이다.

그러나 공산주의 민족적 관료들 사이의 바탕을 이루고 있는 것은 민족감정과 민족 간 이해가 아니다. 동기는 전혀 다르다. 그것은 자신의 지역, 자신의 관리하에 있는 영역 내에서 누가 우위에 서는가의 패권 다툼이 본질이다. 각자 자신의 공화국이 갖는 평판 및 권력을 향해 다툼을 벌이는 것은 자신의 권력을 강화하려는 욕망 외에 아무것도 아니다. 민족 공산주의 국가란 언어를 기준으로 한 행정 구획 이외에 아무런 의미가 없다. 공산주의 관료들은 비록 언어나 민족을 토대로 국부적(局部的) 역할을 하도록 훈련받은 적은 없더라도 각자 자신의 행정구역을 대표하는 열렬한 지역주의 성향을 보인다. 유고슬라비아 내의 일부의 순수한 행정단위(지방 위원회)에서는 민족적 공화 정부 내에서 보다 훨씬 더 심한 맹목적 배타주의가 횡행한다.

공산주의자들 속에서는 근시안적인 관료적 국수주의와 민족의식의 쇠퇴를 볼 수 있는데, 기회와 요구에 따라서 한 인간 속에 이 두 가지 요소가 다 들어 있다.

공산주의자들이 사용하는 언어는 자기 민족이 사용하고 있는 언어와는 다르다. 쓰는 낱말은 같지만 그 표현과 의미, 내포된 암시, 이 모든 것들은 그들 자신만이 아는 독특한 용어이다.

공산 체제는 외부의 체제들과의 관계에 있어서는 자급자족 경제의 성향을 보이고, 그 체제 내에서는 지역적 성향을 띠지만, 자신들의 이해관계가 달려 있을 때에는 공산주의자들은 열렬한 국제주의자가 될 수도 있다. 다양한 민족들이 한때는 각자의 형태와 색깔을, 고유의 역사와 희망을 갖고 있었으나, 지금은 무소불위의 권한을 갖고, 전지(全知)를 내세우며 본질적으로 민족적 특성을 잃은 과두 지배 하에서 칙칙하고 무기력한 존재로 남아 있다. 공산주의자들은 민족을 자극하여 각성시키지는 못하였다. 이런 의미에 있어서는 또한 민족 문제 해결에도 실패한 것이다. 오늘날 우크라이나의 작가나 정치가들에 관한 지식을 갖고 있는 사람이 누가 있겠는가? 프랑스와 같은 정도의 영토를 차지하고 한때 러시아 내에서 가장 진보적인 민족이었던 우크라이나는 어떻게 되었는가? 독자들은 이 비인격적 독재 기구 밑에 단지 어떤 특징도 없는 무정형의 대중이 남아 있을 수 있다고 생각할 것이다. 하지만 그렇지 않다.

개성, 다양한 사회 계급들과 이념들이 여전히 살아 있듯 민족들 역시 살아남아 있다. 민족들은 기능하고, 활동하고 있으며, 전제 지배에 대하여 투쟁하고, 파괴되지 않은 그들만의 고유한 특성을 유지하고 있다. 비록 양심과 정신은 질식 당하고 있지만, 부서지지는 않았다. 예속되고는 있으나 굴복하지는 않았다. 오늘날 이런 민족들을 활성화시키는 힘은 과거의 낡은 민족주의나 부르주아 민족주의 이상이다. 그 힘이란 자기가 자신의 주인이 되며 자신의 자유로운 계발을 통해 외부 세계의 인류와 점차로 보다 더 완전한 우정을 쌓아 가려는 불멸의 갈망이다.

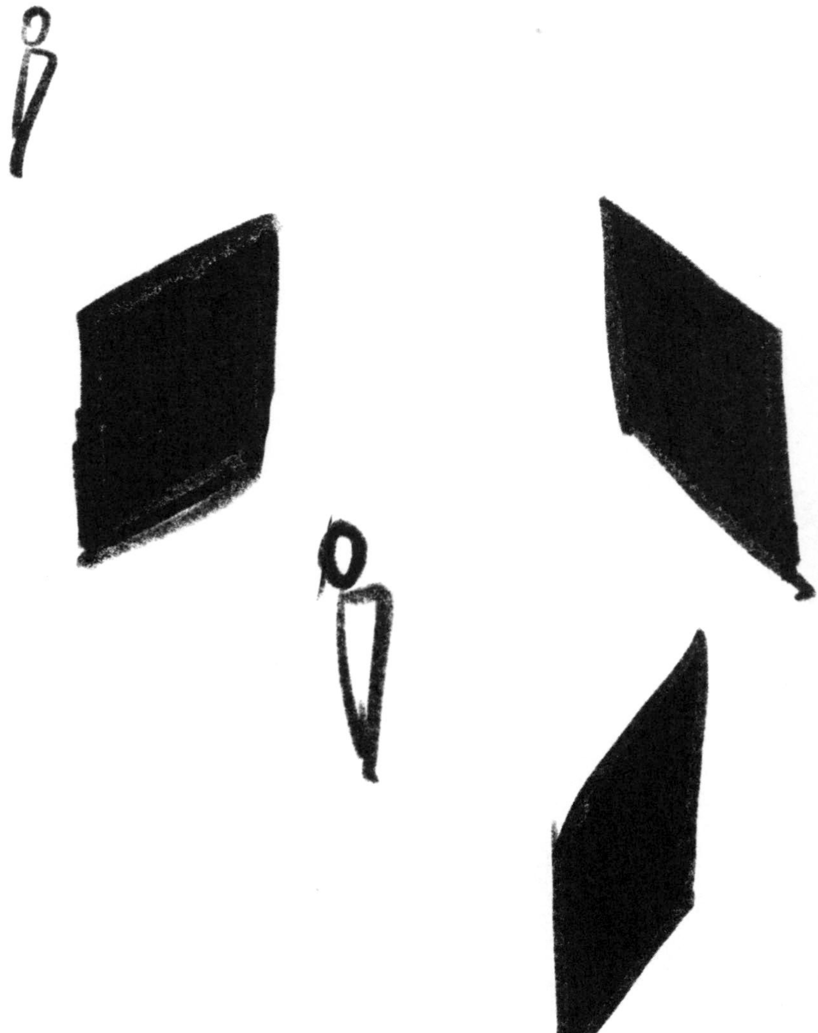

5

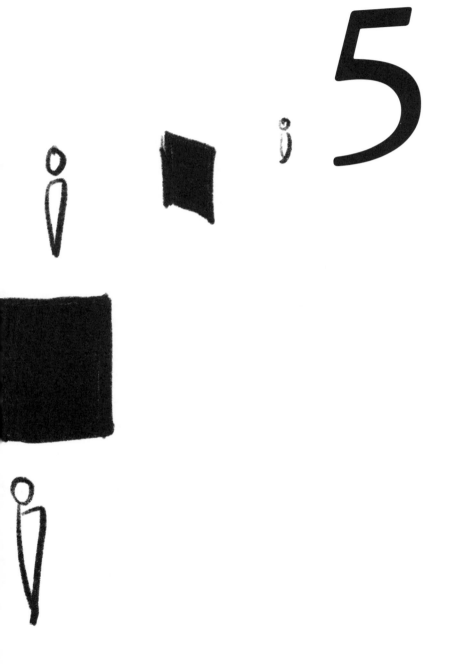

제5장 경제에 있어서의 교조주의
Dogmatism in the Economy

5.1. 산업화, 계급 권력 장악을 위한 명분이자 수단

공산주의 국가에 있어서의 경제 발전이란 혁명적 독재revolutionary dictatorship에서부터 반동적 폭정reactionary despotism에 이르는 발전 과정의 기초가 아니라, 그 전개 양상을 반영하는 것이다. 이 전개 양상은 초기에는 필요하기도 했던 정부의 경제적 간섭이 투쟁과 분쟁을 통하여 점차적으로 일부 지배 관료 집단의 유지에 필수적인, 그리고 그들의 개인적 이해관계로 성격을 달리하였음을 보여 준다.

맨 처음 국가는 급속한 산업화를 위해 일체의 투자를 통제할 목적으로 생산수단을 남김없이 장악한다. 그리고 최종적으로는 그 후에 이뤄지는 어떤 경제적 발전도 주로 지배계급의 이익에 따라 인도되는 것이다. 다른 유형의 소유자들이라고 해서 본질적으로 다른 방식으로 행동하는 것은 아니다. 그들의 행위 뒤에도 항상 그 어떤 종류의 개인적인 이익이 있다. 그러나 새로운 계급이 그 밖의 각종 유형의 소유자들과 다른 점은, 새로운 계급의 경우 크거나 적거나 불문하고, 자원이란 자원은 모조리 장악하고 영악하고도 조직적인 방법으로 경제적 권한을 확장시켜 나가고 있다는 사실이다. 다른 계급들도 정교하게 고안된 정치적 및 경제적인 단일 체제를 이용한다. 그러나 소유자들이 다수이고, 재산 소유 형태도 각각인 경우에는 모두 상호 견제 관계에 있으므로 공산주의 경제 아닌 경제 체제 내에서는 적어도 정상적이거나 평시(平時)에는 자발성spontaneity과 경쟁competition이 유지된다.

공산주의 경제라 하더라도 자발성을 억압하고서는 성공할 수 없는 것은 사실인데, 유독 여기에서만 다른 여타 체제들과 달리 끊임없이 자발성을 성취해야만 한다고 주장하고 있다. 매우 대조적이다. 이러한 행태는 어느 정도 이론적 정당성도 있는 것처럼 보인다. 공산주의 지도자들은 그들이 경제 법칙을 알고 있으므로 과학적인 정확성을 가지고 생산을 관리할 수 있다고 진짜로 믿고 있다. 그러나 진실을 말하자면 그들이 어떻게 해야 되는가를 알고 있는 유일한 것은, 경제적 지배권을 장악하는 방법이 전부이다. 이를 행할 수 있다는 그들의 능력은, 혁명에서의 승리와 맞물려, 그들의 마음속에 자신들에게 특별한 과학적 능력이 있다는 환상을 심어 왔다.

그들은 자기들의 이론의 정확성을 확신하면서 주로 이론에 입각하여 경제를 관리하고 있다. 진짜 웃긴 것은 공산주의자들은 그 어떤 경제 조치라도 일단 이를 마르크스주의적 이념에 비춰 부합한다고 본 다음에 비로소 그 실행에 착수한다는 것이다. 유고슬라비아에서는 마르크스에 따라서 계획화가 실시되고 있다고 공언하고 있지만, 마르크스 자신은 정책 입안자도 아니었고, 계획 전문가도 아니었다. 실제로 마르크스에 따라 행하여 지고 있는 것은 하나도 없다. 그러나 마르크스에 따라 계획화가 실행되고 있다는 선언은 대중의 마음을 흡족하게 하며, 압제와 경제적 수탈을 이상적인 목표를 과학적 법칙에 따라 추구 중이라고 합리화하는 수단으로 이용된다.

경제에 있어서의 교조주의는 공산주의 제도와는 불가분의 관계에 있다. 하지만 경제를 교조주의적 주형(鑄型)에 들이붓는 것은 공산주의 경제 제도만의 현저한 현상은 아니다. 다른 점은 공산주의 경제 제도에 있어서는 지도자들이 제멋대로 이론을 채용할 수 있는 주인이며, 자기들의 이해관계에 따라 필요하면 이론에서 떨어져 나간다는 것이다. 공산주의 관료제는 급속한 산업화를 위한 역사적 필요에 의하여 자극을 받고 있는 것에 더하여, 영구적 권력 확보를 보장해 주는 경제 체제를 수립해야 하는 상황에 몰렸다. 이에 따라 공산당 관료들은 계급 없는 사회와 착취의 근절을 위하는 것이라고 주장하면서, 당의 지배와 독점을 용이하도록 하는 소유 형태를 갖는 폐쇄적 경제체제를 만들어 냈다. 초기에 공산주의는 객관적 이유로 집단주의적인 소유 방식으로 돌아섰다.

그러나 이제 와서는 국민경제와 산업화에 더욱 도움이 될 것인지에 관하여는 일체 상관하지 않고, 자기들을 위해서 또 공산주의자들의 계급적 목적을 위해서 이런 형태의 소유를 계속 강화하고 있다. 그들은 초기에는 소위 이상적인 목적을 위해 경제 전체를 관리하고 통제하였으나, 나중에는 그들의 절대적인 통제와 지배를 유지하기 위하여 그렇게 하고 있다. 이것이 바로 공산주의 경제에서 그처럼 광범하고도 경직된 정치적 조치들이 행하여 지는 진정한 이유이다.

1956년 어느 인터뷰에서 티토는 서방 경제에도 사회주의적 요소가 있기는 하나 그 경제에 대한 이러한 요소들이 의도적으로deliberately 도입된 것은 아니라고 시인하였다. 이는 공산주의 이념을 전반적으로 잘 표현하고 있다. 공산주의자들은 자국 경제 제도 내에 의도적으로, 다시 말해 조직화된 강제에 의하여by organized compulsion 폭정적 지배 방식과 소유권 독점을 유지하고 있는 것이다. 경제 및 사회의 발전 속에 '의도성'이란 용어에 매우 크고 심지어 결정적 의의를 부여하고 있다는 사실이 곧 공산주의 경제정책의 강제적이며 이기적인 성격을 폭로하고 있는 것이다. 그렇지 않다면 그처럼 의도적이어야 했다는 점을 강조할 이유가 어디에 있는가?

사회주의적 소유 형태라고 간주되는 것 이외의 모든 소유 형태에 대한 공산주의자들의 완강한 반대는 무엇보다도 권력을 획득하고 유지하려 하는 그들의 억누를 수 없는 갈망을 반증하는 것이다. 하지만 그들은 만일 사회주의적 소유 형태를 고집하는 것이 그들에게 불리하다 싶을 때는 그 과격한 태도를 돌변하여 이를 바꿔 버리거나 아예 포기해 버렸다.

이처럼 그들은 자신들의 이론을 멋대로 다루고 있다.

예를 들어, 유고슬라비아에서, 그들은 '무오류 마르크스주의error-free Marxism'와 '사회주의'라는 명목하에 처음에는 콜호스Kolhoz를 만들었다가, 얼마 되지 않아 해체하고 말았다. 지금에 와서는 똑같은 식으로 제3의 혼란한 중간노선을 취하고 있다. 그 밖의 모든 공산주의 국가들에서도 동일한 사례들이 있다. 그러나 공산주의자들 자신만의 소유를 제외한 모든 형태의 사적 소유에 대한 철폐는 그들의 변함없는 목적이다.

어떤 정치 체제라도 경제력에 영향을 끼치고 싶어 하고, 관리하려 시도한다. 공산주의자들은 생산에 대한 완전 통제는 달성하지 못하지만, 계속하여 자신들의 이념적 및 정치적 목적에 그것을 끼워 맞추는 정도로까지 통제하는 데는 성공하였다. 이런 점에서 공산주의는 다른 모든 정치 체제와 다른 것이다.

5.2. 강제노동과 어용(御用)의 자유만 허용되는 노동운동

공산주의자들은 생산에 종사하는 사람들의 특별한 역할을 전체주의적 소유라는 관점에서, 특히 종종 경제 문제를 이념이 압도하여야 한다는 입장에서 해석하고 있다. 혁명 직후의 소련에서는 취업의 자유가 제한되었다. 그러나 급속한 산업화의 필요에 따라 정권은 취업 자유의 완전한 제한까지는 실시하지 않았다. 완전하게 제한한 것은 산업 변혁이 이뤄지고, 새로운 계급이 형성된 후의 일이었다. 소련에서는 1940년에 취업 자유를 금하고, 직장을 이탈하는 자를 처벌하는 법률이 제정되었다. 그 기간 및 제2차 대전 후에 하나의 노예 노동 형태, 즉 노동 수용소labor camp제도를 발전시키고, 여기에 더하여 노동 수용소에서의 노동과 공장에서의 노동work in factories과의 경계선을 완전히 없애 버렸다.

노동 수용소와 각종 자발적인voluntary 노동은 가장 악하고 가장 극단적인 형태의 강제 노동에 불과하다. 이런 일은 여타 체제하에서도 일시적으로 있긴 하지만, 공산 체제하에서의 강제노동은 영속적이라는 특징을 갖는다. 비록 다른 공산 국가들의 경우 강제 노동이 소련과 같은 형태가 아니었고, 또 소련만큼 대규모에 이르지는 않았다. 그러나 중요한 건 공산주의 국가치고 직업 선택의 자유가 있는 곳은 전무하다는 사실이다.

공산주의 체제 하의 강제 노동은 국유 재산 전체 혹은 대부분에 대한 소유권 독점에서 오는 결과이다. 노동자는 자기 노동을 팔아야 하지만, 그 팔기 위한 조건은 자기로서는 어떻게 해 볼 수 없는 것들이다. 왜냐하면 노동자는 다른, 그리고 보다 좋은 고용주를 구할 수 없기 때문이다. 유일한 고용주는 국가이다. 노동자는 이 고용주의 제시 조건을 받아들이는 길밖에 없다. 노동자들의 입장으로 봤을 때 초기 자본주의 아래에서의 최악의, 그리고 가장 치명적이었던 요소였었던 노동시장labor market은 새로운 계급의 노동에 대한 독점적 소유로 대체되고 말았다. 이것은 결코 노동자를 더 자유롭게 해 주지 않았다.

공산 체제하에서 노동자는 비록 강제 노동 수용소에 있을지라도 고대와 같은 유형의 노예는 아니다. 고대 사회의 노예는 이론적으로나 실제에 있어서나 하나의 물건으로 취급되었다. 고대의 대 사상가 아리스토텔레스도 인간은 타고나면서부터 자유인, 아니면 노예, 그 어느 한 쪽에 속해 있다고 믿고 있었다. 그는 노예를 인도적으로 취급해야 한다면서 노예제도의 개혁을 부르짖었지만, 여전히 노예들을 생산의 도구로 간주했다.

현대의 산업 기술 체제하에서 노동자를 그렇게 취급한다는 것은 불가능하다. 필요한 종류의 일을 시키기 위해서는 교육도 받고 어느 정도 자발성도 있는 노동자가 요구되는 것이다. 그래서 공산주의 제도 하의 강제 노동은 고대 또는 그 이후 세대에 있어서의 노예제도와는 전혀 다르다. 강제 노동은 소유와 정치의 관계에 따라 결정되는 것이지, 생산의 성과나 기술 수준을 고려하는 것은 아니며, 설령 그런 것이 감안되더라도 그 정도는 아주 미미하다.

현대적 산업 기술은 상당한 정도의 자율성을 갖는 노동자를 필요로 하므로 공산주의의 강제 노동 형태나 소유권의 독점 또는 정치적 전체주의와는 잠재적으로 충돌한다. 공산주의 하의 노동자는 말로만 자유이지만 자유를 이용할 가능성은 극단적으로 제한되어 있다. 자유를 공식적으로 제한한다는 것은 공산주의의 생래적 특징이라고 할 수는 없고, 공산 체제가 현실적으로 빚어내는 하나의 현상이다. 노동과 노동력 그 자체에 관하여 볼 때 이 사실은 명백하다.

모든 물질적 재화가 하나의 집단에 의해 독점되고 있는 사회에서 노동은 자유로울 수 없다. 노동력은 간접적으로 그 집단의 소유에 속한다. 노동자 자신이 그 노동의 일부를 쓰기도 하는 개별적 인간이기 때문에, 한 인간을 그 집단의 완전한 부속물이라고 까지는 할 수 없어도 그 노동력도 간접적으로 그 집단 자산의 일부를 구성하는 것만큼은 사실이다. 추상적으로 말한다면 노동력은 전체로 볼 때는 총 사회적 생산의 한 요소인 것이다. 물질적 및 정치적 독점을 누리는 새로운 지배계급은 이 요소를 거의 다른 국가적 재화나 생산 요소들과 같은 정도로 사용하면서, 그 취급에 있어서도 인간이라는 특성은 무시한 채 하나의 물질과 같이 다루는 것이다.

노동을 생산에서의 한 요소로만 취급하는 까닭에 각종 기업 내에서의 노동 조건이라든가 혹은 임금과 이윤 간의 관계는 관료들의 관심사가 아니다. 그러므로 임금과 노동 조건은 노동에 대한 추상적 개념이나 개인적 자격에 따라 결정되고, 개별 기업이나 산업 부문에서의 실제적인 생산 성과들과는 무관하다. 이것은 단지 일반적인 지배 방식이다. 상황과 필요에 따라 예외들도 있다. 그러나 이 제도는 불가피하게 실질적인 생산자들, 다시 말해 노동자들 편에서의 관심의 결여lack of interest로 이어진다. 또한 이런 제도는 생산의 질을 떨어뜨리고, 진정한 생산성과 기술의 발전을 저하시키며, 생산 설비의 방치와 악화를 가져온다. 공산주의자들은 개개의 노동자들에 대하여는 생산성을 보다 높이라고 끊임없이 닦달하고 있으나, 전반적인 노동 생산성에 대하여는 주의를 거의 내지 전혀 쏟지 않고 있다.

이러한 제도 하에서 노동자들을 분발시키기 위한 노력은 불가피하며 빈번하게 행하여 진다. 관료들은 이들의 무관심을 되돌려 놓기 위해 갖가지 상여와 수당을 제공한다. 그러나 공산주의자들이 모든 소유와 모든 지배 구조를 갖고 있는 한, 장기적으로 노동자 개개인에 대한 동기부여를 할 수 없을뿐더러, 전반적인 노동 생산성 제고를 위한 자극도 주지 못한다.

유고슬라비아에서는 노동자들에게 이윤 분배를 하기 위한 정교한 시도가 있었고, 지금은 동유럽 국가들 사이에서 검토되고 있다. 그러나 이와 같은 조치로 혜택을 입는 것은 관료들인데, 그들은 자기 수중에 떨어진 '초과 이윤excess profits'을 차지하고 나서, 이렇게 하는 이유는 인플레이션을 억제하고 재화를 현명하게 투자하기 위한 것이라고 합리화하고 있다. 노동자를 위하여 남겨진 몫이라고는 극히 적고, 명목상의 금액일 뿐이며, 당과 노조를 통해, 사실상은 관료를 통해 어떻게 투자하면 좋을지에 대한 제안을 하는 '권리'가 전부이다.

파업권도 갖고 있지 않고, '누가 무엇을 소유하여야 하는지who owns what' 대한 결정권도 없는 노동자들 입장에서는 진정한 이윤 분배의 기회를 많이 가질 수 없었다. 이러한 권리들은 모두 각종 형태의 정치적 자유와 서로 얽혀 있다는 사실이 점점 더 명확하게 드러나고 있다. 정치적 권리와 경제적 권리를 따로 떨어진 상태에서 노동자들이 자기 몫을 얻을 수는 없다. 이러한 제도 하에서 자유로운 노조란 불가능하다.

그래서 1954년 동독, 그리고 1956년 폴란드 포즈난에서 폭발했던 것처럼 노동자들의 불만이 파업으로 이어질 가능성은 매우 낮다. 공산주의자들은 파업이 일어나지 못하도록 강압하는 이유를 '노동 계급'이 국가를 통해 권력을 잡고 있으며 생산수단을 소유하고 있으므로 만일 파업을 한다면 그것은 자기를 상대하여 파업하는 셈이 되기 때문이라고 설명한다. 이런 식의 유치한 주장을 하게 되는 근거는, 우리가 아는 바와 같이 공산 체제하에서 재화의 소유자는 사적 개인이 아니고 집단적 소유이며, 그래서 공식적으로는 누구의 것으로 특정할 수 없다는 사실로 위장이 가능하기 때문이다. 무엇보다도 공산주의 제도 하에서는 단 한 하나의 소유자가 모든 재화와 모든 노동력을 수중에 넣고 있기 때문에 파업이 불가능하다. 그러므로 노동자 전부가 파업에 참가하지 않는 한 그 소유자에 대해 효과적인 행동을 취하기는 곤란할 것이다. 어쨌건 전체주의 독재 체제하에서도 파업이 가능하다는 가정 하에 하나 또는 그 이상의 사업장에서 파업이 일어난다고 해도, 이것은 현실적으로 그 소유자에게는 위협이 되지 않는다. 그의 소유는 개개의 기업으로 구성된 것이 아니라 전체적인 생산 구조로 짜여 있기 때문이다. 어떤 개별적 기업들에서 손실이 있더라도, 생산자들이나 사회가 전체적으로 손실을 보전해 주기 때문에 소유자에게 손해가 생기는 일은 없다.

이런 이유로 인해 파업은 공산주의자들에게는 경제적 문제라기보다는 정치적 문제이다. 개별적 파업이 거의 불가능하고, 잠재적 결과를 생각할 때 희망도 없기 때문에, 전반적인 파업을 위한 적당한 정치적 조건들도 없다. 따라서 파업이 일어난다면 아주 특별히 예외적 상황에서만 그렇게 될 것이다. 개별적 파업이 발생했을 때는 언제나 전반적 파업으로 이어져 정치적 성격을 명확하게 갖곤 하였다. 공산 체제는 끊임없이 노동 계급을 분열시키고 단합을 하지 못하도록 방해하기 위해 소수를 승진시켜 관리직으로 만들고, 이들로 하여금 계급을 '교양'시키고, 사상을 강화시키고, 그 일상적 생활까지 지도하도록 한다.

목적과 기능으로 볼 때 노조와 그 밖의 직능 단체는 유일한 소유자이자 강력한 통치자인 정치적 과두 집단의 부속물에 불과하다. 이러한 단체의 주요 목적은 사회주의 건설 또는 생산 증가에 있다. 그 밖의 기능이라면 노동자들 속에 환상과 침묵적 굴종의 분위기를 확산시키는 일이다. 이러한 조직들이 수행해 온 단 하나의 중요한 역할이란 노동 계급의 문화 수준을 향상시키는 일이었다.

공산 체제 하의 노동자 조직은 실제로는 특별한 종류의 어용 조합 company or yellow union이다. 특별한 종류라고 말한 것은 그 고용주가 정부인 동시에 지배적 이념의 주창자이기 때문이다. 다른 체제들의 경우에는 이 두 가지 요소가 대개 서로 분리되어 있으므로, 노동자들은 그 어느 한 쪽을 의지하는데 까지는 이르지 못하더라도, 적어도 양자 사이의 차이와 충돌에서 오는 이점을 적절히 활용할 수 있는 것이다.

노동 계급이 공산주의 정권의 주된 관심의 대상이 되어 있는 것은 결코 우연이 아니다. 그것은 어떤 이상주의적 내지 인도주의적 이유에서가 아니라, 생산이 바로 그 계급에 달려 있고, 새로운 계급의 발흥과 존재 자체가 바로 그 계급에 의해 좌우되기 때문이다.

5.3. 계획이라는 이름 속에 은폐되는 실업과 자원 낭비

고용의 자유도, 노조 설립의 자유도 없음에도 불구하고 공산주의 제도 하에서도 착취에도 일정한 한계는 있다. 이 한계를 들여다보기 위해서는 좀 더 깊고 구체적인 분석이 필요하다. 여기서는 가장 중요한 측면들만 보도록 하자.

정치적 한계, 다시 말해 노동자들 사이에 불만이 팽배해질 것에 대한 두려움 및 체제 변혁을 초래할 수도 있는 그 밖의 요인들에 더하여, 착취 그 자체에 한계로 작용하는 요소들이 늘 있는 법인데, 대표적인 것이 수탈의 형식과 수준이 오히려 체제 유지에 너무 많은 비용 부담을 가중시키는 경우이다. 예를 들어 소련에서는 1956년 4월 25일 자 포고로 노동자가 지각하거나 무단 사직하는 경우에 부과되었던 처벌 규정을 폐지하였다. 또 상당히 많은 노동자들이 노동 수용소에서 석방됐는데, 이것은 점차 당초 정권이 노동력 탈취를 위해 노동 수용소에 집어넣은 자들과 정치범들을 구별할 수 없게 되면서 일어난 일이었다. 상당한 제한이 여전히 유지되고 있었기 때문에 이 포고가 노동자들에 대한 완전한 해방으로 이어지지는 않았다. 그럼에도 불구하고 이것은 스탈린 사망 후에 볼 수 있었던 가장 중요한 진보를 의미하는 것이었다.

강제 노예 노동은 정권에 대하여 정치적 곤란함을 초래하고 또한 소련의 고급 생산 기술을 이용함에 있어 그 비용을 엄청나게 증가시켰다. 강제 노역을 시키기 위해 관리 기구를 통해 부려먹고 심지어 변변히 먹을 것도 안 주더라도 당장에는 어떤 문제가 생기지는 않겠지만, 점차 산출물 보다 투입 비용이 더 많아지는 현상이 빚어지게 된다. 노예 노동은 점점 무의미해지고, 결국엔 중단되지 않으면 안 되게 된다. 현대적 생산 공정 자체가 무한정한 착취의 제약 조건이 된다. 피로가 극도에 달한 상태에서의 강제노동은 기계를 능률적으로 조작할 수 없게 하므로, 적당한 건강과 문화적 조건이 불가결한 전제가 되는 것이다.

그러나 공산 체제하에서 착취에 제한을 두더라도 그 제한은 노동자들이 누리는 자유의 한계를 벗어날 수는 없다. 이러한 자유들은 소유권과 통치의 성격이 결정한다. 소유권과 통치에 어떤 변화가 오기 전까지는 노동자들은 자유로워질 수가 없으며, 가혹하거나 조금 덜 하거나 차이만 있을 뿐 어떤 형태로건 경제적 및 관리적 강제에 복속하여야 하는 것은 마찬가지이다. 생산 상의 필요로 인해 공산 체제는 노동 조건과 노동자의 지위를 규제한다. 그러면서 노동 시간 · 휴가 · 보험 · 교육 · 여성 · 아동 등과 관련한 다각적이며 포괄적인 사회적 조치들을 취한다. 이런 조치들의 대부분은 명목에 그치고, 시간이 갈수록 노동자들에게는 점점 해로운 성격을 띠게 된다.

공산 체제하에서는 노동관계를 규제하면서 생산에 있어서의 질서와 평화를 유지하려는 경향이 상존한다. 단일하면서 집단적인 소유자는 노동력 동원의 문제를 전체적으로 모든 부문에 걸쳐 일괄 해결한다. 일단 어떤 경우에도 '무정부 상태anarchy'로 갈 수는 없고, 노동자들의 문제에 있어서는 더더욱 그렇다. 생산의 요소의 모든 부문을 통제하는 것과 마찬가지로 노동자들에 대하여도 그와 같은 정도의 통제를 하지 않으면 안 된다.

완전 고용이 이뤄지고 있다는 가장 큰 허풍은 그 안을 들여다보면 볼수록 그 상처가 크다는 것이 더욱 분명히 드러난다. 모든 재화가 하나의 기구에 의해 통제되는 순간, 이런 재화들은 인력 소요와 마찬가지로, 계획의 대상이 될 수밖에 없다. 정치적 필요성이 계획에서 중요한 역할을 차지하는데, 이는 필연적으로 다른 산업의 희생을 통해서만 생존할 수 있는 다수의 산업 부문을 유지하는 결과로 이어진다. 이런 식으로 현실적인 실업을 계획의 이름으로 은폐하는 것이다. 어떤 경제 부문에서 좀 더 자유로운 활동이 허용되던가, 아니면 다른 산업 분야들을 계속 희생하여 한계 부문을 유지 · 강화하는 것이 정권에게 불필요하다고 결정되는 순간 실업은 재등장한다. 세계 시장과의 연결이 더 확대되는 경우에도 이런 경향은 야기된다.

따라서 완전고용은 공산주의적 사회주의의 결과가 아니라, 명령에 따라 이뤄지는 경제 정책의 산물이다. 완전고용이 된다는 것은 부조화와 생산적 비효율성의 결과이다. 그것은 경제적 위업이 아닌 경제적 약점을 폭로하는 것이다. 유고슬라비아에서는 만족할 만한 수준의 생산성을 달성하기 까지는 노동자들이 부족했었다. 적정 생산을 넘어가자 실업이 생겼다. 유고슬라비아가 최대한의 생산 효율성을 달성하게 되면 실업률은 더 높아질 것이다.

공산주의 경제는 완전 고용 뒤에 실업이 은폐되어 있다. 모든 사람들의 가난이 실업자들의 존재를 가리는 수단이 되고, 마찬가지로 몇몇 경제 부문에서의 현저한 발전이 다른 분야에서의 퇴행을 감추고 있는 것이다. 이런 유형의 독점적 소유와 통제는 경제 붕괴를 방지할 수는 있으나 만성적인 위기를 방지하지는 못한다. 새로운 계급의 이기적인 이해관계와 경제에 들어가 있는 이념적 성격은 건전하고 조화로운 체제 유지를 불가능하게 한다.

5.4. 비참한 생활 수준과 불평등의 근원은 인간 자유의 결핍

미래 사회의 경제를 계획된 토대 위에서 바라본 사람이 마르크스가 최초는 아니었다. 그러나 그는 사회적인 이유들에 더하여, 사회가 과학 기술의 토대 위에서 자리 잡아가고 있기 때문에 현대 경제는 불가피하게 계획화planning의 경향을 띨 수밖에 없다는 점을 인정한 최초의 인물, 또는 그런 주장을 편 사람들 중 하나였다.

방대한 전국 단위 나아가 국제적 규모에서의 계획을 시작한 것은 독점 사업자들이었다. 오늘날 계획화는 일반적인 현상이고, 산업이 발달한 나라들과 낙후된 국가들 사이에 성격은 좀 다르지만, 대개의 정부 정책에 있어서 중요한 요소로 되어 있다. 생산이 고도의 단계에 도달하고, 사회적 · 국제적 · 그 밖의 여건들이 비슷한 경향을 갖게 될 때에는 계획화는 필요하다.

그런데 생산 수준이 훨씬 더 낮은 사회적 및 경제적 관계 위에서도 계획이 필요할 것이라는 주장은 마르크스의 이론은 물론이고, 다른 사람들의 이론들에서도 크게 다룬 바 없다. 소련이 국민 경제 계획에 착수한 최초의 국가가 되었을 때 마르크스주의자들이었던 지도자들은 계획화를 마르크스주의와 결부시켰다. 그 이면에는 마르크스의 교시가 러시아에서의 혁명의 이상적 토대idealistic basis of the revolution가 되었을 뿐만 아니라, 나중에는 이를 빌미로 소련 지도자들이 취하게 되는 각종 조치들을 엄호하는 가리개가 되었다는 사실이 도사리고 있다.

소비에트식 계획을 위한 모든 역사이며 특별한 이유는 각각 그에 상응하는 어떤 이론적 근거에 바탕을 두는 것이라고 주장되고 있다. 사회적 기반과 공산주의 운동의 과거사에 비춰 볼 때 마르크스의 이론은 가장 친숙하고 수용성이 높았다. 처음에는 마르크스에 매우 많이 의존하였으나, 공산주의 계획이라는 것은 보다 깊은 이상주의적이며, 물질적인 배경을 갖고 있다. 경제를 단일 소유자로 편입시키거나, 막 편입시키려는 경우 경제를 계획하지 않고서 다른 방식으로 그렇게 할 수 있었을까? 계획 경제가 아니라면 산업화를 위해 그러한 대규모 투자가 가능했었을까?

하나의 이상이 될 수 있기 위하여는 뭔가가 필요하다. 공산주의에 있어서는 계획이 바로 그것이다. 공산주의식 계획은 체제 강화를 담보해 줄 경제 부문의 발전에 집중하도록 되어 있다. 비록 모스크바의 영향력에서 자유로운 국가들은 예외겠지만, 사실 모든 공산주의 국가들에 있어서 이런 현상은 일반적이다.

타 부문으로부터 어떤 한 부문만을 떼어 그것만 영구히 발전시킨다는 것은 불가능하기 때문에 정권 강화를 위해서는 국민 경제 전체적인 발전이 중요함은 물론이다. 모든 공산주의 제도에 있어서 계획 수립의 핵심은 항상 정권의 정치적 안정성을 유지하기 위하여, 결정적으로 중요하다고 인정되는 경제 부문에 집중되어 있다. 이러한 부문들은 관료의 역할과 권력과 특권을 증가시키는 것들이다.

이런 부문은 또한 외부 세계와의 관계에 있어서 체제를 보위하고, 정권이 더 큰 규모로 산업화를 추진할 수 있도록 한다. 현재까지는 그것은 중공업과 군수 산업이었다. 이는 각 나라마다 사정에서 차이가 있을 수 없다는 말은 아니다. 소련의 경우엔 최근 원자력이 계획에서 가장 우선순위를 차지하기 시작하였다. 이것은 다른 어떤 요인들보다도 군사적, 외교적 및 정치적 고려에서 나온 것이라고 보아야 할 것이다.

모든 것은 이 목표들에 종속된다. 따라서 많은 경제 부문이 뒤떨어지고 비 능률적으로 운영되고 있다. 경제적 불균형과 곤경은 피할 수 없어서 과잉생산에 따르는 비용 부담과 만성적 인플레이션이 만연되고 있다.

전(前) 프랑스 내무장관 앙드레 필립André Philip, 1902-1970은 〈New Leader〉지(紙) 1956. 10. 1. 자에 소련의 중공업 투자는 1954년에는 총 투자의 53.3 퍼센트를 점하고 있었으나, 1955년은 60 퍼센트로 증가하였다고 분석하였다. 순국민소득의 21 퍼센트가 공업, 특히 중공업에 집중되고 있으나, 이는 국민 1인당 소득 증가에 불과 7.4 퍼센트 밖에 기여하지 못하고 있으며, 그중 6.4 퍼센트는 생산량 증대에 수반한 것일 뿐이라고 하였다. 비록 마르크스 자신은 인간을 가장 중요한 생산요인이라고 주장하였지만, 정작 그 후계자로 자처하는 새로운 소유자들에게 있어서 대중의 생활 수준은 관심 밖으로 밀려나 있음을 알 수 있는 것이다. 영국 노동당 쪽에 가까운 인물로 분류되는 에드워드 크란크쇼Edward Crankshaw에 의하면 소련에서는 월급 600루블 이하의 수입 밖에 없는 사람들은 필사적인 생존 투쟁에 내몰리고 있다고 한다. 그런데 뉴욕 타임스New York Times의 소련 전문가 하리 슈발츠Harry Schwartz는 월수입 300루블 이하의 노동자 수를 약 800만으로 보고 있으며, 영국 노동당 좌파의 견해를 대표하는 트리뷴The Tribune지는 이는 남녀평등권의 덕분이 아니고, 엄청난 숫자의 여성들이 중노동에 종사하고 있다는 사실을 보여 주는 것일 뿐이라는 논평을 하고 있다.

소련은 이런 식인데, 그 밖의 공산주의 국가들, 심지어 기술적으로 매우 발전되어 있는 체코슬로바키아와 같은 국가에서도 크게 다르지 않다. 유고는 한때 농산물 수출국이었으나 지금은 수입국이 되고 말았다. 공식적인 통계에 의하면 노동자와 사무직 종사자들의 생활 수준은 유고슬라비아가 저개발 자본주의 국가였던 제2차 대전 전보다 낮은 상태임을 보여 주고 있다.

정치적 계급의 이익에 동원되고 있는 공산주의식의 계획, 그리고 전체주의적 독재는 서로를 지지, 보완해 주고 있다. 이데올로기적 이유로 공산주의자들은 특정 경제 부문에 집중적인 투자를 행한다. 계획의 전체가 이러한 부문을 중심으로 돌아가고 있다. 이것은 경제에 심각한 왜곡을 낳고, 이러한 왜곡은 자본가와 대지주로부터 탈취하여 국유화해 버린 농장에서 얻는 수입 정도로는 충당할 수 없기 때문에 주로 저렴한 임금을 지급하고, 강제적인 농산물 수매제compulsory crop-purchase system를 시행함으로써 행하여 지는 농민 수탈에 의하여 보전되지 않으면 아니 된다.

만일 소련이 이러한 계획을 실행하지 않고, 또는 중공업의 발전에 중점을 두지 않았었다면 무장해제된 채로 제2차대전에 들어가 히틀러의 침략에 쉽게 정복되어 노예가 되었을지도 모른다고 하는 가정도 가능하다. 맞는 말이기는 하지만 어느 정도만 타당하다. 대포와 전차만이 한 나라의 실력은 아니다. 스탈린이 만약 제국주의적인 목표를 갖는 외교 정책을 취하지 않고 있었다면, 그리고 만약 전체주의적 목표를 지향하는 국내 정책을 취하지 않았더라면, 연합국은 결코 소련으로 하여금 홀로 침략자 앞에 대항하도록 내버려 두지는 않았을 것이다.

군수공업 향상을 위해 경제 발전과 계획에 있어 이념적 접근이 반드시 필요한 것이 아니라는 건 명백하다. 권력을 장악한 자들이 국내적으로나, 국제적으로 자기를 홀로 지켜야 할 필요가 있었기 때문에 군수 공업 발전에 착수하였던 것이다. 안보상 불가피하게 필요하였다 할지라도 이것은 부수적이다. 다른 방식의 접근, 즉 외국 시장들과 보다 밀접한 연계를 갖는 쪽으로 계획을 했더라도 러시아는 그만한 양의 무장력은 갖출 수 있었을 것이다. 외국 시장에 대한 의존도가 커질수록 외교 정책의 다원화가 필요하였을 것이다. 세계적 차원에서 이해관계들이 서로 얽혀 있고, 전쟁은 총력전 성격을 띠게 된 지금과 같은 여건 속에서 전쟁을 수행하기 위하여는 대포와 거의 맞먹을 정도로 버터가 필요하다. 이것은 소련의 경우에 있어서도 확인된 바 있다. 승전을 위해서 미국으로부터의 식량 원조는 군수품과 거의 같은 정도로 중요하였던 것이다.

이것은 농업에 있어서도 마찬가지다. 지금 상황에서 발전적 농업이란 역시 산업화를 의미한다. 농업은 발전하더라도 그 자체로 공산주의 정권이 대외적 관계에서 자주성을 확보해 주지는 않는다. 도리어 농업의 발전은 비록 소농들이 모두 협동조합의 구성원이라 할지라도 국내에서 정권이 소작농들에게 의존하도록 만든다. 이에 따라 콜호스는 생산성이 낮은 상태로 곁에 놔두고 철강 공업에 우선순위를 두게 되는 것이다. 경제 발전 이전에 정치권력의 계획이 선행되어야만 했던 것이다.

소비에트 또는 공산주의식 계획은 별종(別種)이라 할 수 있다. 이것은 생산 증대를 위한 산업 기술의 발달 결과도 아니고, 계획을 시작한 사람들의 사회주의적 인식의 결과도 아니다. 대신 지배와 소유라는 별종의 결과로 진화된 것이다. 오늘날 기술적 및 그 밖의 요인들이 경제 계획 수립에 영향을 끼치고 있는데, 특히 소련 식 계획에 있어서는 이러한 기술 외적 요인들이 계획의 진화에 끊임없이 효과를 미치고 있다. 이 사실은 공산주의 계획의 성격, 그리고 공산주의 경제 역량을 이해하기 위한 관건으로서 매우 중요하다.

이런 식의 경제가 초래한 결과, 그리고 이러한 계획화가 가져오는 결과는 다양하다. 특정한 목표를 달성하기 위하여 일체의 수단을 집중함으로써 권력을 장악한 자들은 몇몇 경제 부문은 비상한 속도로 발전시킬 수가 있다. 소련이 약간의 분야에서 성취한 진보는, 지금까지 세계 어디에서도 찾아볼 수 없을 정도의 것이었다. 그러나 기타 다른 영역에 존재하는 낙후된 사정을 고려한다면 경제 전반적인 관점에서는 그 달성했다는 발전이 합리화될 수 없다.

물론 한때 후진국이었던 러시아는 자신이 가장 중요하다고 여기는 경제 분야에서는 세계 2위의 생산을 과시하고 있다. 소련은 대륙 국가 중에서는 가장 강력한 국가로 되었다. 강력한 노동 계급, 다양한 스펙트럼을 가진 기술 지식층technical intelligentsia, 소비재 생산을 위한 원자재 등이 형성되었다. 그러나 이로 인해 독재가 본질적으로 약화된 것도 아니고, 국민 생활 수준을 국가의 경제적 역량에 걸맞는 수준으로 개선할 수 없다고 생각하도록 할 만한 하등의 사정이 엿보이지 않는다.

계획이란 단지 소유와 정치적 고려를 위한 것이므로 조금이라도 독재 약화로 이어질 가능성은 전무하고, 대중의 삶의 수준을 향상시키는 것 역시 마찬가지로 불가능하다. 정치적 및 경제적 영역에서의 하나의 집단에 의한 배타적 독점, 그리고 국내 및 국제 사회에서 권력과 이익을 강화시킬 목적으로 행하여 지는 계획은 생활 수준의 개선 및 경제의 조화로운 발전을 계속하여 지체시키고 있다. 이러한 지체 현상의 가장 궁극적이면서 가장 중요한 이유는 두말할 나위 없이 자유의 결핍the absence of freedom이다. 공산 체제에 있어서 자유는 만악(萬惡)의 해결사이다.

5.5. 정치화된 경제와 자급자족 경제의 궁상맞음

공산주의 계획경제는 그 자체 내에 특별한 유형의 무정부 상태를 은폐하고 있다. 계획 경제라고 하지만, 공산주의는 아마도 인류사에서 가장 낭비적인 경제일 것이다. 경제의 각 부문들, 그리고 경제 전체가 비교적 급속하게 발전되고 있는 상황을 감안하면, 이런 주장은 이상하게 들릴지도 모르겠다. 하지만 여기엔 확고한 근거가 있다.

비록 경제를 포함하여 만사를 협소한 자신의 소유의 이익과 이념적 시각에서 파악하는 그런 집단이 아니라 하더라도 어느 정도의 자원 배분의 낭비는 불가피하다. 그런데 하물며 이익과 이념에 매몰된 좁은 시각의 단일 집단이라면, 설령 최고도로 완성된 계획을 갖고 있다 하더라도, 매일 같이 변화무쌍하게, 때로는 내부적 및 외부적으로 상호 충돌의 경향을 보이기도 하는 현대의 복잡한 경제를 어떻게 효과적으로, 그리고 절도 있게 관리해 나갈 수 있다는 말인가? 어떠한 종류의 비판도, 어떤 식의 중요한 제안도 결여된 상태 하에서 낭비와 침체로 치닫게 되는 것은 필연적이다.

이런 식의 정치적 및 경제적으로 전능하다는 것으로 인해, 비록 의도는 좋을는지 몰라도 낭비적 기업wasteful undertakings이 생기는 것은 불가피하다. 이런 기업들이 경제 전반에 어떤 대가를 치르도록 하고 있는지에 대하여는 아무도 관심을 쏟지 않는다. 농민에 대한 공산주의자들의 미신적인 공포와 불합리한 중공업 투자 때문에 침체된 농업이 국가에 끼치는 손해는 얼마나 막대한가? 비효율적인 산업들에 투자되는 자본의 허비는 또 얼마인가? 정체된 운송 시스템으로 인해 들어가는 비용은 얼마인가? 노동자들에 대한 형편없는 보수로 인해 결과적으로 이들이 '농땡이를 부리며', 게으름을 피우는 데서 오는 비용 손실은 얼마인지도 모른다. 여기에 조악한 품질로 인한 비용은 또 얼마일까? 이런 비용들은 일일이 열거해도 한이 없고, 그 액수는 산정할 수도 없다.

공산주의 지도자들은 경제 관리에 있어서와 마찬가지로, 매사를 평소 자신들의 교훈과는 완전히 상반된, 다시 말해 자신들의 사적 관점에서 처리하고 있다. 경제는 자의적인 행동을 제일 견디지 못해 하는 분야이다. 비록 공산주의 지도자들이 그렇게 하고 싶어 해도, 경제 전반에 미치는 이해관계를 속속들이 고려할 수는 없다. 정치적인 이유로 지배 집단은 조치를 취함에 있어 무엇이 '극도로 필수적'이며, '핵심적 중요성'을 띠는지, 또는 '결정적'인지를 결정한다. 이 과정에서 어떤 판단을 하더라도 그 권력이나 소유를 잃을 염려가 없기 때문에 이들이 내린 결정을 실행함에 있어서 장애란 없다.

주기적으로 지도자들은 뭔가 진전이 없다던가, 거대한 자원 낭비가 있음이 확연해질 때가 되면 타인에 대한 비판, 때로는 자아비판을 하며 옛 경험을 들먹인다. 후르시초프는 스탈인의 농업 정책을 비판하였다. 티토 역시 과도한 투자와 수십억의 낭비를 지적하며 자신의 체제를 비판하였다. 폴란드 공산당 지도자였던 에드워드 오하브Edward Ochab, 1906-1989도 인민의 생활 수준에 대하여 일시적으로 무관심하였다면서 자신을 비판하였다. 그러나 본질은 여전하다. 동일한 인간들이, 동일한 방식으로, 동일한 체제를 연장해 가기 때문에, 이것은 위반과 변칙적 행태가 뚜렷한 부작용을 드러낼 때까지 계속되곤 한다. 발생한 손실은 더 이상 회복할 수 없고, 정권과 당은 그 손실에 대하여 어떤 책임도 지지 않는다. 일단 이들에 의해서 과오가 '언급되고'나면, 그 과오들은 '시정된다'. 그리고 모든 것이 처음으로 돌아가 다시 시작된다!

지금까지 비생산적으로 비용이 지출되고, 엄청난 낭비가 있었다고 해서 그 어떤 공산주의자 지도자가 처벌되었다는 사례는 찾아볼 수 없다. 많은 사람들이 숙청되는 이유는 사상적 일탈이다. 공산주의 제도에 있어서는 절도와 착복은 불가피하다. 사람들로 하여금 '국가적 재산

national property'을 훔치도록 하는 것은 가난이 아니고, 그 재산이 그 누구에게도 속해 있는 것으로 보이지 않는다는 그 사실 때문이다. 가치 있는 일체의 것이 어쩐지 무가치하게 보이게끔 되어 있으므로 멋대로 집어 가서, 함부로 쓰기에 꼭 알맞은 분위기가 조성되고 있는 것이다. 1954년 유고슬라비아에서만도 2만 건 이상의 '사회주의 재산socialist property' 절도 사건이 발견되었다. 공산주의 지도자들은 국가 재산을 마치 자기 것처럼 취급하면서, 다른 한편으로는 마치 남들 것처럼 흥청거리며 써 대는 것이다. 이것이 공산주의 제도가 갖는 소유와 통치의 본질인 것이다.

하지만 최고의 낭비는 눈에 보이지도 아니 한다. 그것은 인력의 낭비이다. 의욕이라고는 없는 수백만 노동자들의 비생산적인 느릿느릿 한 작업은 사회주의적이 아니라고 비판받고 있고, 이로 인한 작업 손실은 산정 불가능하다. 이런 거대한 보이지 않는 허비는 어떤 공산주의 체제에서도 피할 수 없는 숙명이다. 권력을 장악한 자들은 마르크스가 채용한 스미스의 노동가치설을 신봉하고 있음에도 불구하고 노동과 인력에는 거의 관심을 쏟지 않고 있는데, 왜냐하면 이것들을 간단히 대체될 수 있는 극히 하찮은 것으로 간주하고 있기 때문이다.

자본주의의 부활에 대한 또는 자신들의 좁쌀 같은 계급적 이념 동기로 인해 빚어질 경제적 결과에 대한 공산주의자들의 두려움은 국민 경제에 거대한 부의 손실을 가져오고 그 발전에 장애를 초래하고 있다. 국가가 유지하거나 발전시킬 필요가 없다고 간주되는 산업들의 경우 전멸되다시피 하는데, 그들이 말하는 국가의 산업이란 '사회주의적'인 것으로 여겨지는 산업만을 말한다. 이러한 일을 국가가 어디까지, 또 얼마나 오랫동안 해 나갈 수 있을까? 공산주의자들이 당초 피할 수 없었다고 보았던 산업화가 더욱 진행되어 가면 결국 공산주의 통치 형태와 소유가 잉여superfluous로 되고 마는 그 순간이 도래할 것이다.

낭비가 엄청나게 심한 까닭은 공산주의 경제가 고립되어 있기 때문이다. 모든 공산주의 경제는 근본적으로는 자급자족autarchic이다. 자급자족 형 경제인 까닭은 그 통치와 소유의 성격에 내재되어 있다. 어떠한 공산주의 국가도, 심지어 모스크바와 분쟁이 생겨 비 공산주의 국가들과 한층 더 대규모로 협력하지 않을 수 없게 된 유고슬라비아조차도, 전통적인 물자 교역 이상으로 대외 무역을 심화 · 발전시키지 못하였다. 다른 국가들과의 교역을 염두에 둔 대규모의 생산 계획은 달성되지 못하고 있다.

공산주의 계획은 무엇보다도 세계 시장을 염두에 둔 생산의 필요성이라던가, 다른 나라들의 생산 현황 같은 것들을 거의 염두에 두지 않는다. 이런 이유도 있고, 또 한편으로는 이념 및 기타 다른 동기로 인해, 공산주의 정권은 생산에 영향을 미치는 주변의 제반 여건 등에는 신경쓰지 않는다. 공산 정권 하에서는 종종 충분한 원료 확보 통로가 없음에도 공장들을 짓고, 그러면서 세계 시장에서 형성되는 가격이나 산출량에 대하여는 거의 주의를 기울이지 않는다. 이들은 다른 나라에서 생산하는데 들어가는 비용의 서너 배를 써 가면서 물건을 만들어 낸다. 반면에 세계 시장의 평균적 생산 효율성을 능가할 수 있는 산업, 가격 면에서 국제 시장 가격보다 낮은 가격에 조달이 가능한 품목을 생산할 수 있는 부문은 등한시한다. 세계 시장이 그들이 만들어 내려고 하는 품목들로 포화상태를 이루고 있어도 상관하지 않고 같은 산업을 지원하여 발전시키는데 주력한다. 근로 대중은 과두 지배자들의 홀로서기, 즉 자기방어를 위하여 이 모든 희생을 감내하지 않으면 안 된다. 이것이 공산주의 정권들에 공통된 문제의 한 국면이다.

또 하나의 국면은 '선도적 사회주의 국가'로 자부하고 있는 소련이 벌이고 있는, 가장 고도로 발달한 서방 국가들을 따라잡고, 또 능가해 보려는 무의미한 경쟁이다. 이러한 경쟁으로 치러야 할 비용은 얼마인가?

이 경쟁의 결국은 어디로 이어질 것인가? 소련은 일부 몇몇 경제 부문에서는 서방 최고 선진국들의 수준을 따라잡을 수 있을지 모른다. 무한한 노동력의 낭비, 낮은 임금, 다른 산업 부문들에 대한 소홀 등을 대가로 하여 이것이 가능할 수도 있다. 하지만 경제적 관점에서 타당한 일인가 아닌가 하는 것은 별개의 문제이다.

이러한 계획 그 자체가 침략적이다. 질 낮은 국민 생활 수준을 대가로 치르면서 철강과 석유의 생산에서 첫 번째 자리를 차지하기 위해 안간힘을 쓰는 소련을 비(非) 공산권 국가들은 어떻게 생각하겠는가? 중공업에서 경쟁을 하고 정작 교역은 극히 소규모로 유지한다면, 공존coexistence이라던가, 평화 애호적 협력peace-loving cooperation이라고 떠들어 보았자, 거기에 무엇이 남겠는가? 자급자족 경제를 발전시키면서, 세계 시장에는 주로 이데올로기적 이유로 침투하려는 공산주의 경제 하에서 협력을 통해 남는 건 무엇일까? 이런 식의 계획과 관계 설정은 국내외의 인력과 부를 낭비하는 것이고, 오로지 공산주의 과두 지배의 관점에서만 정당화될 뿐이다. 기술 진보와 생활 수요의 변화로 인해 오늘은 경제의 이쪽 부문이 중요하게 되었다가, 다음에는 다른 부문이 중요성을 갖게 되는데, 이는 한 국가나, 세계적 차원이나 같다. 지금으로부터 50년 후에 강철과 석유가 오늘날과 같은 중요성을 상실한다면 대체 어떻게 될 것인가? 공산주의 지도자들은 이러한 점들과 그 밖의 많은 요소들을 고려하지 않고 있다.

소련을 위시하여 공산주의 경제권들을 나머지 세계 시장과 연결하고, 이 경제들이 국제 시장에서 활약하도록 하기 위한 노력은 이들 경제가 지니고 있는 실질적인 기술적 및 기타 역량에 한참 뒤처져 있다. 지금 상태로서도 공산주의 국가들의 경제는 그들이 실제로 행하고 있는 것보다 훨씬 더 대규모로 다른 세계와 협력할 수 있는 것이다. 바깥 세계와의 협력을 위해 그 역량을 사용하지 않고, 이데올로기적 및 기타 이유들을 갖고 외부 세계로 침투해 가려는 것은 공산주의자들의 장악하고 있는 경제적 독점과 권력 유지의 필요성 때문이다.

레닌이 정치를 가리켜 '집중된 경제concentrated economy'이라고 한 것은 대체로 타당하다. 그러나 공산주의 제도에서는 그와 반대의 관계로 되어, 경제가 '집중된 정치concentrated politics'로 되고 말았다. 말하자면 정치가 경제 있어서 거의 결정적인 역할을 하고 있는 것이다. 스탈린이 주도하여 세계 시장에서 이탈하면서 만들어 내었고, 그 이후 소련의 지도자들 역시 성실하게 꾸려 나갈 것을 다짐하고 있는 이른바 '국제 사회주의 시장world socialist market'은 아마도 지금의 세계가 부딪히고 있는 긴장과 전 세계적 낭비의 주된 원인일 것이다.

누구에게, 어떤 형태로 돌아가는 것인지 불문하고 소유를 독점한다는 것, 그리고 혁신 없는 고루한 생산을 고집한다는 것은 세계 경제적 필요와 충돌한다. 자유 대(對) 소유의 독점은 세계적 문제로 되고 있다. 후진적 공산주의 국가들에서 사적 소유 내지 자본주의적 소유의 폐지는 비록 순조롭지는 못했어도, 급속한 경제적 진보를 가능하게 하였다. 이런 국가들은 권력과 소유의 과실을 맛본 자기 확신과 광신에 사로잡힌 계급과 함께 매우 큰 물리적 힘과 새롭고 저항적인 국가가 되었다. 그런데 이런 식의 발전은 19세기의 고전적 사회주의가 관심을 두었던 문제는 물론, 레닌이 관심을 두었던 그 어떤 문제도 해결할 수 없으며, 내부적 곤경과 큰 격변이 닥치지 않고서는 경제적 향상을 보장하기도 어렵다.

공산주의 경제 제도는 두 손에 힘차게 권력을 집중하고, 불균형한 대로 급속한 성공을 거두었으나, 그럼에도 불구하고 완전히 승리했다고 하는 그 순간부터 심각한 파열과 모든 약점을 노출하고 있다. 아직 정상에 올라가지도 못하였는데도, 벌써 경제는 어려움에 봉착해 있는 것이다. 그 장래는 더더욱 불안하다. 공산주의 경제 체제가 살아남으려면 안팎으로 치열하게 투쟁해야만 할 것이다.

6

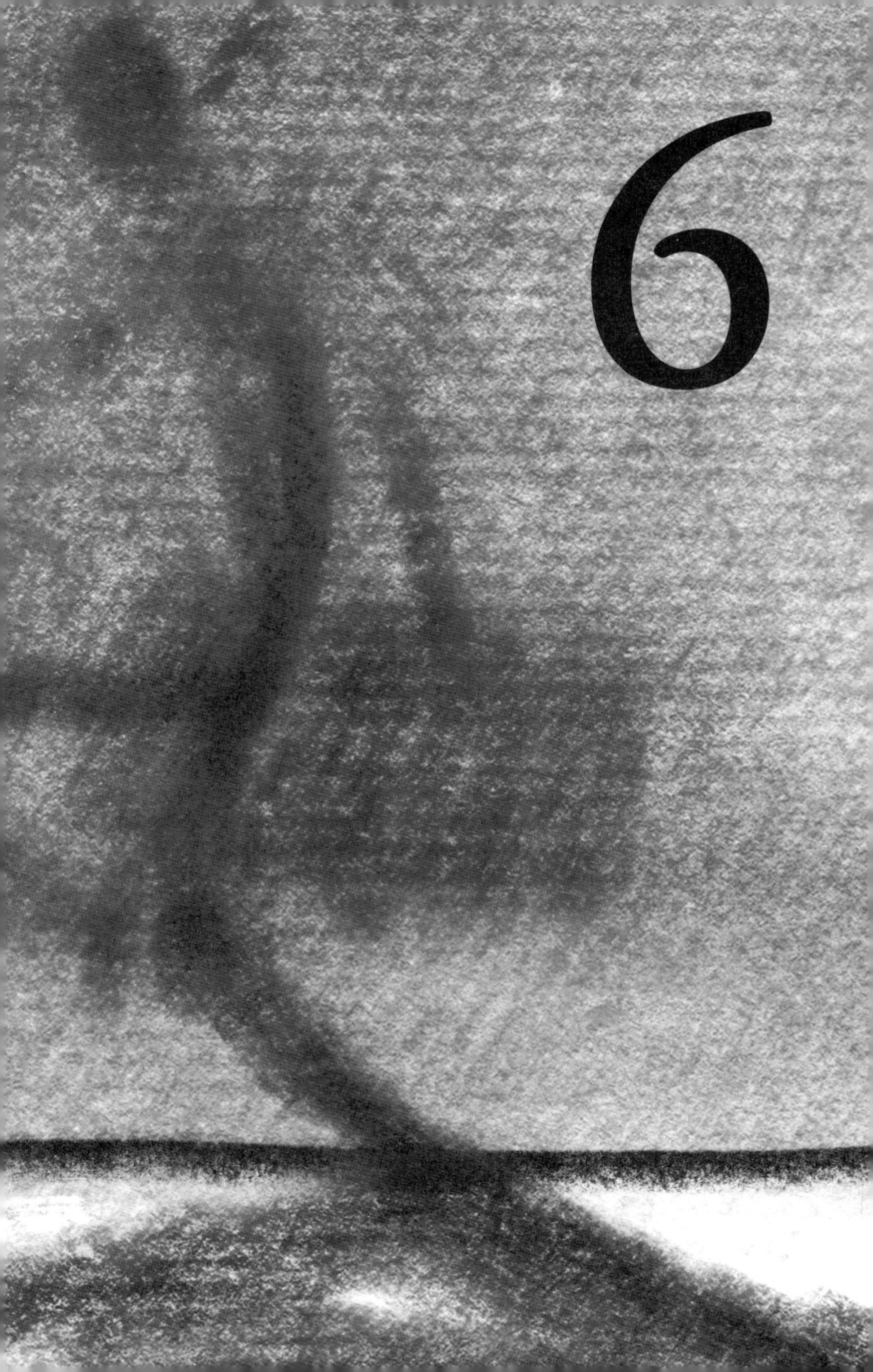

제6장 정신에 대한 압제Tyranny over the Mind

6.1. 이념의 편협성과 배타성의 진화 과정

공산주의자들은 권력을 장악하게 되면 임상적 개량이란 명분으로 폭력을 행사하게 되는데, 인간 정신에 대한 폭력적 지배의 근원을 공산주의 철학의 본성에서 찾는다면, 그건 부분적으로만 맞는다고 할 수 있다. 공산주의 유물론은 현대의 다른 어떤 세계관보다도 배타적이다. 공산주의 유물론은 그 신봉자로 하여금 다른 어떠한 견해도 취할 수 없도록 압박한다.

인간 정신을 억압하고 파괴하는 괴물 같은 수단을 취하는 공산주의 유물론이 만일 특정 형태의 통치 체제나 소유제와 결부되어 있지 않다면, 그 자체적 세계관만으로는 위험하다고 말할 것까지는 없다. 모든 이데올로기, 어떤 의견이라도 그 자신만이 진리이고 완전한 것으로 주장하려 한다. 이것은 인간에게 내재된 사고방식이다. 마르크스와 엥겔스의 색깔이 뚜렷하게 나타난 부분은 이론 그 자체가 아니라 그 이념을 적용하는 방식에 있다. 그들은 동시대인들의 사상에 포함돼 있던 모든 과학적이며 진보적인 사회주의적 가치를 부르주아 과학bourgeois science으로 도매금으로 묶어 부정하였고, 나아가 일체의 진지한 토론과 깊이 있는 연구를 금하였다.

특히 편협하고 배타적인 마르크스와 엥겔스의 사상은, 후일 공산주의의 이념적 불관용성ideological intolerance으로 이어졌는데, 여기서 이들은 동시대의 과학자 · 사상가 · 예술가들이 지녔던 정치적 견해와, 사상가와 예술가로서 그들이 취하고 있었던 진정하고 과학적인 가치를 구분하지 못했다. 만일 어떤 인물이 정치적으로 반대파에 속해 있었다면, 그의 모든 다른 객관적 기타 업적도 반대의 대상이 되거나 무시되었다. 마르크스와 엥겔스의 이런 입장이 원래 '공산주의의 망령specter of Communism'으로 불안을 겪던 소유자들과 권력층의 맹렬한 반발의 결과에 대한 신경질적 자기 반응이었다는 말은 일부만 타당하다. 마르크스와 엥겔스의 배타성은 자신들의 연구에 뿌리를 두고 형성, 강화되었는데, 이들은 자신들만이 모든 철학을 깊숙이 훑었고, 자신들과 같은 세계관을 기초로 삼지 않는 한, 어떤 중요한 의미 있는 가치 체계도 획득할 수 없다고 확신하였다. 당대의 과학적 분위기, 그리고 사회주의적 운동의 필요성을 쫓아 마르크스와 엥겔스는 그들 자신이나 또는 운동의 관점에서 중요하지 않은 것은, 그것이 설령 객관적이라 하더라도 대수롭지 않은 것으로 간주했다. 다시 말해 운동과 무관한 것은 중요한 것이 아니었다.

그런 까닭에 마르크스와 엥겔스는 사실상 당시 가장 중요한 시대적 정신을 인식하지 못하였고, 자신들의 운동에 반대하는 사람들의 관점을 무시하였다. 마르크스와 엥겔스의 저작에는 쇼펜 하우어Arthur Schopenhauer. 1788-1860와 같은 저명한 철학자나 이폴리 텐Hippolyte Taine. 1828-1893과 같은 미학자에 관하여 조금도 언급되어 있지 않다. 당대의 유명한 작가나 예술가들에 대하여도 말하지 않았다. 심지어 마르크스와 엥겔스가 속했었던 이념적 및 사회적 흐름에 같이 동참했던 사람들에 대하여도 일언반구 말이 없다. 그들은 사회주의 운동의 내부에서도 맹렬하고 편협한 태도로 반대편을 대하였다. 이것은 사회학자인 푸르동Pierre-Joseph Proudhon. 1809-1865 입장에서 보면 신경 쓸 일 아니었다고 하더라도, 사회주의와 사회적 투쟁의 전개, 특히 프랑스에서는 매우 중요하였다. 바쿠닌Mikhail Bakunin. 1814-1876에 대해서도 마찬가지다. 마르크스는 그의 저술 〈철학의 빈곤Misery of Philosophy〉에서 푸르동의 사상을 비웃으면서 자신의 분수를 벗어나기도 했다. 마르크스와 엥겔스는 독일의 사회주의자 라쌀Ferdinand Lassalle. 1825-1864에게 했던 것과 마찬가지로 그들 자신의 운동 내부에 있는 반대파에 대하여도 동일한 방법으로 호전성을 보였다.

한편 마르크스와 엥겔스는 당시의 뚜렷한 한 지적 현상을 주의 깊게 들여다보았다. 그들은 다윈Charles Galton Darwin. 1887-1962을 받아들였다. 특히 유럽 문화를 발원시켰던 과거, 다시 말해 고대와 르네상스의 흐름을 포착하였다. 사회학의 영역에서는 영국 경제학자인 스미스Adam Smith. 1723-1790와 리카아도David Ricardo. 1772-1823로부터, 철학의 영역에서는 독일 고전 철학자인 칸트Immanuel Kant. 1724-1804와 헤겔Georg Wilhelm Friedrich Hegel. 1770-1831로부터, 사회 이론에서는 프랑스 사회주의 혹은 프랑스 혁명 후에 나타난 조류에서 각각 그 이론을 차용하였다. 이런 것들은 유럽과 그 밖의 세계에서, 민주적이며 진보적인 기풍을 조성한 위대한 과학적 · 지적 · 사회적 흐름이었다. 공산주의가 발전한 데는 논리와 일관성이 있다. 마르크스는 레닌보다도 과학자이며 더욱 객관적이었고, 한편 레닌은 무엇보다 일대 혁명가로서 절대주의 제정(帝政)과 반(半) 식민지적 러시아 자본주의, 그리고 곳곳에 영향권을 넓혀가려던 독점자본가들에 의한 세계적 갈등 속에서 혁명을 조성했다.

마르크스의 이론에 근거하여 레닌은 유물론materialism은 역사를 통해 하나의 법칙으로서 전진해 나가지만, 관념론idealism은 반동적일 뿐이라고 가르쳤다. 이러한 사고 방식은 일방에 치우치고 부정확할 뿐 아니라, 마르크스의 배타적 성격을 더욱 강화하였다. 이것은 역사 철학에 대한 불충분한 지식에서 온 것이기도 하였다. 레닌은 1909년에 〈유물론과 경험 비판론Materialism and Empiro-Criticism〉을 저술했는데, 여기서 레닌은 고대 또는 현대를 불문하고 위대한 철학자들에 대하여 정확하게 알지 못하고 있다는 사실을 드러냈다. 레닌은 자기 당파의 발전을 방해하는 반대자들을 제압하기 위하여, 마르크스주의적 관점과 일치하지 않는 견해는 일체 배격하였다. 레닌에게 있어 원조 마르크스주의와 일치하지 않는 견해는, 모두가 착오이며 무가치하였다. 이러한 의미에서 레닌의 저작들이 논리적이며 설득력 있는 교리의 탁월한 표본이라는 사실은 인정해야 한다.

유물론이 늘 혁명적이며 파괴적 사회운동의 이데올로기라고 믿었던 레닌은 유물론은 연구 부문 및 인간 사상의 발전까지 포함하여 대체적으로 진보적progressive인데 반하여, 관념론은 반동적reactionary이라고 일방적으로 결론을 내려 버렸다. 레닌은 형식 및 방법을 내용 및 과학적 발견과 혼동했던 것이다. 레닌에게는 어떤 사람이 관념론적인 사고를 한다는 자체만으로써 그의 참된 가치와 그가 발견한 과학적 가치를 무시하기에 충분한 이유가 되었다. 레닌은 이런 정치적 편협성을 현실적으로 인간 사상사 전반으로 확대시켰다.

러시아의 10월 혁명을 환영했던 영국의 철학자 버트란트 러셀Bertrand Russell. 1872-1970은 1920년에 레닌주의 내지 공산주의의 도그마적 본질을 다음과 같이 예리하게 지적했다.

"그러나 볼셰비즘에 대하여는 내가 보다 근본적으로 의견을 달리하고 있는 또 하나의 측면이 있다. 볼셰비즘은 정치상의 주의(主義)일 뿐만 아니라, 정밀한 교리를 담은 경전을 가진 종교이기도 한 것이다. 레닌은 어떠한 진술을 입증하고자 원할 때는, 가능한 한 마르크스와 엥겔스의 저작에서 인용했다. 온전한 자격을 지닌full-fledged 공산주의자가 되기 위해서는 토지와 자본을 공동으로 소유하며 생산물을 가능한 한 평등하게 분배하여야 한다는 신념 만으로는 부족하다. 온전한 공산주의자는 예컨대 철학적 유물론과 같이 진리일 수도 있지만, 과학적 기질을 지닌 사람에게는 확실하게 다가오지 않는 그런 류의 정밀하고 교조적인 신념을 품고 있다. 그렇지만 인류는 르네상스 이후부터는 객관적으로 의문시되는 사안에 대하여 호전적일 정도로 확신을 갖고 덤벼드는 이러한 습관에서 점차로 탈피하여 과학적 관점을 구성하는 건설적이며 생산적인 회의론fruitful skepticism으로 전환 중이다. 나는 과학적 관점이 인류로서는 측량할 수 없을 만큼 중요하다고 생각한다. 보다 공정한 경제 체제more just economic system를 달성할 수 있는데, 만일 그 방식이 자유로운 탐구를 향한 인간의 정신에 빗장을 지르고, 이를 중세기와 같은 지적 감옥에 가둠으로써만 가능하다고 하면, 나로서는 그 대가가 너무 비싼 것으로 생각하지 않을 수 없다. 아주 단기간이라면 도그마적 신념이 투쟁에서 도움이 된다는 사실을 부정할 수는 없겠지만."

- 〈볼셰비즘-실천과 이론Bolshevism: Practice and Theory〉[1] 중에서O

그러나 이것은 레닌의 시대였다. 스탈린은 한 걸음 더 나갔다. 그는 레닌의 사상을 발전시켰으나, 레닌 정도의 지식과 깊이는 갖고 있지 못했다. 자세히 살펴보면 오늘날 후르시초프가 당대의 최상의 마르크스주의자로 인정하고 있는 인물인 스탈린은 마르크스주의 이해에 관하여 가장 중요한 저작인 마르크스의 〈자본론Das Kapital〉을 읽지도 않았다는 결론에 도달하게 될 것이다. 실천가로서 극단적인 교리주의에 사로잡혀 자기 식의 사회주의 건설에 나섰던 스탈린으로서는, 마르크스의 경제 연구를 알고, 이해할 필요조차 없었던 것이다. 또한 스탈린은 철학자들을 변변히 이해하지도 못했다. 헤겔을 '죽은 개dead dog' 모양으로 취급하여 '프랑스 혁명에 대한 프로이센 절대주의 반동reaction of Prussian absolutism to the French revolution'이라고 불렀던 사람이 스탈린이었다.

그러나 스탈린은 유달리 레닌에 관하여는 조예가 깊었다. 레닌이 마르크스를 원용했던 것 이상으로, 스탈린은 항상 레닌의 말을 인용하려 하였다. 그는 정치사, 특히 러시아 정치사에 관해서는 상세히 알고 있었으며, 또한 비상한 기억력을 지녔던 것으로 알려져 있다. 스탈린이 맡은 역할을 함에 있어서는 그 이상의 지식이 필요치 않았다. 자신의 필요와

1 New York, Harcourt, Brace & Howe

생각에 어긋나는 모든 것들에 대하여는 간단하게 '적대 분자'라고 선언해 버리고, 금지시키면 그만이었다.

마르크스 · 레닌 · 스탈린, 이 세 사람은 인간으로서도 대조를 이루었으며, 자기표현의 방식에 있어서도 대조를 이루었다. 마르크스에게는 어느 정도는 순전히 과학자적인 면도 있었다. 그의 문체는 당당함 속에 고전적이며, 낭만적이며, 거리낌이 없고 기지가 있었다. 레닌은 혁명의 화신 그 자체와 같이 보였다. 그의 문체는 화려했고, 날카로웠으며, 논리적이었다. 스탈린은 자신의 권력은 인간의 모든 욕망을 충족시켜 주는 데 있다고 생각하였고, 그래서 자신의 생각이 곧 다른 사람들의 생각이라고 믿었다. 그의 문체는 무미건조하며, 단조로웠으나, 심할 정도로 단순화 시킨 논리와 교리는 추종자들과 일반 대중들을 설득하는 데는 충분했다. 스탈린의 문체는 중세 교부들의 저작에서 볼 수 있는 단순함을 담고 있지만, 이것은 그가 유년 시절에 경험했던 종교적 사고의 그림자라기보다는 오히려 원시적 환경과 교조주의 하에서 공산주의자들이 쓰는 상투적 표현의 결과였다.

스탈린의 후계자들은 조잡하며 억센 그만한 내적 결합력을 갖고 있지 못했고, 또한 그의 교리주의적인 힘과 확신을 갖추지 못했다. 하지만 그들은 매사에 평범한 인간들이면서도 비상하리만큼 뛰어난 현실 감각을 지닌 자들이었다. 생사 여탈이 달린 당 관료적 현실 문제에 골머리를 앓으면서, 어떤 새로운 체계나 새로운 이념이라곤 만들어 내지 못하는 그들이었지만, 자신들을 위협하는 새로운 뭔가가 하나라도 나오지 못하도록 목을 죄는 데는 능숙하였다.

공산주의 이데올로기의 교리주의적 내지 배타적 측면이 진화해 온 과정은 이와 같다. 소위 '마르크스주의의 진전further development of Marxism'은 새로운 계급의 강화 및 단일 이념의 우월적 권한을 가져왔을 뿐 아니라, 궁극적으로는 한 인간 또는 과두 지배 집단의 생각에 통치권을 갖다 바치는 결과를 초래하였다. 이것은 지적 퇴행과 이데올로기 그 자체의 저하로 이어지고 있다. 이와 함께 다른 사상들은 물론이고, 심지어 인간의 생각조차도 받아들이지 않는 편협함이 늘어나고 있다. 마르크스 제자들의 물리적 권력이 늘어나는 것에 반 비례하여 이념의 발전, 그 안에 있는 진리의 요소들은 그만큼 약화되고 있다.

현대 공산주의는 더욱 편면적이며 배타적으로 되어 가면서 반쪽만의 진리half-truths를 자꾸 만들어 내고, 이를 합리화시키려 한다. 얼핏 처음 보기에 공산주의 관점은 개별적으로는 진리처럼 보인다. 하지만 그것들은 고쳐서 쓸 수도 없을 정도로 거짓에 오염되어 있다. 그 반쪽의 진실마저 과장되고 졸렬하게 왜곡되어 있다. 현대 공산주의가 경직되고 거짓으로 점철될수록, 이것은 당 지도자들의 사회에 대한, 그리고 이론 그 자체에 대한 독점적 지배를 견고히 해 준다.

6.2. 현대판 제정일치(祭政一致)의 종교로서의 공산주의

'마르크스주의는 보편적 방법이다'라는 명제, 다시 말해 공산주의 이론이 터잡고 있는 이 명제는 현실적으로 지적 활동의 모든 영역에 걸쳐서 압제를 초래한다. 만일 원자(原子)들이 '헤겔-마르크스주의Hegelian-Marxist'에 따르지 않거나, 대립물들 간의 통일을 통해 보다 고도의 형태로 발전한다는 법칙을 좇지 않고 있다면 이를 발견한 불행한 물리학자는 도대체 어떻게 설명해야만 할까? 만약 우주가 공산주의식 변증법에 대하여 냉담하다면 천문학자는 어떤 태도를 취하면 좋을까? 만약 식물이 사회주의 사회에 있어서의 모든 계급들의 조화와 협력에 관한 '루이센코 - 스탈린Lysenko-Stalinist' 이론에 따라서 자라지 않는다면 생물학자는 어떻게 할 것인가?

과학자는 본성상 허위를 말할 수 없으므로, 그들은 자신들의 이단설(?)의 결과를 감수할 수밖에 없다. 과학자가 자신들의 발견을 사회에서 받아들이도록 하기 위해서는 '마르크스 - 레닌 주의Marxism-Leninism'의 공식에 '부합confirming' 시키는 작업을 해야만 한다. 그러므로 과학자는 자신들의 이념과 발견이 공식 교리를 손상시키지 않을까 하는 딜레마에 항상 빠져 있다. 그러므로 그들은 과학에 관해서 기회주의로 빠지거나 적당히 타협의 길을 취하게 된다. 다른 지식인들의 경우에도 마찬가지다. 허다한 점에서 현대 공산주의는 중세의 각 종교적 교파들이 지녔던 배타적 성격을 떠올리게 한다.

세르비아의 시인 요반 두치치Jovan Dučić. 1871-1943가 〈슬픔과 정적Sorrows and Calms〉이라고 제목을 붙인 자신의 책에서 기술하고 있는 칼빈주의Calvinism에 관한 고찰에서 우리는 공산주의 사회의 지적 분위기를 짐작할 수 있다.

"…그리고 법학자이며 교리학자였던 칼빈은 장작더미에 올려놓고 태워 버려야 할 것과 남겨 둬야 할 것이 무엇인지를 제네바 민중의 뇌리에 깊이 인식시켰다. 그는 제네바의 가정들에 종교적 고행과 경건한 금욕을 도입하였는데, 이로 인해 지금까지도 이런 냉랭함과 어둠은 곳곳에 충만해 있다. 그는 감정적 즐거움과 들뜬 것에 증오를 표하였고, 포고령을 내려 시와 음악을 금지하였다. 공화국의 수장으로서 정치가 겸 독재자였던 그는 그 국가 내에서의 생활을 규율하는 족쇄와도 같은 법률을 만들고, 심지어 가족 내에서의 정서마저 규제하였다. 종교 개혁이 만들어 낸 인물 중에서도 칼빈은 아마도 가장 냉혹한 혁명적 인물이며, 그의 성서는 가장 삶을 압박하는 교과서였다. …칼빈은 신앙을 회복시켜 나사렛Nazareth의 이야기로부터 발원한 원시 그리스도교의 순결·소박·온유로 돌아가고자 했던 새로운 기독교인 사도가 아니었다. 칼빈은 금욕주의 아리아인으로서 원시 기독교 체제로부터, 또한 그의 교리주의의 기본 원칙인 사랑으로부터도 멀어지고 말았다. 그는 성실하고 덕성이 충만한 인물을 창조했지만, 또한 삶에 대한 반감, 행복에 대하여 불신이 충만한 인간상을 만들어 냈다. 이토록 엄하고 두려움에 떨도록 한 선지자는 없었다. 칼빈은 제네바의 민중을 영원히 즐거움을 누릴 수 없는 반신불수의 사람으로 만들어 놓았다. 종교에서 이토록 많은 고행과 음울함을 맛본 민중은 아무 데도 없다. 칼빈은 탁월한 종교적 저술가이며, 또한 성서를 번역한 루터가 독일어의 순화에 공헌한 바와 같이, 프랑스어의 순화에 공헌하였다. 하지만 그는 또한 로마 교황의 왕정에 못지 않은 독재 신권정치theocracy의 창조자였다. 인간의 영적 인격spiritual personality을 해방시킨다고 선언했던 칼빈은 인간의 시민적 인격civil personality을 암흑의 노예 상태로 저하시켰다. 그는 대중을 혼란에 빠뜨렸고, 인생의 밝은 면을 부각시키는데 실패하였다. 많은 것들을 개혁하였지만, 완성된 것은 아무것도 없었고, 무엇에 기여한 바도 없다. 300년이 지난 지금 제네바에서는 스탕달Stendhal. 1783-1842이 설명하고 있는 것처럼 젊은 남녀가 만나서 나누는 대화란 목사와 그가 했던 최근의 설교, 그리고 그 설교를 어떻게 하면 잘 기억할까 하는 따위가 고작인 것이다."

현대 공산주의는 또한 크롬웰 치하의 청교도에서 볼 수 있는 교리 상의 배타성과, 자코뱅 당의 정치적 불관용성을 어느 정도 포함하고 있다. 그러나 본질적인 차이가 있다. 청교도는 철저하게 성서에 대한 믿음을 갖고 있지만, 공산주의자들은 과학을 신봉한다고 주장한다. 공산주의자들의 권력은 자코뱅 당의 권력보다도 더 완전하다. 나아가 역량에서도 차이가 나는데, 어떤 종교나 독재도 공산 체제와 같이 전방위적 및 총괄적으로 권력을 행사하는 사례는 없다.

절대적 행복과 이상적 사회에 이르는 도상에 있다는 공산주의 지도자들의 자기 확신은 그들의 권력이 강화되는 것에 비례하여 점점 커졌다. 풍자적이지만 공산주의 지도자들은 오직 자신들을 위하여 공산주의 사회를 창조했다고 말하고 있다. 사실 그들은 자기 자신을 사회 및 사회적 염원과 같은 것으로 본다. 전방위적인 보편적 독재를 자행하는 절대 전제주의는 완전한 인류의 행복에 대한 믿음의 자리에 자신을 갖다 놓는다. 과정 자체는 공산주의 권력자들을 '인간 의식'을 촉진하는 자들로 변모시켰다. 공산당 실권자들은 사회주의 건설에 따라 권력이 강화되자, 인간 의식에 대한 관심을 더 갖게 되었다.

유고슬라비아도 이 진화 과정을 피할 수 없었다. 일부 유고슬라비아 지도자들도 역시 혁명기에 '우리 대중의 높은 의식'을 강조하였다. 그때에는 '우리의 대중'이 또는 그 일부가 이런 지도자를 적극적으로 지지하였었다. 그러나 이 지도자들은 지금 와서는 똑같은 대중을 향하여 사회주의적 의식이 현저하게 저하되어 있으므로, 이를 끌어올릴 때까지 민주주의는 유보되어야 한다고 말하고 있다. 유고슬라비아의 지도자들은 공공연하게 '사회주의적 의식의 성장이 이뤄졌을 때' 민주주의를 시행할 것이라고 주장하는데, 여기서 말하는 의식은 산업화를 통해 자동적으로 획득된다는 것이다. 민주주의를 조금씩 분배해야 한다고 하는 민주주의 이론가들(?), 실제로는 민주주의와 정반대로 행하는 자들은 사회주의적 의식이 완전히 자라기까지는, 자기들이 대중의 장래의 행복과 자유를 위하여, 자신들의 생각과 같지 않은 어떤 희미한 사상이나 의식의 조각이라도 사전에 예방할 권리를 가져야 한다고 주장한다.

초창기에 소련의 지도자들도 장래에 민주주의를 시행한다는 얄팍한 약속으로 조작과 선동에 나섰다. 그리고 지금에 와서는 소련에는 이러한 자유가 이미 달성되었다고 주장한다. 물론 그들도 이런 자유는 그들 아래서 조작되는 자유를 말한다는 걸 알고 있다. 그들은 끊임없이 의식을 '향상시키면서', 사람들의 생산성을 높이기 위해 닦달하는 한편, 무미건조한 마르크스의 공식과 지도자들의 정치적 견해를 주입시키고 있다. 더욱 끔찍한 것은 이들이 대중으로 하여금 지도자들이 얼마나 사회주의에 헌신적인지 수긍하도록 하고, 지도자들은 절대로 과오를 범하지 않으며, 그들이 약속한 바는 절대로 확실하고 진실하다는 신념을 가져야 한다고 강요하는 것이다.

공산 체제하에서 시민은 끊임없는 양심의 가책으로 말미암아 괴로워하며 또한 탈선하지는 않을까 하는 공포에 사로잡혀서 생활한다. 중세시대의 사람들이 교회에 대한 충성심을 보여 주지 않으면 안 되었던 것처럼, 공산주의 아래 사는 사람은 늘 자신이 사회주의의 적이 아니라는 사실을 증명해야 한다는 압박과 두려움에 시달린다. 교육 제도와 모든 사회적 및 지적 활동이 이와 같은 행태를 보이며 이뤄진다. 출생에서 묘지에 이르기까지, 인간은 지배 정당의 개입, 개인적 의식 및 양심에 대한 당의 간섭에 둘러싸여 살아가는 것이다. 언론인 · 사상가 · 작가 · 특수 학교 · 공인된 지배적 이념 및 막대한 물질적 수단 등이 총체적으로 동원되어 이와 같은 '사회주의 앙양uplifting of socialism'에 쓰이고 있다.

실상을 들여다보면 모든 신문은 관보이며, 라디오 및 기타 유사한 매체들의 성격도 그러하다.

그 노력의 성과가 크지는 않다. 동원된 여러 수단과 조치에 비하여 본다면 어쨌든 그리 크다고는 할 수 없고, 다만 새로운 계급이 크다고 믿고 있을 뿐이다. 하지만 공식적 의견 외에 다른 생각을 표현하는 것을 불가능하게 한다는 점에서, 또한 반대 의견을 뭉개 버린다는 점에서는 상당한 성과를 거둔다고 할 수 있다.

공산주의 하에서도 사람이란 존재는 생각하지 않을 수 없다. 더군다나 이들의 사고는 위에서 말한 식과는 다르게 전개된다. 그들의 사고방식은 양면성을 갖고 있다. 하나는 자신들 내부에서 일어나는 생각이고, 다른 하나는 대중들 앞에서의, 즉 공식적인 생각이다. 공산주의 체제하에서도 진실에 도달하거나 새로운 사상에 접할 수 없을 정도로 인간이 규격화된 선전에 의하여 완전히 마비되는 것은 아니다.

하지만 지적 영역에서 과두 지배계급의 횡포는 침체·부패·쇠퇴로 이어지는 것보다 더 심한 생산적 사고의 저하로 저하로 이어지고 있다. 이러한 과두 지배자들과 영혼의 구원자들, 인간의 사상이 '범죄적인 사상criminal thought'과 '반(反) 사회주의노선anti-socialist lines'에 떠내려가지 않도록 매섭게 살펴보는 감시자들, 제멋대로 싸구려에 낡아 빠진 이념을 독점적으로 공급하는 자들에 의해 대중의 지적 충동은 막히고 얼어붙었다. 이들은 '인간 의식으로부터의 불순물 제거pluck from the human consciousness'라는 가장 비인도적인 선동을 하면서, 마치 뿌리와 잡초를 대하듯 사람의 생각을 다루고 있다. 다른 사람들의 의식을 질식시키고, 인간의 지성을 거세하여, 용기와 기백을 가질 수 없도록 하고, 결국 자신들도 퇴행적이며 척박한 이념 속에 갇힌 채, 냉철한 성찰이 자아내는 지적 정열을 완전히 잃고 마는 것이다.

그것은 마치 관중이 없는 극장과 같다. 배우들이 연기도 하고 자기가 자기에 박수도 보내는 것이다. 이들은 인간의 두뇌에서 일어나는 사상은 마치 우리가 음식을 먹을 때처럼 가장 기본적 필요에 따라 저절로 반응하는 것이라고 생각한다. 이것이 바로 대제사장high priest이면서 동시에 경찰관인 자들이 자기가 소유한 모든 미디어, 즉 자기 사상을 전달하기 위하여 사용하는 신문 · 영화 · 라디오 · 텔레비전 · 서적 등을 갖고, 또한 자기가 모두 움켜쥐고 있는 인간 생존에 필요한 밥과 집을 갖고, 대중을 대하는 방식이다. 이쯤 되면 현대 공산주의를 종교에 비교해도 될 만한 이유는 차고 넘치지 않을까?

6.3. 과학과 학문에 대한 이념적 횡포

그럼에도 불구하고 공산주의 국가들은 저마다 나름대로의 특별한 시대에 특별한 유형의 기술적 발전을 보여주고 있다. 급속한 산업화를 추진하면서 비록 특별히 질이 높다고는 할 수 없어도 거대한 기술 지식인 집단을 만들어 재능을 발휘하게 하고, 발명을 자극하고 있다. 특정 경제부문에서 급속한 산업화를 달성하는데 조력해야 한다는 필요 또한 발명의 자극제가 되고 있다. 제2차 세계대전 중에나 전후에도 소련의 군수생산 기술은 그다지 낙후되지 않았다. 원자력의 발전에 있어서 소련은 미국에 비하여 과히 뒤떨어지지 않고 있다. 관료주의가 기술혁신의 채용을 방해하고, 발명의 산물들이 때로는 수년간이나 국가 시설의 창고 속에 방치되며, 생산조직의 무관심이 종종 창의적 결과를 아주 묵살함에도 불구하고 불구하고 기술은 발전하고 있다.

공산주의 지도자들은 매우 영악한 인간들이어서 기술자나 과학자들과의 협력을 그때그때 마다 얻어내는데, 이럴 때는 그들이 갖고 있는 부르주아적 견해에 그다지 신경을 쓰지 않는다. 공산당 지도자들은 기술 지식 집단 없이 산업화를 성취할 수 없으며, 이런 지식 집단은 그 자체로 위협적인 존재가 될 수 없다는 점을 이해하고 있다. 다른 모든 영역에서도 그렇지만 공산주의자는 기술 지식인들과의 관계에 대하여도 단순화되고 일반적으로 절반만 맞는 이론을 갖고 있다. 전문적 집단이 봉사하면 다른 어떤 계급에서는 대가를 치러야 한다. 그렇다면 프롤레타리아트나 새로운 계급이 이렇게 해도 무방하지 않은가? 이런 명제에 따라 이들은 즉시로 임금 지급 체제를 정비한다.

소련에서의 기술 발전에도 불구하고, 그 체제하에서 위대한 현대적 과학 발견이 하나도 이뤄지지 않고 있다는 것도 사실이다. 이런 점에서 보면 소련은 비록 기술은 뒤처졌었지만 획기적인 몇몇 과학 발견이 있었던 제정 러시아 시대 보다 못하다고 할 수 있다. 비록 기술상의 이유들로 인해 과학적 발견이 어려움에 빠져 있다 하더라도, 그 어려움의 주된 원인은 사회적인 데 있다. 새로운 계급은 자신의 이념적 독점을 위태롭게 하지 않도록 하는 데만 신경을 곤두세우고 있다. 위대한 모든 과학적 발견은 그것을 발견해 낸 인간의 정신 속에서 세계관이 변화하게 된 결과로써 태어난다. 새로운 관점은 이미 확립되어 있는 공식적 철학의 형태와는 어울리지 않는다. 그러므로 공산주의 제도 하에서, 모든 과학자들은 자신의 이론이 기존의 신 계급의 요구에 부합하는 교리, 즉 지시되고, 확인된 도그마에 부합하지 않는다면, '이단heretic'으로 몰릴 각오를 하고 공표하거나, 아니면 그전 단계에서 멈춰야만 한다.

마르크스주의 또는 변증법적 유물론이 과학과 지식, 그리고 그 밖의 모든 활동 영역에 있어서 가장 효과적인 방법이라는 공식적 견해가 강제로 주입됨에 따라 무엇을 창의적으로 해낸다는 일은 더더욱 어렵다. 저명한 과학자치고 소련에서 정치적 곤경에 처했던 경험이 없는 사람은 한 사람도 없다고 할 수 있다. 그 이유는 많지만, 가장 중요한 것은 공식적 노선에 반한다는 것이다. 유고슬라비아에서는 이러한 사례들은 비교적 적지만, 대신에 '헌신적'이기는 하지만 과학적 재능은 별 볼일 없는 사람들이 중용되는 사례들이 많다. 공산 체제는 기술적 진보를 자극하긴 하지만, 방해받지 않은 정신 작용을 요하는 위대한 연구 활동에 장애 요소가 되고 있다. 이것은 모순된 것처럼 보일지도 모르지만 사실이다.

공산주의 제도는 과학적 발전에는 상대적으로 반대를 할 뿐이지만 지적인 발전과 발견에는 절대적 반대의 입장을 취한다. 유일 철학의 배타성에 입각해 있는 공산주의 체제는 명백하게 반 철학적이다. 이런 제도 하에서는 권력자들을 '중요한 철학자들', 그리고 인간 의식을 고양시키는 천재들로 치켜세우지 않고는 단 한 명의 사상가, 특히 사회적 사상가가 태어나지도 않고, 태어날 수도 없다. 그래서 공산주의 하에서는 새로운 사상 또는 새로운 철학 내지 사회 이론은 간접적인 경로, 즉 문학이나 기타 예술 부문을 통해 전달되어야 한다. 새로운 사상이 빛을 보고, 생명력을 얻기 위해서는 먼저 자신을 숨기고 감추지 않으면 안 되는 것이다.

이 체제 내에서는 모든 과학과 사상 중에서도 사회과학과 사회문제에 대한 성찰이 최악에 처하여 있다. 이런 학문들은 사실상 거의 존재하지 않는다. 사회 또는 사회문제에 관한 한, 모두가 마르크스나 레닌에 따라 해석되며, 그 모든 것이 지도자들의 독점 하에 있다. 역사 특히 자기 자신의 시대, 즉 공산주의 시대의 역사는 존재하지 않는다. 침묵과 날조의 강제가 허용될 뿐만 아니라 일반적인 현상으로 되어 버렸다.

인간의 지적 유산 또한 몰수되고 있다. 독점적 지배자들은 모든 역사는 자신들을 세계에 등장시키기 위하여 발생한 조연이었던 것처럼 행동하고 있다. 그들은 그들 자신의 선호와 형식을 척도로 과거와 매사를 측정하고, 단일한 기준을 들이대 모든 인간과 현상을 '진보progressive'와 '반동reactionary'으로 나눈다. 이런 식으로 그들은 기념비를 세우는데, 그 과정에서 소인들the pygmies을 높이고, 거인the great, 특히 당대의 위대한 인물들을 파괴한다. 그들의 '유일 과학적' 방법이란 고작해야 과학과 사회에 대한 그들의 배타적 지배를 옹위하고 합리화하는데 한하여 가장 적합한 것이다.

6.4. 이념 지원(支援)을 빙자한 정신 문화에 대한 간섭

예술에 있어서도 비슷한 일이 벌어지고 있다. 이 분야에서는 이미 확립된 형식과 평범한 수준의 관점을 더 많이 선호한다. 이는 당연한 것이다. 왜냐하면 의식에 대하여 어느 정도라도 영향을 끼치는 이념과 무관한 예술이란 있을 수 없기 때문이다. 지배자들이 갖는 이념에 대한 독점, 의식의 형성은 그 독재의 전제 조건이다.

공산주의자들은 예술에 있어서는 전통적 양식에 기울어져 있는 편인데, 그 이유는 주로 민중의 정신에 대한 독점을 유지할 필요가 있을 뿐 아니라 지배자들 자신이 무지하며 편협한 시각을 갖고 있기 때문이다. 그들 중 일부는 현대 예술에서의 일종의 민주주의적 자유를 용인하지만 이는 그들이 현대 예술을 잘 이해하지 못한다는 사실을 보여 주는 것에 다름 아니다. 현대 예술을 허용해야 한다고 생각하는 것은 그들의 무지에 있지, 관용에 있지 않다. 레닌은 마야코프스키Vladimir Mayakovsky. 1893-1930의 미래주의에 관하여도 이와 같이 생각하였다.[P]

그럼에도 불구하고 공산 체제하에서의 후진 국민은 기술이 발전함에 따라 이와 병행하여 문화적 부흥을 경험하고 있다. 대개 선전의 형태를 취하고 있지만, 민중의 문화에 대한 접근성은 더 나아지고 있다. 산업화는 보다 고도화된 숙련노동을 필요로 하며 지적 기회의 확장을 필요로 하고 있으므로 새로운 계급은 문화의 보급에 관심을 가지고 있다. 예술 분야의 학교 조직망과 직업 부문은 급속하게 확대되었고, 때로는 실제적인 필요와 역량을 넘어서까지 확장되고 있다. 예술의 진보는 부정할 수 없다. 혁명 후 지배계급이 완전히 독점을 구축하기 전까지는 대체로 예술적으로 유의미한 작품들이 나온다. 1930년대 이전의 소련이 그러하였으며, 현재의 유고슬라비아가 그러하다. 이는 마치 혁명이 잠자는 예술적 재능을 일깨워 준 것처럼 보이나, 그 혁명 속에서 또한 점차로 예술을 질식시키는 전제주의가 태어난다는 사실을 잊으면 안 된다.

예술을 질식시키는 기본적 두 가지 방식은 예술의 지적 및 이상주의적 측면에 대항하여 이를 억제하는 것, 그리고 형식에 있어서의 혁신을 반대하는 것이다. 스탈린 시대에는 스탈린 자신이 좋아하는 것을 제외한 모든 예술적 표현 양식이 금지되는 정도까지 이르렀다. 스탈린이 특별히 좋은 취향을 가졌던 것은 아니었다. 그는 난청이었고, 8음절octosyllabic 및 알렉산더격 운문Alexandrine verse을 좋아했다. 도이처

Deutscher는 스탈린의 스타일이 민족 스타일로 되었다고 술회 한 바 있다. 예술 형식에 대한 공적 견해를 취한다는 것은 일종의 공식적 이념을 취하는 것처럼 의무화되었다.

하지만 공산 체제하에서 언제나 이런 것은 아니었고, 또 그렇게 해야만 하는 필연성이 있는 것도 아니었다. 1925년 소련에서는 "문학 형식의 영역에 있어서 당은 전반적으로 결코 명분에 맞도록 강요할 수 없다"라는 결의를 채택한 바 있다. 그러나 이렇게 했다고 하여 당이 소위 '이념적 지원ideological aid', 다시 말해 예술가들에 대한 당의 사상적 및 정치적 통제를 포기한 것은 아니다. 여기까지가 예술 영역에 있어서 공산주의가 실현한 민주주의의 최대한이었다.

유고슬라비아의 지도자들도 오늘날 동일한 입장을 취하고 있다. 1953년 이후에 당 관료제로 기울면서 민주적 형태가 포기되기 시작하자, 유치하고 반동적인 모든 요소가 장려되었다. '뿌띠 부르주와petit bourgeois' 지식인들에 대한 광적인 사냥이 시작되었고, 그것은 공공연하게 예술적 형식을 통제하려는 것으로 나타났다. 하룻밤 사이에 전 지식층이 정권에 저항하기 시작했다. 정권은 한걸음 뒤로 물러나지 않을 수 없었고, 카르델저Edvard Kardelj. 1910-1979는 연설을 통해 당은 형식 그 자체를 규제할 수 없지만 '반 사회주의적 이데올로기 밀수품', 즉 정권이 반 사회주의적으로 간주하는 견해는 허용할 수 없다고 발표하였다. 소련의 볼셰비키도 1925년에 이와 같은 입장을 취한 바 있었다. 이것이 예술을 향한 유고슬라비아 체제의 민주적 한계였다. 그나마 대부분의 유고슬라비아 지도자들이 자기들끼리 취하는 태도는 이와 같은 공식적 선언을 좇아 변하지도 않았다. 그들은 사적으로 모든 지적 및 예술의 세계를 불안한 뿌띠 부르주아의 세계, 또는 '온건하게 사상적으로 혼란스러운' 세계로 간주하고 있다.

유고슬라비아의 최대의 신문 〈포리티카 1954년 5월 25일 자〉 어느 기사에는 티토의 "우수한 교과서는 어느 소설보다도 가치 있다"라는 의미심장한 말이 인용되었다. 예술에 있어서의 퇴폐decadence, 파괴적인 관념destructive ideas, 그리고 적대적 관점hostile views에 대한 신경질적인 공격은 주기적으로 계속되고 있다. 예술의 형식과 관련하여 불만족을 표현하거나 격동 시킬 만한 요소에 대하여 이를 분쇄하는데 성공했던 소비에트 문화와 달리, 유고슬라비아 문화는 이를 은폐하는데 까지는 어느 정도 성공하였다. 이는 소련 문화에 있어서는 결코 불가능했다. 유고슬라비아 문화 위에는 칼이 매달려 있지만, 소비에트 문화의 경우에는 칼이 심장에 박혀 있는 것이다.

공산주의자들이 주기적으로 탄압하면서 풀어 주기도 하는 형식에 대한 상대적 자유는 인간의 창의성을 완전히 해방하지 못한다. 예술은 설혹 간접적이라 하더라도 형식 그 자체를 통하여 새로운 이념을 표현해내야 하는 것이다. 예술은 공산 체제하에서 그나마 최대의 자유를 허락받고 있다고는 하지만, 약속된 자유로운 형식과 이념의 강제적 통제 사이는 여전히 미완의 문제로 남아 있다.

이런 모순은 종종 어떤 경우엔 '밀반입'된 사상들에 대한 직접적 공격으로 드러나거나, 어떤 경우엔 특정한 형식만을 사용하도록 강제 당하는 데서 오는 예술가들의 작품 속에서 나타난다. 이것은 본질적으로 독점적 지배를 향한 정권의 억제할 수 없는 욕망과 예술가들의 걷잡을 수 없는 창의적 영감 사이에 조성되는 갈등에서 나온다. 이것은 사실상 과학의 창조성과 공산주의 교리 간에 존재하는 것과 같은 성격의 갈등으로서, 이를 단순히 예술의 영역으로 옮겨 온 것에 불과하다.

공산주의 체제하에서는 어떤 새로운 사상이나 이념도 우선 본질을 검토하고 승인 또는 불승인을 결정한 다음, 체제에 해가 되지 않을 정도의 테두리 안에 집어넣어야 한다. 다른 여러 가지 갈등들과 마찬가지로, 공산주의자들은 이러한 모순을 해결할 수 없다. 고작 가능한 것은 우리가 본 바와 같이 주기적으로 이런 갈등 자체를 박멸하는 것인데, 그 대가는 예술적 창의성을 가져오는 진정한 자유에 대한 희생이다. 이 모순으로 말미암아 공산 체제하에서는 진정한 예술 주제 또는 예술 이론을 발전시킬 수가 없는 것이다.

예술 작품이란 일정하게 주어진 상태 및 주어진 관계에 대한 비판을 그 본질로 한다. 그러므로 공산주의 제도 하에서 현실적 주제를 기반으로 한 예술적 창조는 불가능하다. 현재 주어진 상황을 단지 찬양하거나 체제의 적들에 대한 비판만이 허용되는 것이다. 이러한 여건 하에서 예술은 하등의 가치도 지닐 수 없다. 유고슬라비아에서는 당국과 일부 예술가들이 "우리 사회주의 현실our socialist reality"을 보여 줄 수 있는 작품들이 없다는 것에 대하여 불평하고 있다. 그러나 소련의 경우 현실을 주제로 숱한 작품들이 쏟아져 나오고 있는 반면, 그것들은 진실을 반영하지 않고 있기 때문에 어떤 가치도 갖고 있지 못하고 일반 대중에 의해서도 즉시 거부되고 있다. 그 바람에 결국엔 당국의 공식적 비판의 대상이 되기도 한다. 방법은 다양하지만, 그 마지막 결론은 동일한 것이다.

6.5. 사회주의 리얼리즘과 예술가들의 자기 검열

소위 사회주의 리얼리즘Socialist Realism 이론이 모든 공산주의 국가를 지배하고 있다. 유고슬라비아에서는 이런 이론이 폐기되었고, 현재로선 가장 반동적인 교조주의자들만이 그런 이론을 지지하고 있을 뿐이다.

다른 여타 부문에 있어서와 마찬가지로, 이 분야에 있어서도 유고 체제는 마음에 들지 않는 이론들이 나오지 못하도록 억제할 정도의 능력은 충분하나, 그렇다고 해서 자신들의 이론을 강제로 주입할 만큼 강력하지는 못하다. 다른 동유럽 국가들에 대하여서도 똑같은 현상이 벌어지고 있다고 말할 수 있다.

사회주의 리얼리즘은 완전한 체계조차 갖추고 있지 못하다. 고리키Maxim Gorky. 1868-1936가 처음으로 이 용어를 사용하였는데, 아마도 그의 현실주의적 방법에서 영감을 얻은 것으로 보인다. 고리키의 견해는 험난한 현대 사회주의적 조건하에서 예술은 새로운 이념 내지 사회주의 이념에 의해 고무되어야 하며, 가능한 한 현실을 충실하게 묘사해야만 한다는 것이다. 이 이론에서 주장하고 있는 기타 다른 것들, 예컨대 전형성, 이데올로기에 대한 강조, 당을 중심으로 한 단결 등은 체제의 정치적 필요에 따라 다른 이론에서 가져왔거나 덤으로 넣은 것들이다.

사회주의 리얼리즘은 완전한 이론으로까지 발전하지는 못했으나, 이것은 사실상 공산주의자들이 이념적 독점 지배를 완성했다는 것을 의미하고 있다. 사회주의 리얼리즘은 지도자들의 편협하고 후진 이념에 예술이라는 형태의 껍데기를 씌워서, 그들의 활동을 낭만적으로, 그리고 찬양 일색으로 꾸미도록 요구하고 있다. 이것은 이념에 대한 정권의 통제를 위선적으로 정당화하고, 예술 스스로 당 관료적 검열party-bureaucratic censorship의 필요성을 느끼도록 하는 결과를 초래하고 있다. 이런 식의 통제 형태는 당 관료적 검열에서부터 이념적 영향력에 이르기까지 각 공산국가들마다 상이하다.

예컨대 유고슬라비아는 결코 공식적으로는 검열을 행한 사실이 없다. 통제는 다음 방법을 통하여 간접적으로 시행된다. 즉, 출판사 · 예술가 단체 · 정기 간행물 · 신문 등에 있어서 당원은 '미심쩍다suspicious'고 생각되는 모든 것을 당국에 제출한다. 이러한 분위기에서 검열, 실질적인 자기 검열self-censorship이 일어나는 것이다. 자신이 할 수밖에 없는 검열이나 그 밖의 지식인들이 어차피 자신들에게 행할 검열을 염두에 두는 당원들은 부득이 모든 것을 위장하고 애매모호한 간접적 표현에 머물게 되는 것이다. 그리고 이것이 발전, 다시 말해 당 관료적 전제주의 대신 사회주의적 민주주의의 발전으로 간주된다.

소련이나 그 밖의 공산국가들에서 검열 제도가 존재하기 때문에 창의적 예술가들이 자기 검열에서 완전히 해방될 수 없다. 지식인은 그들의 지위, 또는 사회관계 현실에 비추어 자기 검열을 하지 않을 수 없는 것이다. 자기 검열은 사실상 공산 체제하에서 당의 사상 통제의 주요한 양식이다. 중세 시대 사람들은 사람들은 무엇보다도 자기 작품에 교회의 가치관이 드러나도록 모색하지 않으면 안 되었다. 그와 마찬가지로 공산주의 체제 속에서는 당이 자신에게 어떤 작업 결과를 기대하고 있는지 제일 먼저 생각을 하고, 거기에다 종종 지도자들의 취향까지 확인할 필요가 있다.

검열제도 또는 자기 검열 제도는 '이념적 지원'이라고 그럴싸하게 표현된다. 공산주의 하에서 매사는 '절대 행복absolute happiness'의 구현을 위해 기여하는 것이라고 표현하는 것과 같은 이치이다. 그래서 예술과의 관계에 있어서도 '인민people', '근로 대중working people' 따위와 같은 애매한 표현이 자주 쓰인다.

박해 · 금지 · 형식과 이념의 강요 · 치욕과 모욕 · 천재에 대한 반 문맹 수준의 당 관료들의 교조주의적인 고압적 자세 등이 모두 민중이란 이름으로, 민중을 위하여 행하여 지고 있다. 공산주의자들의 사회주의 리얼리즘은 히틀러의 국가 사회주의National Socialism와 용어상에 있어서도 다를 바 없다. 헝가리 태생의 유고슬라비아 저술가 어빈 신코Ervin Šinko. 1898-1967는 공산주의와 나치즘의 양 독재에 있어서의 예술 이론가들의 말을 다음과 같이 흥미 있게 비교하고 있다.

"소비에트 이론가 티모페예프Timofeyev는 자신의 〈문학이론Theory of Literature〉에서 '문학은 인간이 인생에 대하여 알아 가도록 돕고, 그가 그 안에서 참여하고 있는 것을 깨닫도록 조력해 주는 하나의 사상이다'라고 썼다. 한편 〈국가사회주의 문화 정책의 기초Fundamentals of National-Socialist Cultural Policy〉에서는 '예술가는 단순히 예술가일 수는 없다. 그는 또한 교육자인 것이다'라고 기술되어 있다. 히틀러 소년단의 지도자, 발두르 폰 시락Baldur von Schirach. 1907-1974은 '모든 참된 예술 작품은 전 민중에게 적용되는 것이다'라고 말했는데, 소련 공산당 중앙위원회 정치국원인 주다노프Andrei Zhdanov. 1896-1948 역시 '창의적이라는 것은 어떤 것이건 익히기 쉬워야 하는 것이다'라고 말한 바 있다. 〈국가사회주의 문화 정책의 기초〉에서 볼프강 슐츠Wolfgang Schulz는 다음과 같이 말하고 있다. '국가 사회주의 정책, 거기에는 문화 정책이라고 불리는 부분까지 다 포함하여, 총통 및 그가 권한을 위임한 사람들에 의하여 결정되는 것이다. 만약 우리가 국가 사회주의 문화 정책이 어떠한 것인가를 알기 원한다면, 이러한 사람들을 관찰하고 그들이 무엇을 하고 있는가를 들여다보며, 그들이 자신들을 대신하여 책임질 수 있는 동지들을 교육하기 위하여 내놓은 지침들을 연구하여야만 한다.' 소련 공산당 제18차 대회에서 야로슬라프스키Yaroslavsky는 '스탈린 동지는 예술가들에게 영감을 부여하며 지도이념을 부여한다. …소련 공산당 중앙위원회의 결의와 주다노프의 보고서는 소비에트 작가들에게 완벽하게 준비된 행동 강령을 부여하고 있다'라고 말하기도 하였다."

두 폭정은 서로 대립하는 적이지만, 자신들을 정당화하는 방식에 있어서는 동일하다. 자기들을 합리화하기 위하여 쓰는 말조차도 같은 언어를 쓰는 것을 피할 수 없는 것이다.

6.6. 인간 정신, 질식시키거나 타락시키거나

과학의 입장에서는 사상의 적이고, 민주적 관점에서는 자유의 적인 공산주의 과두 독재는 인간 정신의 완전한 부패를 가져오지 않을 수 없다. 자본주의 큰 손들과 봉건 영주들은 예술가와 과학자들에게 그들의 능력과 희망에 따라 보수를 지급하곤 하였는데, 이를 통해 이들을 돕기도 했지만, 부패시키기도 하였다. 그런데 공산 체제하에서 부패는 국가 정책에서의 불가분의 요소이다.

공산주의 제도는 자신이 찬동하지 않는, 다시 말해 모든 심원하고 독창적인 지적 활동을 질식시키고 억압한다. 반면 '사회주의', 다시 말해 제도 그 자체에 유용하다고 생각하는 모든 것들에 대하여는 보상하고, 장려하며, 사실상 부패시킨다. '스탈린 상Stalin prizes'과 같이 은폐된 부패의 수단은 그렇다 치더라도, 권력자들과의 개인적 끈을 맺고, 체제의 최고 정점을 대표하는 당 관료들의 변덕스러운 요구에 비위를 맞추는 과정에서 제도 그 자체가 지성, 특히 예술을 타락시키는 것이다. 정권으로부터의 직접적 보상은 마치 검열 제도처럼 폐지될 수도 있으나, 부패의 기질과 억압적 정서는 여전히 남아 있다.

이런 분위기는 물질과 정신에 대한 당 관료의 독점 지배에 의하여 수립되고 촉구된다. 지식인은 그것이 이념이 되었건, 이익이 되었건, 이 권력을 향하지 않고는 도리가 없다. 설령 이러한 권력이 직접 정권에 속한 것은 아닐지라도, 이런 식의 힘은 모든 질서와 조직을 통해 확장된다. 결국은 이러한 권력이 모든 것을 결정하는 것이다. 예술가에게 있어서는 설령 그의 사회적 지위의 본질이 변하지 않는다고 할지라도, 제약과 중앙집권주의가 가능한 적게 적용되는 것이 극히 중요하다. 그렇기 때문에 예술가로서는 소련보다도 유고슬라비아에서 활동하고 생각하는 편이 보다 안락할 것이다.

압제에 허덕이는 인간의 정신이란 부패에 무릎 꿇지 않을 수 없다. 소련에서 과거 25년간 특히 문학 부문에서 훌륭한 작품이 거의 없는 이유를 찾아본 사람이라면, 이런 빈약한 문학적 성과의 원인에 압제 이상으로 부패가 훨씬 더 큰 원인을 제공하고 있다는 사실을 알게 될 것이다. 공산 체제는 자신의 진짜 창의적인 국민들을 박해하고, 의심하며, 자기비판을 하도록 몰아간다. 공산 체제는 아첨꾼들에게는 매력적인 '근로조건'과 넉넉한 사례비 · 보수 · 저택 · 휴양지 · 선전 · 선동을 통한 보호 및 '너그러운 간섭magnanimous interventions'을 제공한다. 그래서 대체로 이 체제는 재능이 없고, 의타적이며, 독창성 없는 사람들을 총애하는 것이다. 위대한 정신들이 방향 · 신념 · 힘을 잃고 마는 것은 당연한 일이다.

그러므로 공산 체제 안에서 실제로 창의력을 발휘하고 싶어 하고, 또 그럴 만한 능력이 있는 예술가들이 결국 자신이나 타인에 대하여 거짓을 일삼도록 강요당하는 현실에서 자살 · 절망 · 알코올 중독 · 방탕 · 내적 힘과 인격적 고결함의 상실 등의 현상이 그들 중에 빈번히 일어나는 것은 하등 이상한 일이 아니다.

6.7. 카스트제 보다 악랄한 이념적 차별, 인간 본성에 대한 도전

공산주의 독재는 야만적인 계급 차별을 일삼는 것이라고 일반적으로 인식되어 있지만, 이는 완전하게 정확하다고 할 수 없다. 역사적으로 볼 때 혁명이 느슨해지면 계급적 차별이 약화되지만, 대신 이데올로기적 차별이 강화된다.

프롤레타리아트가 권력을 장악하고 있다는 환상은 정확하지 않다. 또한 공산주의자가 누군가를 부르주아이기 때문에 박해한다는 명제도 정확하지 않다. 그들은 지배적 계급에 있는 구성원들, 특히 부르주아지에 대하여 가장 가혹한 조치를 모색한다. 그러나 항복을 한다든지 혹은 전향하는 부르주아지는 적절한 대우를 받을 수 있다. 그뿐만 아니라 새로운 권력 집단은 이들 가운데서 유능한 자들은 고용하기도 하고, 또 비밀 경찰은 종종 이런 계층에서 쓸모 있는 앞잡이들을 찾기도 한다. 공산주의식 수단과 관점에 이념적으로 동의하지 않는 사람들만이 처벌되는데, 그런 처벌에는 그들이 어떤 계급에 있던지, 자본주의적 자산에 대한 국유화에 찬성하는지의 여부도 일체 고려되지 않는다.

지배 과두 체제와 상충하는 민주적 내지 사회주의적 사상에 대한 박해는 구 체제 내의 가장 반동적인 지지자들에 대한 그것보다 격심하고 보다 가혹하다. 후자의 경우 혁명 전으로의 복귀나 재탈환의 가능성이 거의 없기 때문에 상대적으로 위험성이 덜 하다는 점을 감안하면 이런 태도는 이해할 수 있다.

공산주의자들은 권력을 장악하면 사유 재산제에 대한 공격을 하는데, 이것은 대중에게 그들이 우선적으로 노동 계급의 이익을 위해 소유 계급을 대적한다는 환상을 만들어 준다. 그러나 그 후에 일어나는 일들을 보면 사실은 그들의 조치가 이러한 목적 때문이 아니라 그들 자신의 소유권을 확보하고자 하는 데 있음을 알 수 있다. 이런 사실은 계급 차별보다도, 오히려 이데올로기의 차별 대우에서 명확하게 드러나고 있다. 만일 그렇지 않다면, 즉 근로 대중에게 실질적인 소유를 돌려주기 위한 투쟁에 진지하게 노력하는 것이라면, 계급적 차별은 실제로 더 성행해야만 할 것이다.

이념적 차별이 팽배하다는 사실에서, 우리는 한눈에 보아도, 유물론적이며 무신론적인 처방을 엄격하게 고수하며 다른 사람들에게 강제로 부과하는 '하나의 새로운 종파new religious sect'가 등장하였다는 결론을 내릴 수 있다. 공산주의자는 사실상 종파는 아니지만 종파같이 행동하는 것이다. 이러한 전체주의적 이념은 비단 통치와 소유에서 특정한 형태를 취한 결과에서만 나온 것은 아니다. 오히려 이데올로기가 이러한 측면을 만들어 내고, 여러 가지 방식으로 이를 지지하고 있다. 이념적 차별은 공산주의 체제 존속을 위한 하나의 조건인 것이다.

다른 종류의 차별 대우, 즉 인종 · 카스트 · 민족 등에 기한 차별이 이념적 차별 대우보다도 나쁠 것이라고 생각하는 것은 잘못이다.[Q] 이러한 차별 형태들은 겉으로 보기에는 더 야만적이지만, 실제로는 정교하거나 완벽하지 않다. 이런 차별들은 사회 내에서의 개별 활동을 대상으로 하지만 이데올로기 차별은 사회 자체를 전체적으로, 그리고 모든 개개인을 상대로 한다. 다른 형태의 차별 대우들은 인간을 육체적으로 망가뜨릴지 모르지만 이데올로기적 차별 대우는 인간에 내재되어 있는 가장 인간을 인간답게 하는 바로 그것을 공격하는 것이다. 정신에 대한 압제는 폭압 중에서도 가장 철저하고 가장 야만적인 형태이다. 모든 압제가 이것으로 시작하고, 이것으로 끝난다. 공산 체제하에서의 이데올로기적 차별은 한편으로는 다른 이념들을 금하면서, 다른 한편으로 자신의 이념을 배타적으로 강제하는 것을 목적으로 한다. 이 두 가지는 믿을 수 없을 정도로, 완전한 압제의 가공할 형태를 띠고 있다.

사상은 최고의 창조력이다. 사상은 새로운 것을 드러내 준다. 인간은 생각하거나 깊이 성찰하지 않고서는 생존하거나 생산할 수 없다. 공산주의자들이 설령 부인할런지 몰라도, 이들은 현실 속에서 이런 사실이 받아들여지도록 강요하고 있다. 그래서 공산주의자들은 자신들의 이념 외의 어떤 사고도 보급될 수 없도록 만들고 있다.

인간은 많은 것들을 포기할 수도 있다. 그러나 인간은 사색하지 않으면 안 되며, 자신의 생각을 표현하고자 하는 깊은 욕구를 갖고 있다. 표현의 필요성이 있을 때 침묵을 강요당하는 것은 정말 끔찍한 일이다. 인간으로 하여금 그가 원하는 대로 생각할 수 없도록 하고, 자신의 생각이 아닌 것들을 자기 것인 양 표현하도록 강제하는 것은 최악의 압제이다. 사상의 자유를 제한하는 것은 특정한 정치적 및 사회적 권리에 대한 공격일 뿐만 아니라 인간 그 자체에 대한 공격이다.

인간에게 있는 사상의 자유를 희구하는 불멸의 열망은 항상 구체적인 형태로서 나타난다. 공산 체제 내에서 아직까지 명확하게 보이지 않는다는 사실이, 그러한 갈망이 존재하지 않는다는 것을 의미하는 건 아니다. 오늘날 그것은 어둠과 저항적 무관심, 그리고 민중의 모호한 희망 속에 자리 잡고 있다. 그것은 마치 억압의 전체성이 국민들 간의 계층적 차별을 말소하고, 사상의 자유 및 보편적인 자유에 대한 요구로 온 민중을 하나로 묶어 주는 것과 같다고 할 수 있다.

역사는 공산주의자들이 상황에 몰려 부득이하게 또 자신들의 생존을 지키기 위해 했었던 잔혹한 행위들을 어쩌면 용서할 수 있을지 모른다. 하지만 모든 다양한 사고를 질식시키고, 자신들의 개인적 이익을 수호할 목적으로 사상에 대한 배타적 독점을 일삼고 있는 행위는 공산주의자들을 역사에서 오욕의 십자가에 못 박아 버릴 것이다.

FOR FREE!
NO PAIN NO GAIN

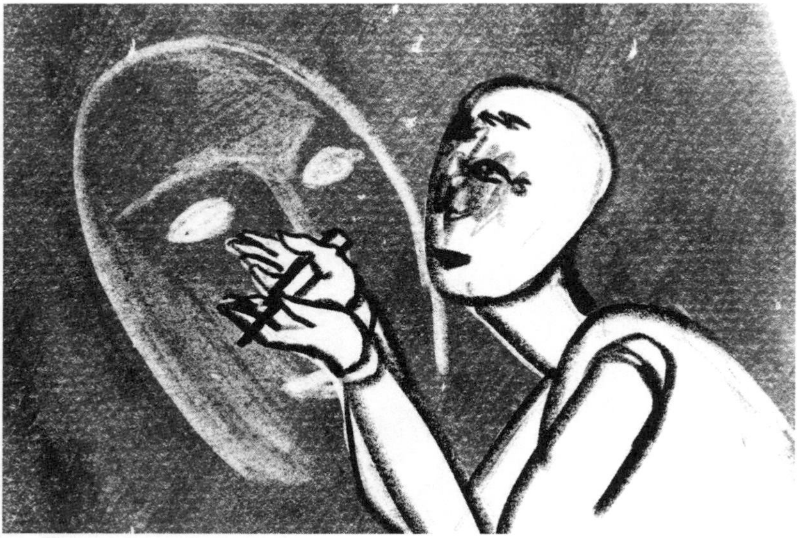

7

LIAR.

제7장 목적과 수단The Aim and the Means

7.1. 잔혹한 수단의 배경, 파렴치와 무원칙

모든 혁명과 혁명가는 폭압적이며 무자비한 수단을 멋대로 쓴다. 그럼에도 불구하고 이전의 혁명가들은 공산주의자들만큼 그렇게 자기들이 취하는 수단을 의식하지 않았었다. 그들은 지금의 공산주의자들이 행사하고 있는 만큼의 수단을 가져다 사용할 수는 없었다.

"운동의 적대자들에 대하여는 수단을 선택하여 사용할 필요가 없다. …. 배신자들뿐만 아니라 무관심한 자도 벌하지 않으면 안 된다. 공화국 내에서 행동하지 않는 자, 공화국을 위하여 아무것도 하지 않는 자를 모두 처벌하지 않으면 안 된다."

생 쥐스트Louis Antoine de Saint-Just. 1767-1794의 이 말은 오늘날의 어떤 공산주의 지도자의 입에서 나온 말처럼 들릴 수도 있다. 그러나 생 쥐스트는 프랑스 대혁명의 열기 속에서 그 혁명의 운명을 유지하기 위하여 이렇게 외쳤던 것이다. 공산주의자들 역시 끊임없이 혁명의 초기부터 권력을 장악할 때까지, 그리고 심지어는 자신들의 권력이 쇠락할 때도 이런 말을 하며, 이에 따라 행동하고 있다.

비록 공산주의자들이 취했던 수법이 규모 · 지속성 · 가혹함의 정도에 있어서 다른 어떤 혁명가들이 취했던 것들을 능가한다고 해도, 혁명 기간 중에는 이들은 자신들의 반대파들이 취했던 모든 수단들을 다 쓰지는 않았었다. 하지만 비록 공산주의자들의 수단이 상대적으로 피를 덜 흘리는 방식이었을는지는 몰라도, 혁명 이후에 시간이 점점 더 지나면 지날수록 그 비인도주의적 속성은 점점 더 커져 왔다. 모든 사회적 및 정치적 운동과 같이 공산주의도 주로 당대의 권력자powers-that-be의 이해관계에 적합하게 맞춰진 방식을 써야만 한다. 도의적 관념을 포함한 다른 고려 요소들은 부차적이다.

여기에서는 현대 공산주의에 의해 행사되는 수단들에 국한하여 보기로 한다. 이것들은 상황에 따라 완화되거나 가혹하거나, 인도적이거나 비인도적이거나 할 수 있지만 다른 정치적 및 사회적 운동 중에서 취하는 방법들과는 상이하며, 또한 혁명적이건 아니건 간에 다른 모든 운동에서의 그것들과는 구별된다.

이러한 차이는 공산주의적 방법이 역사상 가장 가혹한 것이라는 사실에 있음을 말하는 것은 아니다. 잔인함이 그들의 수법에서 가장 뚜렷하게 보이기는 하지만, 그들의 가장 본질적 속성은 아니다. 전제적 수단을 통해 경제 및 사회적 개조를 꾀하는 운동은 가혹한 방법에 호소하지 않을 수 없다. 다른 모든 혁명들 역시 같은 수단을 갖고 있었고 사용하길 원했다. 하지만 그러한 식의 전제가 짧은 기간 동안만 지속되었었다는 것은 그들이 갖고 있던 모든 압제 수단을 사용할 수 없었다는 이유를 설명해 준다. 더욱이 그들의 억압은, 환경이 전체주의적으로 흐르는 것을 허용하지 않았기 때문에 공산주의자들의 수단만큼 전체적이 될 수 없었다.

공산주의자들의 방식에 윤리적이나 도덕적 원칙이 결여되어 있는 데서 그 이유를 찾는 것도 그리 썩 정당하지는 않다. 공산주의자라는 사실을 빼고는 인간 사회에서 살아가는 다른 사람들과 마찬가지로 그들도 자신들 사이에서는 도덕적 원칙과 관행에 좇아 관계를 맺고 사는 사람들이다. 그들 사이에 윤리가 결여되었다는 것은 그들의 수단에 대한 이유를 설명해 주는 것이 아니라, 그들이 취하는 수단의 결과로서 이해되어야 한다. 이론적으로나 말에 있어서 공산주의자는 윤리적 계율과 인도적 방법을 지지한다고 하고는 있다. 다만, 자신들의 윤리관에 반하는 그 어떤 수단에 '일시적'으로 호소하지 않으면 안 될 때가 있다고 한다. 공산주의자는 자신들의 윤리관에 반하는 행동을 취하지 않을 수 있다면, 그건 다행이라고 생각한다. 이 점에서 공산주의자들이 다른 정치적 운동의 가담자들과 크게 다른 것은 아니다. 그들이 점점 더 지속적으로, 그리고 괴물의 형태를 지닌 채 인간성에서 멀어지고 있다는 사실을 빼놓고는 말이다.

수단의 활용이라는 측면에서는 현대 공산주의와 다른 운동들을 구별하는 허다한 특징들을 발견할 수 있다. 이런 특징들은 주로 양적인 것이거나 다양한 역사적 상황들 및 공산주의가 취하는 목적에 의하여 드러난다.

그러나 공산주의가 취하는 방법은 다른 정치적 운동과 구분되고, 이는 현대 공산주의에만 내재된 고유한 특징이다. 이러한 특징은 일응 과거의 교회들이 가졌던 특징과 유사하다. 그것은 공산주의자가 모든 수단을 행사하여 달성하려는 이상주의적인 목적에 뿌리를 두고 있다. 목표가 비현실적이 되어 감에 따라 이런 수단들은 점점 더 무모하게 된다. 설사 이상적인 목표를 위한 것이라 하더라도 그런 공산주의자들의 수단은 어떤 도덕적 원칙에 의하더라도 정당화될 수 없다. 그런 방식을 취함으로 인해 그들에게는 파렴치하고 무자비한 권력자라는 낙인이 찍히는 것이다. 구 계급 · 과거의 정당 · 구 소유 형태는 더 이상 남아 있지 않거나, 무력화되어 있는 지금에서도 그 수단들은 본질적으로 변하지 않고 있다. 실제로 이런 수단들이 지금 바로 그들의 비인간성을 최고도로 이르게 하고 있는 중이다.

권력의 자리에 오른 새로운 착취 계급은 이상주의적인 목적을 들먹여 비 이상주의적인 방법을 정당화하려고 시도한다. 스탈린이 사회주의적 사회를 건설할 때, 그가 취했던 수단 속의 비인간성은 절정에 달하였다. 새로운 계급은 자신들이 추구하는 이해관계가 배타적 및 이상적으로 바로 사회의 목적과 부합한다는 점을 보여 주어야만 하고, 또한 모든 지적 및 기타 유형의 독점을 유지해야 하기 때문에, 자신들이 어떤 수단을 사용하건 그게 중요한 건 아니라고 강변하지 않으면 안 된다. 새로운 계급의 대표자들은 목표가 중요한 것이지, 다른 모든 것은 사소한 것이라고 목청을 높인다. 중요한 것은 우리는 지금 사회주의를 '갖고 있다have'는 것이라고 앵무새처럼 반복한다. 이런 식으로 공산주의자들은 독재, 비열함과 범죄를 합리화하는 것이다.

물론 그 목표라는 것은 특별한 기관, 즉 당이 정해 준다. 중세 시대의 교회에서와 같이 당 그 자체가 지배적이며 모든 것 위에 우월적인 존재로 되어 가는 것이다. 베르덴Verden의 사제였던 디트리히 폰 니하임Dietrich von Nieheim. 1345-1418은 1411년에 이렇게 쓴 적이 있다.

"교회의 존립이 위협받을 때 교회는 도덕적 포고(布告)에서 해방된다. 단합을 목적으로 삼을 때는 배신 · 반역 · 압제 · 성직 매매 · 투옥 · 사형 등 일체의 수단이 축복의 대상이다. 왜냐하면 모든 거룩한 질서는 사회라는 목적으로 인해 존재하는 것이고, 개성은 보편적 이익을 위해 희생되어야만 하기 때문이다."

이 말은 마치 현대의 어떤 공산주의자가 이야기한 것처럼 들린다. 현대 공산주의 교리주의에는 봉건적이며 광신적인 요소가 다분하다.

그런데 우리는 중세 시대를 살고 있는 것이 아니며, 또한 현대 공산주의도 교회가 아니다. 이데올로기와 기타 다른 모든 것도 독점하겠다고 나서는 현대 공산주의는 중세의 교회와 흡사하지만, 각자의 본질은 다르다. 교회는 단지 부분적으로만 소유자이며 통치자였다. 가장 극단적인 경우라 하더라도 교회는 영혼에 대한 통제를 통해 현존하는 사회 체제를 지속시키길 염원하였다. 교회는 직접적인 현실적 필요의 요청이 없음에도 단지 교리적 이유에서 이단자들을 늘 박해하였는데, 교회가 대리자로서 이단자들의 육신을 죽임으로 죄로 가득한 그 영혼들에 대한 구원을 꾀하였었다. 천국에 들어가도록 하는 목적이라면 모든 세속적 수단들은 허용될 수 있을 것으로 여겼던 것이다.

그러나 공산주의자들이 무엇보다 갈망하는 것은 물리적 내지 현세적인 국가 권력이다. 교리적 이유에서 자행되는 지적 통제나 박해는 국가 권력을 강화하기 위한 보조 수단에 불과한 것이다. 교회와 달라서 공산주의는 체제의 지지자가 아니라 체제의 구현 자체이다.

새로운 계급은 느닷없이 등장한 것이 아니라, 하나의 혁명적 집단에서 출발하여 소유를 구가하는 반동적 집단으로 발전했다. 그 수단들도 여전히 똑같은 것으로 보이지만, 내용적으로는 혁명적 성격에서 전제적인 것으로, 자기방어적인 것에서 압제적인 것으로 변하였다. 공산주의자들이 취하는 방식은 특별히 형식에 있어 엄정한 모습을 취할 때일지라도 본질적으로 파렴치하고 원칙이 없다.

완전히 전체주의적인 까닭에 공산주의 통치는 수단에서 선택지를 크게 허용할 수 없다. 절대적 권력을 유지하고 자신들만의 이기적 이해관계를 확보하길 원하므로 공산주의자들은 수단을 가리지 않는다는 본질적인 속성을 포기할 수 없는 것이다. 비록 공산주의자들이 그렇게 원하지 않더라도, 그들은 소유자인 동시에 압제자가 되어야 하고, 그래서 그 목적을 위해서는 많은 수단들을 동원하지 않으면 안 된다. 비록 인간을 행복하게 하는 이론들이나 좋은 의향을 갖고 있을 지도 모르지만, 공산주의자들은 그 체제 자체가 그들로 하여금 수단을 쓰는 데 있어 물불을 가리지 않게 한다. 비상시에 그들은 자신들을 도덕적 · 지적 투사로 자처하면서, 뒤로는 활용할 수 있는 모든 수단은 실제로 다 쓰는 자들이다.

LIAR!

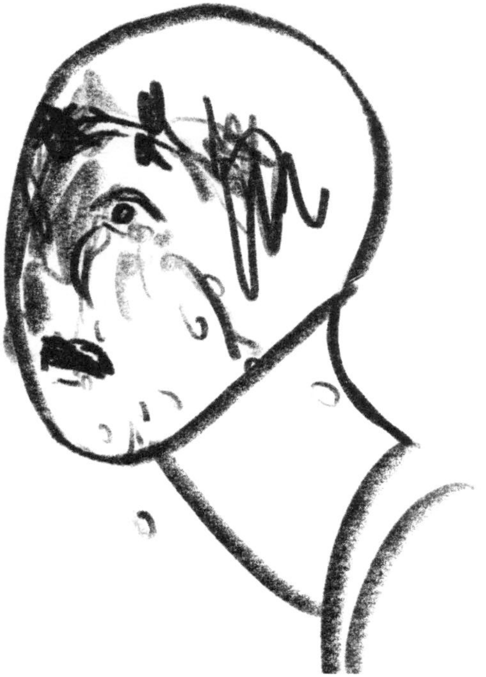

7.2. 사라진 혁명 정신과 남아 있는 자들의 탐학 정신

공산주의자들은 마치 무슨 어떤 고차원적인 윤리적 범주를 이야기하는 양 '공산주의적 도덕성Communist morale', '새로운 사회주의적 인간the new Socialist man' 등 이따위 개념들을 늘어놓는다. 이런 모호한 개념은 하나의 현실적인 용도, 즉 국제 사회의 영향에 대한 공산주의자들의 대오 정비와 반대 논리를 견고하게 하기 위한 것이라는 의미 외에는 없다. 실질적인 윤리적 범주로서 그러한 것들은 존재하지 않는다.

어떤 고차원적 특별한 공산주의적 윤리나 사회주의적 인간상이란 나타날 수 없기 때문에, 자신들 속에서 스스로 배양시키고 있는 공산주의자들이 갖고 있는 특권적 계급 정신, 특이한 도덕 및 기타 개념들은 점점 더 강력하게 자라나고 있다. 이들은 절대적 원칙에 입각한 것이 아니라 변덕스러운 도덕적 기준들로 구성된다. 이것들은 공산주의 위계적 서열 체제 내에 깊숙하게 자리 잡고 있는데, 그 상층에 있는 집단에게는 거의 모든 것이 허용되지만, 반면 같은 일이라도 하층에 속한 자들에게는 비난과 징죄의 대상이 된다.

이 변덕스럽고 불완전한 특권 계급 정신과 도덕성은 오랫동안 각종 형태로 발전되어 왔고, 종종 새로운 계급이 전진해 가는데 자극제가 되기도 하였다. 이런 발전의 최종 결과는 다양한 계급들에게 그들만의 특정한 도덕적 기준을 만들어 주었는데, 이 기준들은 항상 과두 지배계급의 현실적 욕구에 봉사하는 것이었다. 이런 식의 특권 계급적 윤리의 형성은 대략적으로 새로운 계급의 대두와 맞물려 있고, 인간성의 포기, 진정한 윤리적 기준의 포기와 맞바꾼 것이다. 이런 명제들에는 상세한 설명이 덧붙여져야 할 것이다.

공산주의의 다른 모든 국면과 마찬가지로 계급적 도덕도 혁명적 도덕으로부터 전개되어 나왔다. 처음에 이것은 주변에서 외롭게 시작된 운동의 일부에 지나지 않았음에도 불구하고, 공산주의 도덕은 다른 어떤 종파나 계급에서 주장하는 것들보다 인간적이라고 선언되었다. 그러면서 공산주의 운동은 항상 가장 거창한 이상주의와 최고로 사심 없는 희생을 내세우면서 시작하기 때문에 그 혁명의 대열에 그 나라에서 가장 재능 있고, 용감하며, 심지어 고결한 성품의 지식인들까지 모여들게 된다.

여기서 이야기하는 것은 다른 대부분의 경우에서와 마찬가지로 대개 그 나라가 처했던 상황으로 인해 공산주의가 발전하였고, 완전히 권력을 획득한 러시아 · 유고슬라비아 · 중국과 관련된 것이다. 하지만 이 설명을 조금만 수정한다면 다른 모든 공산주의 국가들에도 적용되는 것이다.

어느 나라에서건 공산주의는 아름다운 이상적 사회를 향한 포부에서 시작한다. 그래서 공산주의는 높은 수준의 도덕을 갖고 있고 분별력이 높은 사람들에게 매력적으로 다가가고, 그들을 고무하게 된다. 하지만 공산주의도 또한 국제적 운동이므로, 마치 해바라기가 태양을 향하는 것 같이 가장 강력한 운동, 지금까지는 주로 소련 쪽으로 기울게 된다. 그러므로 아직 권력을 잡지 못하고 있는 다른 국가들의 공산주의자들조차도 혁명 초기에 갖고 있던 특성을 급속하게 잃고, 권력을 휘두르는 자들의 모습을 좇게 되는 것이다. 그 결과 서방이나 기타 지역의 공산주의 지도자들은 소비에트 공산주의 지도자들이 갖고 있는 진리와 윤리 원칙에 쉽게 동화되어 버린다.

모든 공산주의 운동은 처음에는 외부의 영향을 받지 않는 개인들이 지닐 수 있는 높은 도덕적 특징을 갖고 있어 지도자들이 비도덕적인 길로 접어들거나 전횡적으로 급변할 때 위기를 격화시킨다. 역사상 공산주의만큼 그 출발기에 높은 수준의 도덕 원칙과 헌신 · 정열 · 명민한 투사들을 갖고 시작한 운동도 많지 않다. 이 투사들은 이상과 고통을 통해서뿐만 아니라, 사심 없는 애정 · 동지 의식 · 결속 및 승리냐 죽임이냐의 운명 앞에 처하여 싸웠던 사람들만이 만들어 낼 수 있는 온정과 솔직한 진지함으로 서로 결합되어 있다. 동지적 노력, 사상과 열망, 그리고 심지어 동일한 사고와 느낌을 갖기 위한 수단, 개인적 행복과 자아 형성을 당과 노동 집단에 대한 완전한 헌신을 통해서 얻어 보려는 시도, 타인들을 위한 정열적 희생, 젊은이들을 위한 배려와 보호, 그리고 나이 든 사람들을 향한 친절한 존경심 등은 혁명이 시작되었을 무렵의 진정한 공산주의자들이 가졌던 이상이었고, 진짜 공산주의자들에게는 여전하다. 공산주의자인 여성은 동지나 같이 싸우는 투사 이상이었다. 운동에 들어서면서 모든 것, 즉 사랑과 모성애로 인한 행복을 희생하겠다고 결심하였던 여성들을 잊어서는 안 된다. 운동 내부에서의 남녀는 정결하고, 검소하며 따뜻한 관계가 장려되었으며, 그 안에서 동지적 배려는 성적이 아닌 열정으로 이어졌다. 충성심 · 상호 조력 · 가장 내밀한 생각에서조차도 솔직함, 이런 것들이 일반적으로 진리의 이상이며, 이상적인 공산주의자들의 모습이었다. 다만 이것은 운동이 아직 젊었을 때에만, 권력의 열매를 맛보기 전까지의 시절에만 해당되는 사실이었다.

이런 이상에 도달하는 길은 매우 길고 험하다. 공산주의와 공산주의 운동은 다양한 사회적 세력과 핵심체로부터 형성되었다. 내부적 동질성은 하루아침에 달성되는 것이 아니라 다양한 집단과 정파들 사이에 치열한 투쟁을 거쳐서 이뤄진다. 여건이 유리하다면, 그 투쟁에서 승리는 공산주의의 진전 방향을 가장 정확하게 알고, 또한 권력을 장악하였을 때 가장 도덕적인 집단이나 정파에게 돌아간다. 그러나 도덕적 위기를 통해, 정치적 음모와 암시 · 상호 비방 · 비이성적 증오와 야만적 갈등을 통해, 그리고 방종과 지적 타락을 거치면서, 운동은 서서히 집단과 개인을 부수어 버리고, 거추장스럽게 생각되는 그 핵심과 교리, 도덕과 심리, 분위기 및 사업 수행의 방식까지도 포기하게 된다.

공산주의 운동이 참으로 혁명적이 되었던 순간, 그 운동과 추종자들은 그 잠깐 동안 위에서 말했던 것과 같은 고도의 도덕적 기준을 달성하는 것이다. 이런 순간에 있어서는 공산주의가 말과 행동이 떨어져 있다고 말하기 곤란하다. 보다 정확하게 말하자면 이때는 지도적 지위에 있는 가장 중요하고 진실하며, 이상적인 공산주의자들은 자신들의 이상을 진지하게 믿고 자신들이 취하는 수단과 자신들의 개인적인 삶에 이것을 실천해 보려고 노력한다. 이런 순간은 권력을 장악하기 위한 투쟁 전야에 오는 법인데, 운동 진행 과정 중에 아주 독특한 시점에만 발생하는 것이다.

참으로 이런 것들은 한 종파적 도덕성이긴 하지만, 높은 수준의 도덕이다. 운동은 고립되어 있고 종종 진실을 보지 못하지만, 이것이 그 운동이 사랑이나 진리를 향한 것이 아니라는 걸 의미하는 것은 아니다. 내부적 도덕 및 지적 융합은 사상적 및 전술적 일체성을 위한 오랜 투쟁의 결과이다. 이런 융합 없이는 참다운 혁명적 공산주의 운동 사상이란 존재할 수 없는 것이다.

'마음과 행동의 통일'은 심리적 · 도덕적 일체성psychic-moral unity 없이 불가능하다. 그 반대도 마찬가지이다. 하지만 다른 그 어떤 것보다도 이런 심리적 및 도덕적 일체성 - 이것을 위해 어떤 규약이나 법률이 강제하는 바도 없고, 단지 자발적으로 생겨서 관행과 하나의 의식적 습성이 되었는데 - 이 공산주의자들 사이에서 파괴할 수 없는 가족적 유대를 만들어 주고, 이들과 타인들과의 관계에 있어서의 행동 반응, 사고 및 느낌에서 경직된 결속과 일체감을 줌으로써, 제3자가 볼 때 이해할 수 없고 소통이 불가능한 존재가 되게끔 한다. 무엇보다도 이런 심리적 · 도덕적 일체성의 존재는 - 하루아침에 획득된 것이 아니고 심지어 지금도 아직 최종적으로 다 형성되었다고 보기 힘든 - 공산주의 운동이 자리를 잡았고 이제는 그 추종자들과 다른 많은 사람들에게 거역할 수 없는 강력한 존재가 되었다는 것을 보여 주는 가장 믿을 만한 징조이다. 왜냐하면 이것은 하나의 개체로, 한 사람의 영혼으로, 한 사람의 몸으로 다 녹아들어 가 있기 때문이다. 이것은 하나의 새롭고 동질적인 운동이 출현하였고, 이로 인해 과거의 그 운동이 시작할 때에 내다보았던 미래와는 영 딴판인 미래에 봉착하고 있다는 증거이다.

하지만 이 모든 것들은 공산주의자들에 의하여 완전한 권력과 소유에 오르는 과정에서 천천히 쇠락하고 해체되어 가라앉고 있다. 단지 실질적인 알맹이는 하나도 없는 조악한 형식과 의례만이 남아 있을 뿐이다. 반대자들과의 투쟁, 그리고 개량주의자들half-Communist 집단과의 투쟁에서 형성된 내부적인 강철과 같은 단합은 운동 내부에서 순종적인 아첨꾼들과 기계적인 관료의 집단으로 변화하였다. 권력을 향해 오르는 동안 편협 · 노예적 근성 · 짧은 사고 · 개인의 삶에 대한 통제, - 한때 이것은 동지적 도움을 주기 위한 것이었으나 지금은 과두 지배의 한 방편이 되고 말았다 - 경직된 서열 체계 · 여성에 대한 명목적 지위 부여와 역할 무시 · 기회주의 · 자기중심 · 잔학성이 한 때 존재했었던 높은 원칙들을 억누르고 있는 것이다.

하나의 고립된 운동이 보여 주었던 놀라운 인간적 특성은 점차로 불관용과 하나의 특권 계급의 독선적 도덕pharisaical morals of a privileged caste으로 변모하였다. 그 결과 정치공작politicking과 노예적 굴종이 이전에 혁명이 지녔던 정직함을 대체하고 말았다. 다른 사람들과 이상을 위하여 인생을 포함, 모든 것을 기꺼이 희생할 각오를 하고 있었던 과거의 영웅들은 살해당하거나 숙청되지 않으면, 자기중심적인 비겁한 자로 되어 어떤 이상이나 동지애도 없이, 그저 지배계급과 위계적 서열 내에서의 자기 자리를 지키기 위하여 명예 · 이름 · 진실 및 도덕을 모조리 기꺼이 내 팽개친 자들로 변하고 말았다.

세상은 혁명의 전야, 그리고 혁명 과정 중에서의 공산주의자들만큼 기꺼이 희생과 고통을 감내할 자세가 되어 있었던 영웅들을 그렇게 많이 보지 못하였었다. 그러나 그들이 권력을 잡은 뒤에는 그렇게 개성 없이 가련하고 무지한 채 무미건조한 낡은 교리를 옹호하는 자들도 보지 못하였다. 운동을 위한 힘을 만들고 이끌어 내기 위한 조건으로는 놀라운 인간적 면모가 필요하였지만, 권력과 운동의 지속을 위한 조건으로는 배타적인 계급 정신 및 윤리적 원칙과 덕성의 완전한 결핍이 요구되었던 것이다. 명예 · 신실함 · 희생 및 진리에 대한 사랑은 한때 그 자신들을 위한 것으로 이해될 수 있었으나, 지금은 영악한 거짓말 · 아첨 · 비방 · 속임수 · 도발이 점차 새로운 계급의 그 어둡고, 좁은 속에, 모든 것에 뻗쳐 있는 힘의 불가피한 수족이 되고 말았다. 그리고 심지어 이것들이 계급 구성원들 사이의 인간관계에도 영향을 미치고 있다.

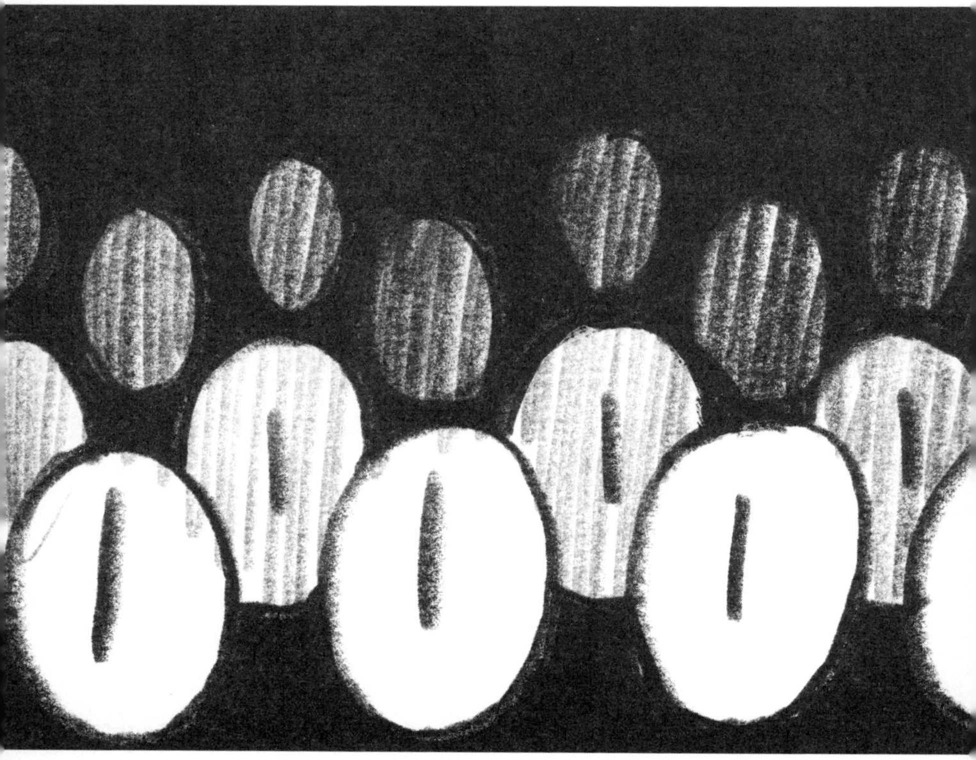

7.3. 트로츠키조차 못 벗어난 혁명의 자기기만

이런 식의 공산주의의 발전 법칙으로서의 변증법을 파악할 수 없는 사람은 이른바 모스크바 재판Moscow trials을 이해할 수 없다. 그리고 왜 공산주의자들에 의하여 바로 어제까지 그렇게 신성시하여 떠받들던 원칙들이 포기되는 데서 오는 주기적인 도덕적 위기가 일반 대중이나 기타 다른 운동에 대하여 엄청나게 중요한지 이해할 수 없는 것이다.

후르시초프는 스탈린의 숙청 과정에 있었던 '자백'과 자아비판에서 경찰봉이 주요한 역할을 했었음을 시인하였다. 약물도 사용되었다는 증거가 있는 것으로 보이지만, 그는 약물은 사용되지 않았다고 주장하고 있다. 그러나 자백을 강요하는 데 있어 가장 강력한 잠재적 약물은 범죄자 자신의 정신적 요소에 자리하고 있었다.

공산주의자가 아닌 보통의 범죄자들은 무아지경에 빠져 발작적으로 자백을 하면서 자신들의 '죄'에 대한 대가로 죽음을 간청하지는 않는다. 이런 행동은 오로지 '특별히 낙인찍힌 사람들men of a special stamp', 즉 공산주의자들만이 했었다. 그들은 당의 최고 지도부에 의해 비밀리에 자신들을 표적으로 삼아 가해지는 폭력과 비난의 폭력성과 비윤리성에 처음엔 충격을 받았다. 그들은 당 최고 지도부가 완전히 부도덕한 인간들이라는 사실을 믿을 수 없는데, 비록 전에 가끔 그들의 비행을 목격했어도 믿지 못하였다. 그러다 어느 날 갑자기 그들은 자신들이 뿌리째 뽑힌 것을 알게 된 것이다. 공산주의 지도부가 대표하고 있는 당, 즉, 자신들의 당이 자신들을 떠나 버렸을 뿐만 아니라, 결백한 그들을 계급 자체가 나서서 범죄자와 배신자로 십자가에 못 박는 것이다. 오래전부터 그들은 자기 존재의 구석구석까지 당과 당의 이상에 연결되어 있다고 믿도록 배워 왔고, 또 그렇게 주장하였었다. 그런데 지금은 송두리째 뿌리가 뽑혀, 모든 것을 완전히 상실했다는 걸 알게 된 것이다. 그들은 공산

KILL HIM

주의라는 종파와 그 편협한 사상 외에 바깥세상의 모든 것에 대하여는 알지 못하고 있거나, 잊어버렸거나, 포기하고 있었다. 지금 공산주의 외에 그 무엇에 대하여 알기에는 너무나 때가 늦다. 그들은 철저하게 혼자였다.

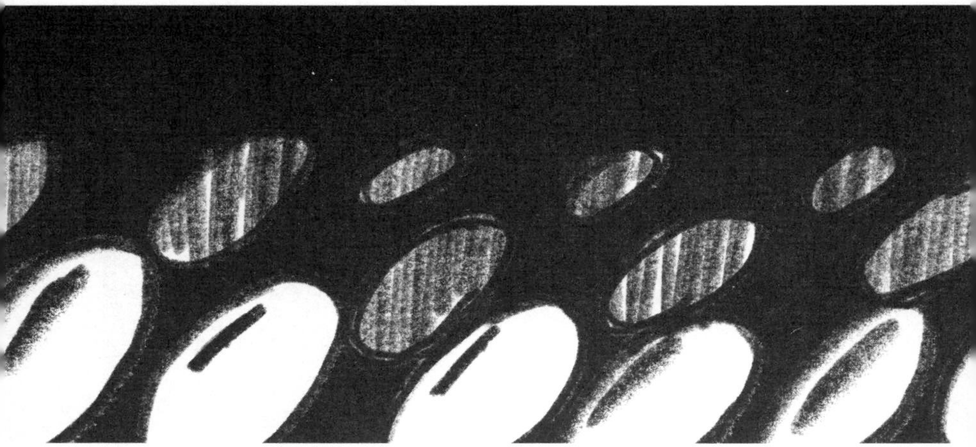

인간은 사회를 떠나서는 투쟁할 수도 없고, 살아갈 수도 없다. 이것이 아리스토텔레스가 주목하여 설명하면서 붙인 '정치적 존재political being'인 인간이 갖는 불변의 특징인 것이다. 계급과 그의 '동무들comrades'을 '자백'으로 돕는 것 외에 아무것도 남아 있지 않은 존재, 도덕적으로 부서지고 뿌리가 뽑힌 채 세련되고 야만적인 고문만을 남겨 놓고 있는 그와 같은 종파의 사람에게 기대할 수 있는 것은 무엇일까? 그는 그런 자백은 자기 계급이 '반 사회주의'의 적대자들 및 '제국주의자들'에 대항하는데 필요하다고 확신하게 된다. 이런 자백들은 모든 것을 잃고 파멸에 이른 희생자에게 남겨진, 그가 마지막으로 할 수 있는 '위대한', 그리고 '혁명적'인 헌신인 것이다.[1]

1 역자 주: 아서 쾨슬러Arthur Koestler. 1905-1983의 소설 〈한낮의 어둠Darkness at Noon〉에서는 이른바 모스크바 재판 과정에서 볼셰비키 혁명 지도자 그룹 중의 한 명이었던 주인공이 정치적 반대파라는 이유로 숙청되어 감옥에서 심문을 받으며 느끼는 심경의 변화, 그리고 결국 자신의 희생을 당을 위한 것이라고 합리화하면서 처형당하는 과정이 생생하게 묘사되고 있다.

모든 진짜 공산주의자들은 분파 및 분파적 투쟁은 당과 당의 목표에 반하는 행위 중에서도 가장 중대한 범죄라는 사실을 배웠고, 또 자신과 남들을 그런 식으로 교육해 왔다. 여러 개의 분파로 분열된 공산당이 혁명에 승리할 수도 없고 당의 지배를 확보할 수 없다는 건 사실이다. 어떤 대가를 치르더라도 단일 대오를 형성해야 하고, 그 밖의 다른 모든 것은 일체 염두에 두어야 하지 않아야 한다는 것은 그에게는 신비한 의무로 되어 있는 것이다. 물론 그 의무의 뒤에는 완전히 권력을 틀어쥐려는 과두 지배자들의 야망이 도사리고 있지만. 비록 그가 이런 사실에 의문을 가지거나, 심지어 이 점을 알고 있다 하더라도 이미 의기소침하여 좌절을 맛보고 있는 반대파 공산주의자는 단일 대오라는 신비적 이념으로부터 벗어날 수 없다. 게다가 지도자들이란 왔다가 가는 존재인 만큼, 지금의 이 현상들, 즉 사악함 · 어리석음 · 이기적 속성 · 하찮고 권력만 좇는 것들 역시 사라질 것이고, 혁명의 목적은 남아 있을 것이라 자기 위안을 할 수 있다. 목표가 전부인 것이다. 당내에서 항상 그렇지 않았던가? 이런 식으로 그는 위안을 삼을 수 있다.

트로츠키는 반대파 중에서도 가장 중요한 인물로, 위와 같은 생각에서 더 크게 벗어나지 않았다. 그는 자아비판을 하면서 당은 역사적 필연, 그리고 계급 없는 사회의 화신이기 때문에 당에는 오류가 있을 수 없다고 외쳤다. 추방을 당하면서 모스크바 숙청 재판의 괴물 같은 비 도덕성을 설명하면서, 그는 역사적 비유를 들어 근거를 댔다. 기독교에 의해 정복 당하기 전의 로마, 자본주의 태생기의 르네상스, 양 시대에 모두 배신적 살인 · 비방 · 거짓말 그리고 야만적인 대중적 범죄 등의 현상이 불가피하였다는 것이다. 그래서 그는 이런 것들은 구사회의 잔재들이 아직도 새로운 사회에 남아 있다는 증거이며, 따라서 사회주의로 이행하는 기간에 있어서도 그와 같은 현상은 있어야만 하는 것이라는 결론을 내렸다. 하지만 그는 이를 통해 그 어떤 것도 설명하는데 성공하지 못했다. 그저 새로운 계급 없는 사회로 가는 이행기의 한 형태로서의 프롤레타리아트 독재 또는 소비에트 독재를 배신하지 않았다는 자기 양심을 만족시키는 데 성공했을 뿐이다. 만일 그가 문제를 보다 깊이 들여다봤더라면 르네상스 및 기타 다른 시대에서와 마찬가지로 공산주의 하에서도 어느 소유 계급이 자신을 위해 과거의 흔적을 지워 가는 과정에서 그 계급이 처한 어려움이 커지고 한편으로 지배의 완벽성이 점점 더 필요해질수록, 도덕적 고려란 점점 더 사소한 요소로 전락하고 만다는 사실을 알았을 것이다.

마찬가지로 공산주의자들이 승리한 후 어떤 유형의 사회적 변혁이 현실적으로 문제가 되었었는지 이해 못 하는 사람들은 공산주의자들 사이의 다양한 도덕적 위기를 다시 평가해야 한다. 소위 '스탈린 격하 de-Stalinization' 과정이나 스탈린 부하들에 의한 어느 정도의 스탈린식으로 스탈린을 공격하는 행위 또한 '도덕적 위기moral crisis'로 재평가된다. 도덕적 위기는 크건 작건 간에 모든 독재에 있어 불가피한 현상이다. 왜냐하면 정치 이념의 통일이 가장 위대한 애국적 미덕이며 가장 신성한 시민적 의무라고 하는 사고에 익숙해 있는 추종자들로서는 그 불가피한 입장 선회와 변신에 혼란스러울 수밖에 없기 때문이다.

그럼에도 불구하고 공산주의자들은 그와 같은 정반대의 입장 선회 속에서도 자신들의 전체주의적 지배는 약해지기보다는 도리어 점점 더 강화될 것으로 느끼고 그렇게 알고 있다. 그리고 이런 과정은 불가피하게 거쳐야 하는 하나의 경로이며, 도덕 기타 이런 유사한 인간 이성은 그것이 혁명에 방해되지 않는다 하더라도 단지 부수적 역할에 그칠 것이라 여긴다.

그러나 사람들은 현실을 통해 재빨리 이를 학습한다. 결과적으로 공산주의자들이 느끼는 도덕적 위기가 아무리 심각해도 조속히 종결된다. 물론 공산주의자들은 자신들이 열망하는 진짜 목표real aim를 얻어내기 위해서라면 수단을 선택함에 있어 물불을 가리지 않는데, 공산주의자들은 이것을 이상적 목표ideal aim라는 간판 뒤에 숨겨 두는 것이다.

7.4. 스탈린 사후의 과두 지배, 그러나 본질은 도긴개긴

다른 사람들의 눈으로 볼 때 도덕적 타락은 지금까지 공산주의가 약화되었다는 걸 의미하지는 않는다. 지금까지는 일반적으로 그와 반대의 의미를 가지고 있다. 각종 숙청과 '모스크바 재판'은 공산체제와 스탈린의 입지를 강화시켰다.

하여튼 특정 계층 - 가장 유명한 사례로 앙드레 지드André Gide. 1869-1951를 위시한 지식인들 그룹에서 나온 - 은 이러한 이유로 공산주의와 의절하고, 현재와 같은 공산주의가 그들이 믿고 있는 이념과 이상을 실현할 수 있는지 의심을 하게 되었다. 하지만 공산주의는 그런 상태에서도 약화되지 않았다. 새로운 계급은 도덕적 고려에서 자신을 해방시키고, 공산주의 이념을 신봉하는 자들의 피를 묻혀 가면서 점점 더 강력해지고, 더 안정되었다. 공산주의는 비록 타인들의 눈으로 볼 때는 도덕적으로 타락하였지만, 공산주의자들 자신들의 눈에는 현실적으로 더욱 강해지고, 사회에 대한 장악력도 높아졌던 것이다.

현대 공산주의가 자기 계급의 대오 내에서도 보기에 도덕적으로 타락하였다고 평가하기 위해서는 다른 조건들이 필요할 것이다. 이를 위해서는 누군가 말하였듯이 혁명은 그 자식을 삼켜 버릴 뿐만 아니라, 결국 자신도 집어삼킬 것이라는 점을 강조할 필요가 있다. 깨어 있는 정신을 가진 자들이 혁명을 삼키는 건 착취 계급이고, 그 착취 계급의 통치는 정당화될 수 없다는 사실을 인식하는 것이 필요하다. 좀 더 구체적으로 말한다면, 계급 내에서 가까운 장래에 국가가 소멸한다든지, 모든 사람이 능력에 따라 일하고 필요에 따라 분배 받는다는 공산주의 사회의 도래는 불가능하다는 점을 인식할 필요가 있는 것이다.

대중은 그런 사회가 나타날 수도 없을 뿐 아니라 그럴 가능성도 없다는 걸 인정해야만 한다. 그렇게 되면 이 계급이 자기의 목표와 지배를 달성하기 위해 사용했고, 사용 중인 수단들은 불합리하고, 비인도적이며, 계급의 위대한 목적, 심지어 계급 그 자체와도 상충될 것이다. 이는 지배계급 내에서 더 이상 통제가 어려운 균열과 동요가 생긴다는 것을 의미한다. 다른 말로 하면, 계급 자체의 생존을 위한 투쟁이 지배계급 자체 또는 계급의 개별적 분파들을 자극하여 현재 이들이 취하고 있는 수단들을 포기하던지, 아니면 추구하는 목표가 가시권 내에 있고 현실적이라는 생각을 포기하게 할 것이다.

어떤 공산 국가들에 있어서도, 적어도 스탈린 사후 소련에서는 지금 여기서 말하는 것과 같은 순수한 이론적 명제에 입각한 공산주의가 발전할 전망은 없다. 지배계급은 아직도 견고하게 뭉쳐 있고, 이론적으로 스탈린이 취했던 방식에 대하여 가해지는 비판은 개인적 독재의 폭압으로부터 소비에트를 보호하는 도구로 되어 가고 있다.

제20차 당 대회에서 후르시초프는 '선량한 공산주의자들good Communists'들에 대한 스탈린의 학정과 대비하여 '적'에 대한 '불가결한 폭력'을 역설하였다. 후르시초프는 스탈린이 그와 같은 수단을 썼다는 것을 비판하는 것이 아니라, 단지 그것을 지배계급의 대오 안에서 행사하였다는 점을 비난하고 있는 것이다. 이것은 스탈린 사후, 계급이 그 지도자 및 비밀경찰 기구의 절대적 지배에 대한 굴종을 피할 정도로 강력해졌고, 그 내부에서의 관계 변화가 발생하고 있음을 시사한다.

도덕적 응집과 관련된 내부적 분열의 관점에서 보면 계급 그 자체와 그 수단들은 그렇게 변하지 않았다. 그러나 분열의 초기 증상이 있는데, 이것은 이념적 위기 속에서 분명하게 드러나고 있다. 하지만 그럼에도 불구하고 도덕적 붕괴 과정이 거의 시작되지 되지 않았다는 것만은 사실이다. 이를 위한 여건이 거의 존재하지 않기 때문이다.

특정한 권리들을 탈취하여 멋대로 하는 지배 과두 집단도 그런 권리들의 부스러기까지 대중에게 허용하지 않을 수는 없다. 스탈린 치하에서는 공산주의자들까지도 권리를 박탈당하고 있었으므로 이 정도로도 만족해야 한다는 식으로 대중을 설득하여, 그들로부터 호응을 받아 낼 것으로 기대할 수는 없다. 프랑스의 부르주아지는 나폴레옹이 일으킨 전쟁과 관료적 압정으로 인해 더 이상 견딜 수 없는 정도에 이르자 마침내 황제인 나폴레옹에게 반기를 들었다. 하지만 프랑스 민중도 결과적으로 이것을 통해 약간의 이익을 얻었다. 오지도 않을 미래 사회에 대한 교리적 전제를 반복 사용하여 자기 수단을 합리화하였던 스탈린식 수법은 더 이상 먹히지 않을 것이다. 그러나 이것이 지금의 과두 지배자들이 자신들의 모든 수단을 사용하는 것을 포기할 것이라는 걸 의미하지는 않는다. 이것은 설령 그들이 그런 수단들을 사용할 수 없는 처지에 놓이거나, 소련이 조만간 법치적 민주 국가로 된다고 해도 마찬가지이다.

그러나 사정은 변했다. 지배계급은 더 이상 자신에 대하여도 목적이 수단을 정당화할 수 있다고 강변할 수 없게 될 것이다. 그럼에도 불구하고 지배계급은 여전히 최종적 목표, 즉 공산주의 사회에 대하여 세뇌를 하려 들 것이다. 왜냐하면 그렇게 하지 않으면 절대적 지배권을 놓치게 되기 때문이다. 이것은 지배계급으로 하여금 어떤 수단에라도 호소하도록 만들 것이다. 그러나 지배계급이 어떤 수단도 가리지 않고 사용할 때마다, 지배계급 내에서도 그 사용을 비난하는 일이 벌어질 것이다.

더 강력한 힘 - 세계적 여론에 대한 걱정, 그것이 계급 자신과 절대적 지배에 손상을 가져올 것이라는 두려움 - 이 계급을 흔들고 그 손을 억제할 것이다. 스탈린이라는 체제의 창조자, 그 추종 문화까지도 이젠 파괴할 만큼 충분히 강력하다고 느끼고 있는 지배 계급은 동시에 자기 자신의 이상적 토대에 대하여 치명적인 타격을 가하였다. 절대적 지배권을 갖는 지배계급은 자신에게 권력을 안겨 준 이념과 교리를 포기하고 상실하기 시작하였다. 계급은 분파로 쪼개지기 시작했다. 최상부에서는 모든 것이 평온하고 순조롭지만, 그 아래 단계로 더 깊숙하게 내려가 보면, 심지어 대오 내에서도 새로운 생각, 새로운 이념이 방울방울 솟구치며, 미래의 태풍의 눈이 만들어지고 있다.

스탈린의 수단을 포기해야만 했기 때문에, 지배계급은 자신의 도그마를 유지할 수 없을 것이다. 그 수단들이란 실제로는 교리의 표현에 불과했고, 사실상 그 도그마는 현실 세계에서 그 수단에 얽혀 있었던 것이다. 스탈린의 동료들이 스탈린식의 수단이 유해하다는 점을 인식할 수 있도록 촉진해 준 것은 선한 의지도 아니고, 휴머니즘은 더욱 아니었다. 지배계급이 더 많은 이해를 할 수 있도록 부추긴 요인은 긴박한 필요성이었다.

그러나 극도로 잔인한 수단을 사용하는 것을 피함으로써 과두 지배자들은 자신들의 목적에 관하여 의심의 씨앗을 뿌리지 않으면 안 되었다. 한때 목표는 어떤 수단이건 허용할 수 있다는 도덕적 방패의 역할을 수행하였었다. 그런데 그러한 수단의 사용에 제약이 있고, 어떤 것들은 포기해야 한다는 건 목표 자체에 대한 의문을 제기할 것이다. 목적 달성을 보장할 수 있을 것 같은 수단들이 사악한 것으로 판명되는 순간, 목적 그 자체의 실현이 불가능하다는 걸 스스로 인정하는 셈이 될 것이다. 왜냐하면 모든 목적이 선해 보인다는 가정 하에서는 모든 정책에서의 핵심은 무엇보다 수단에 있기 때문이다. 비록 '지옥으로 가는 길은 선의로 포장되어 있다'라고는 하지만.

7.5. 야만성을 드러내는 공산주의식 방법

마치 노예에 의하여 건설된 도시로서 자유의 도시가 있을 수 없듯이, 역사상 비이상적 · 비인간적 수단을 통하여 달성된 이상적 목적이란 없었다. 목적을 달성하기 위해 사용된 방법들만큼 목적이 갖는 실체와 위대함을 잘 보여 주는 것도 없다.

만일 수단을 합리화시키기 위하여 목적이 사용되어야만 한다면, 그 목적 자체에, 그 실체 속에 무가치한 그 무엇이 있는 것이다. 참으로 목적을 축복하고 목적을 달성하기 위한 수고와 희생을 정당화하는 것이 수단이다. 그런 수단들이란 변함없는 완전성, 인간다움, 자유의 확장을 특징으로 한다. 현대 공산주의는 이런 특성의 초기 단계에도 이르지 못하고 있다. 대신 죽은 듯이 걸음을 멈추고 서서는 수단들을 저울질하면서, 늘 목적을 달성해야 한다고만 되뇌고 있다.

역사상 민주주의로 평가되는 - 또는 적어도 그 지속되는 동안 상대적으로 민주적이었다고 평가되는 - 어떤 체제도 이상적 목적을 추구한다는 거창함 속에 수립된 것은 없다. 그것은 오히려 눈에 보이는 작은 일상의 수단들에 의하여 만들어졌다. 이와 더불어 그런 체제들이야말로 크건 작건 간에 자연 발생적으로 위대한 목적들을 달성했다. 반면, 모든 전제정치는 예외 없이 자기 자신을 거창한 이상적 목표로 합리화하려고 시도하였다. 그리고 그중에 그 어떤 것도 위대한 목표를 실제로 이룬 체제는 없다. 절대적 야만성 또는 물불을 가리지 않는 수단은 공산주의 목표의 허황됨, 심지어 비현실성에 부합하는 것이다.

혁명적 수단들을 통해 현대 공산주의는 한 가지 사회 형태를 무너뜨리는데 성공했고, 또 다른 사회를 전제적(專制的)으로 만들어 내는데 성공했다. 당초 이 사회는 평등과 형제애라는 가장 아름답고도 본원적인 인간 이상에 의해 인도되는 것 같았으나, 얼마 되지 않아 이러한 이상들 뒤에 온갖 수단을 다 동원하여 지배권을 확보한다는 야욕을 감춰 두었던 것이다.

도스토예프스키는 자신의 소설 〈악령The Possessed〉에서 작품 중의 인물의 입을 빌려 이렇게 말하고 있다.

"사회의 모든 사람들은 다른 사람들을 탐지해서 그들을 고자질하는 것이 의무입니다. 각자는 모두에 속하고, 모두는 각자에게 속하는 겁니다. 모든 사람들은 노예이고, 그 노예의 신분 속에서 평등한 겁니다. 극단적인 경우 그는 중상모략과 살인도 옹호하지만, 가장 위대한 것은 평등입니다. …노예들은 응당 평등하게 마련입니다. …압제란 것이 없다면 자유나 평등도 없는 겁니다…."

이렇게 목적 때문에 수단을 합리화함으로써 목적 자체가 점차로 더욱 멀어지면서 비현실성이 커지는 반면, 그 수단이 갖는 가공할 현실은 점차 명백하게 되고 견딜 수 없게 된다.

8

제8장 본질The Essence

8.1. 신흥 종교인가, 혁명적 사회주의인가?

현대 공산주의의 본질에 관한 이론들 중 어느 것도 이 문제를 철저하게 파고들지 않고 있다. 이 책에서도 그렇게 철저하게 취급하고 있다고 주장하는 것은 아니다. 현대 공산주의는 일련의 역사 · 경제 · 정치 · 이념 · 민족 및 국제적 요인의 산물이다. 현대 공산주의 본질을 하나의 범주에 넣으려는 이론은 완전히 정확할 수는 없다.

그 발전 과정에서 내부의 세밀한 점을 드러내기 전까지는 현대 공산주의의 본질에 대한 인식이 어려웠던 것도 사실이다. 그런데 이제 그 순간이 도래하였다. 왜냐하면 공산주의가 그 발전의 특별한 단계, 즉 성숙기에 이르렀기 때문이다. 따라서 이젠 공산주의가 자신의 권력 · 소유 · 이념의 성격이 무엇인지 드러낼 수 있게 되었다. 공산주의가 아직 발전 도상에 있고, 대부분 이데올로기적 형성 단계에 있을 때에는 그 안을 완전하게 들여다본다는 것은 거의 불가능하였다.

다른 모든 진리가 숱한 저자들, 국가들 및 운동들의 결합의 산물인 것처럼, 현대 공산주의도 또한 그러하다. 공산주의는 그 발전에 맞추어서 크건 작건 간에 자신을 점차로 드러내 보이고 있다. 그러나 아직도 완전한 발전에는 이르지 못했기 때문에, 최종적인 모습으로 간주할 수는 없을 것이다. 하지만 공산주의에 관한 이론들 대부분이 각기 그 안에 어느 정도 부분적 진리를 갖고 있다. 각각의 이론은 대개 공산주의의 한 가지 측면 또는 그 본질의 한 측면만을 파악하고 있다.

현대 공산주의 본질에 관하여서는 두 가지 기본적 명제가 있다. 그중 첫 번째는 현대 공산주의를 신흥 종교의 일종이라고 주장한다. 우리는 공산주의가 종교 또는 교회적 요소들을 포함하고 있다는 사실에도 불구하고 종교나 교회는 아니라는 사실을 제6장에서 보았다.

두 번째 명제는 공산주의를 현대 산업 또는 자본주의, 그리고 프롤레타리아트와 그 필요에서 태어난 혁명적 사회주의로 간주한다. 현대 공산주의는 산업이 발전한 국가들 속에서 사회주의 이념 및 산업혁명 속에서 고통을 겪던 근로 대중에 대한 반동으로 출발했다는 이 명제 역시 우리는 부분적으로만 맞는다는 사실을 보았다. 후진국에서 공산주의가 권력을 장악한 이후에 보인 행보는 완전히 이질적으로, 즉 프롤레타리아트 자신의 이익 대부분에 상반되는 탈취 체제로 화(化)하였던 것이다.

현대 공산주의는 권력을 장악한 인간들이 곧바로 만들어 낸 단지 전제주의의 현대적 형태에 지나지 않는다는 명제도 있다. 현대의 경제 성격이 매사에 중앙 집권화된 관리를 요하므로, 이러한 전제주의 성격을 만들어 냈다는 것이다. 현대 공산주의는 전체주의를 지향할 수밖에 없는 하나의 현대적 전제주의라는 이 주장 역시 그 안에 부분적 진실만을 담고 있을 뿐이다. 현대의 전제주의의 모든 유형이 공산주의의 변형이 아닐뿐 더러, 그들이 취하는 전체주의의 정도는 공산주의의 그것에 미치지 못한다. 따라서 어떤 명제를 검토한다 하더라도 각 명제는 공산주의의 한 측면, 진실의 일부만을 설명할 뿐이며, 진실 전체를 설명하지는 못한다.

공산주의 본질에 관한 필자의 설명 역시 완전한 것으로 받아들여질 수는 없다. 이것은 어쨌건 모든 개념 정의에 있어서의 약점, 특별히 사회적 현상과 같이 복잡하고 생생한 문제들을 정의하고자 할 때 부딪치는 어려움이다. 그렇지만, 현대 공산주의의 본질, 그 이론 안에 있는 가장 핵심적인 것, 이론의 현현(顯顯)을 관통하며 그 활동을 고무하는 것이 무엇인지에 관하여 고도의 추상적 이론적 측면에서 말하는 것은 가능하다. 이 본질을 더 깊숙하게 파고들어, 다양한 측면을 설명하는 것도 가능하겠지만, 이미 그 본질 자체는 다 노출되어 있는 상태이다. 공산주의는 그 본질과 마찬가지로 하나의 형태에서 다른 형태로 끊임없이 변화하고 있다. 이런 변신이 없다면 공산주의는 존재할 수 없다. 그러므로 이런 변신들에 대하여 지속적인 탐색과 이미 분명하게 드러난 진실에 비추어 보다 더 심도 있게 연구할 필요가 있다.

현대 공산주의의 본질은 특정 조건, 역사적 및 기타 여건의 산물이다. 그러나 공산주의가 강력한 힘을 갖게 되면서 그 본질 자체가 하나의 요소가 되고, 또한 지속적으로 존재하기 위한 여건을 조성하고 있다. 따라서 특정 시기에 출현하여 활동하는 형식과 여건에 따라 공산주의의 본질을 각각 분리하여 검토할 필요성이 분명히 있다.

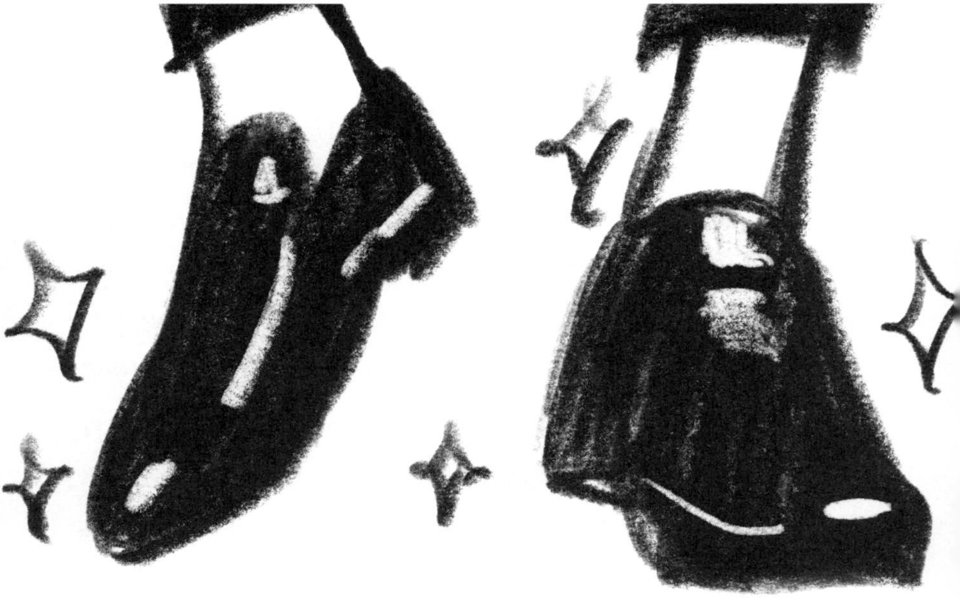

8.2. 현대적 전체주의로서의 국가 자본주의

현대 공산주의가 일종의 현대적 전체주의의 한 유형이라는 이론은 가장 많이 보급되어 있을 뿐만 아니라 가장 정확하기도 한 것이다. 하지만 공산주의를 논의함에 있어서 '현대적 전체주의'라는 용어에 대한 실제적인 이해는 그렇게 널리 퍼져 있지 않다.

현대 공산주의는 민중을 통제하는 세 가지 기본 요소들로 구성된 전체주의 유형이다. 첫 번째는 권력, 두 번째는 소유, 그리고 세 번째는 이념이다. 이런 세 가지 요소들은 하나의, 그리고 유일한 정치적 당, 즉 내가 위에서 했던 설명과 용어를 빌린다면, 새로운 계급에 독점되어 있고, 지금에 와서는 그 당의 또는 그 계급 내의 과두 지배자들에 의해 독점되어 있다. 최근의 현대적 전체주의를 포함하여 인류 역사를 통틀어 그 어떤 전체주의도 공산주의를 빼놓고는 민중을 통제하기 위하여 이 정도까지 세 가지 요소들을 한데 결합시키는데 성공한 사례는 찾아볼 수 없다.

이 세 가지 요소들을 검토하고 경중을 비교해 보면 공산주의 발전에 있어 가장 중요한 역할을 해 왔고, 여전히 계속되는 한 가지는 바로 권력이다. 최종적으로는 다른 두 요소들 중 어떤 것이 권력을 능가하는 경우도 있을 수 있겠지만, 현재까지의 제반 여건에 기초하여 볼 때 이런 결론은 아직은 불가능하다. 내 생각으로는 권력은 여전히 공산주의의 기본적 특성으로 남아 있을 것 같다.

공산주의는 당초부터 그 안에 공산주의에 의한 전체주의 및 독점적 성격이라는 씨앗을 배태하고 출발한 이데올로기였다. 공산주의의 민중에 대한 통제에서 주요한, 그리고 지배적인 역할을 수행한 것이 사상이 아니었다는 건 확실하다. 하나의 이념으로서의 공산주의는 주로 자신의 코스를 달려왔다. 그리고 공산주의적 이념이 세상에 새롭게 드러내 보여 줄 것들은 많지 않다. 하지만 다른 두 가지 요소들, 즉 권력과 소유에 이르면 이야기가 달라진다. 권력은 그것이 물리적, 지적 또는 경제적이건 간에 모든 투쟁에 있어서, 심지어 모든 사회적 인간 행동에 있어서 역할을 한다. 이 속에는 몇 가지 진실이 있다. 권력을 획득하고 유지하기 위한 모든 정책, 힘 내지 투쟁은 근본적 문제이자 기본적 목적이다.

그러나 현대 공산주의는 그러한 권력일 뿐만 아니라 그 이상의 무엇이다. 이것은 하나의 특별한 유형의 권력으로서, 그 안에서 사상, 권위 및 소유에 대한 통제를 결합시키고, 권력 그 자체를 목적화시키는 권력이다. 지금까지 가장 오래 존속해 왔고, 가장 발전한 형태인 소비에트 공산주의는 세 단계를 거쳐 왔다. 이것은 또한 아직까지 주로 두 번째 단계에 머물러 있는 것으로 보이는 중국 공산주의 유형은 제외하고, 권력을 장악하는데 성공한 공산주의의 기타 유형들에도 대동소이하다.

세 단계란 혁명적 · 교조주의적dogmatic 그리고 비(非) 교조주의적non-dogmatic 단계를 말한다. 주요한 표어, 목표 및 이런 다양한 단계에 부응하는 인간성을 중심으로 개괄적으로 말하자면, 혁명 내지 권력의 탈취는 레닌으로 대변될 수 있다. 그리고 '사회주의' 내지 체제의 확립은 스탈린으로, '합법성' 또는 체제의 안정화는 '집단적 지도체제'로 요약할 수 있다. 다만 이런 단계들이 서로 명확하게 구별되어 있는 것은 아니고, 모든 요소들이 각 단계에서도 발견된다는 점에 주목하는 것이 중요하다. 레닌의 시대에 교조주의가 흘러넘쳤지만, '사회주의 건설'도 이미 시작되었었다. 스탈린은 체제 수립에 거추장스러운 혁명을 포기하거나, 교조주의를 배척한 것은 아니었다.

오늘날에도 비(非) 교조주의적 공산주의는 교조적 논리에 아주 적게나마 현실적으로 유리하다면 그런 것은 포기하지 않는다는 조건하에서만 비 교조주의적일 뿐이다. 이런 확실한 입장 고수로 인해 이념의 진실성이나 순수성에 관하여 조금이라도 의심을 품는 자들에게는 무자비한 박해가 기다릴 것이다. 따라서 오늘날 공산주의는 현실적 필요와 역량에 맞춰, 심지어 혁명의 기치를 내리거나 군사적 팽창을 접고 있지만, 이것들을 포기하지는 않았다.

이런 식의 세 단계로의 구분은 개괄적, 그리고 추상적으로 관찰할 경우에만 정확할 것이다. 명확하게 구분된 단계들은 현실적으로는 존재하지 않으며, 여러 국가들에 있어서의 특정한 시대에 부합되지도 않는다. 단계들 사이의 경계는 중복되고, 단계들이 드러나는 형식들은 각 공산주의 국가들마다 상이하다. 예컨대, 유고슬라비아는 비교적 단기간에 세 단계를 모두 지나서, 정점에 있는 하나의 인물에 모두 구현되어 있다.[R] 이는 활동의 수칙과 방식, 양자에서 명백하다.

권력은 세 단계의 전 부문에 걸쳐 중요한 역할을 한다. 혁명에 있어서는 권력을 장악할 필요가 있었다. 사회주의 건설에 있어서 그 권력이라는 도구를 통하여 새로운 제도를 창설할 필요가 있었다. 오늘날에는 권력이 체제를 유지하여야만 한다.

첫 번째 단계에서 세 번째 단계에 이르는 발전 기간 동안, 공산주의의 정수quintessence of Communism인 권력은 수단에서부터 출발하여 목적 자체로 변모하였다. 사실상 권력은 항상 크건 작건 목적이지만, 권력을 수단으로 삼아 이상적 목표에 도달해야 한다고 생각했던 공산주의 지도자들은 권력 그 자체를 목적이라고 믿지는 않았었다. 권력이 사회의 유토피아적 개조를 위한 수단으로 봉사한다는 바로 그 이유 때문에, 권력은 목적 그 자체 및 공산주의의 가장 중요한 목표가 되는 것을 피할 수 없었다. 세 번째 단계에 이르면 권력이 실질적인 주요한 목표이면서 공산주의의 본질임을 더 이상 숨길 수 없게 된다.

전쟁의 모든 유형이 그러하듯이 혁명에서 우선적으로 권력에 집중하는 것은 당연하였다. 전쟁에서는 이겨야만 했으니까. 산업화의 시대를 거치는 동안에도 권력에의 집중은 여전히 당연하게 여겨질 수 있었다. 산업 구축 내지 사회주의 건설을 위하여 숱한 희생이 있었던 것은 필요하였다. 하지만 이 모든 것이 완성되면서 공산주의 하에서의 권력은 하나의 수단뿐만 아니라, 비록 유일하다고는 할 수 없다 하더라도, 주요한 목적이 되고 있다는 사실이 명백해지고 있다.

오늘날 권력은 공산주의자들이 자신들의 특권과 소유를 유지할 수 있도록 하기 위한 수단이자 목적이다. 그러나 이들은 권력과 소유의 특별한 형태인 까닭에, 소유권이 행사될 수 있기 위하여는 오직 권력 자체를 통해야만 한다. 다른 계급들의 경우엔 권력에 대한 독점 없이도 소유권을 행사할 수 있거나, 소유에 대한 독점이 없이도 권력을 행사할 수 있다. 지금까지 이것은 공산주의를 통해 형성된 새로운 계급에 있어서는 불가능하였고, 장래에도 그렇게 될 가능성은 매우 낮다.

이 모든 세 단계에 걸쳐 권력은 은닉되고, 차단되며, 언급되지 않고, 그러나 자연스럽고 주요한 목적이 된 채 자신을 감추어 두었다. 권력의 역할은 그때그때마다 대중 통제를 필요로 하는 정도에 따라서 혹은 강화되기도 하고 혹은 약화되었다. 첫 번째 단계에서 권력을 획득하기 위한 자극과 원동력은 사상이었다. 두 번째 단계에서 권력은 사회를 위한 채찍이자 그 자신의 유지를 위하여 작동하였다. 오늘날 '집단적 소유'는 권력의 충동과 필요에 복속한다.

권력은 비록 현대 공산주의가 이를 방지하려 애쓴다 할지라도 공산주의의 처음이자 마지막이다. 사상, 철학적 원칙과 도덕적 고려, 국가와 민중, 역사, 심지어는 부분적으로는 소유권까지도, 모두 변할 수 있고 희생될 수 있다. 하지만 권력은 그렇지 않다. 이것은 공산주의 자체, 그 본질에 대한 포기를 의미하기 때문이다. 개인들은 그렇게 할 수 있다. 그러나 계급 · 당 · 과두 지배 계층은 그렇게 할 수 없다. 이것은 그 존재의 목적이자 의미인 것이다.

모든 형태의 권력은 하나의 수단이라는 사실 외에 이를 간절히 원하는 자들에게는 수단일 뿐만 아니라 동시에 목적이다. 적어도 권력을 갈구하는 자들에게는 그런 것이다. 권력은 공산주의 하에서는 모든 특권의 원천이자 보증이기 때문에 거의 전적으로 목적이다. 권력이라는 수단에 의하여, 또 이를 통해 국가 자산에 대한 지배계급의 물질적 특권과 소유가 실현된다. 권력은 사상의 가치를 결정하고, 그 표현을 억압하거나 또는 허용한다.

이러한 점에서 현대 공산주의 있어서 이 권력은 다른 모든 종류의 권력과 상이하며, 공산주의 자체가 다른 모든 체제와도 다르다. 권력이 가장 본질적 구성 요소인 까닭에 공산주의는 전체주의적이며 배타적이고 고립적으로 되지 않을 수 없다. 공산주의가 사실상 다른 목적들을 가질 수 있었다면 다른 세력들이 자라나 반대파가 되고 독자적으로 행동하도록 했을 것이다.

현대 공산주의를 어떻게 정의(定義) 할 것인가 하는 문제는 2차적이다. 공산주의를 설명하는 일에 종사하는 사람들이라면 누구나 공산주의를 정의하는 문제에 부딪히게 된다. 공산주의자들은 자신들의 체제를 '사회주의', '계급 없는 사회', '인간의 영원한 꿈의 실현'이라고 찬양하고, 반면 반대편의 사람들은 공산주의를 둔감한 독재자, 테러 집단의 우연한 성공, 인류에게 내려진 저주로 정의하는 현실에서는 구태여 그러한 정의를 할 필요가 있을까 싶기도 하지만 말이다.

과학은 간단한 설명을 하기 위해서도 기존의 확립된 범주를 사용하여야 한다. 우리가 다소 강제로라도 현대 공산주의를 밀어 넣을 만한 사회학적 범주가 있을까? 나와는 다른 입장에서 출발했던 많은 저자들과 공통적으로 나 역시 최근 수년 동안 공산주의를 국가 자본주의, 보다 정확하게 말하자면, 전체적 국가 자본주의total state capitalism와 동일시하였다. 이런 해석은 유고슬라비아가 소비에트 정권과 충돌하고 있을 무렵에 유고 공산주의 지도자들로부터 지지를 받았다.[S] 그러나 공산주의자들이 현실적 필요에 따라 심지어 자신들의 '과학적' 분석조차 쉽게 바꾸는 것처럼, 유고의 공산당 지도자들도 소련 정권과의 화해 뒤에 이런 해석을 싹 바꿔서, 다시 한번 소비에트를 하나의 사회주의 국가라고 선언하였다. 그와 동시에 그들은 유고슬라비아의 독립에 대한 소비에트 제국주의적 공격을, 티토의 용어를 빌린다면, '개인들의 독단arbitrariness of individuals'에 의해 야기된 하나의 '비극'이며 '이해할 수 없는 사건'으로 규정하였다.

현대 공산주의는 거의 대부분에 걸쳐 전체적 국가 자본주의와 매우 유사하다. 그 역사적 기원과 해결했어야 할 문제들 - 즉, 자본주의에 의해 성취된 것과 유사한 산업적 변혁을 달성하되, 다만 국가 구조의 도움으로 한다는 것만 제외하고 - 의 성격을 보면 그와 같은 결론에 이르게 된다.

만일 공산주의 하에서 국가가 사회와 국민을 대표한 소유자라면, 사회에 대한 정치권력의 방식들은 사회와 그 국민의 필요에 따라 변화해야 하는 것이다. 국가란 그 성격상 사회 내에서의 통일과 조정의 역할을 하는 하나의 기관이고, 사회 위에 군림하는 세력은 아닌 것이다. 국가는 그 자체로 소유자 및 지배가 될 수 없는 것이다. 공산주의 하에서는 이것이 뒤바뀌었다. 국가는 하나의 도구이며 항상 하나의, 그리고 동일한 배타적 소유자의 이익을 위해서만 전적으로 복속하거나, 경제 및 그 밖의 사회생활의 제반 부문에 있어서 역시 하나의, 그리고 동일한 방향에 따라야 하는 것이다.

서방에서 국가 소유는 공산주의 국가들의 경우에 있어서 보다 더 국가 자본주의로 간주될 것이다. 현대 공산주의가 국가 자본주의라고 하는 주장은 공산 체제에 환멸을 느낀 사람들의 '양심의 가책'에 의하여 퍼진 말이지만, 그들은 그것을 정의하는데 성공하지 못했다. 그래서 그들은 그 사악함을 자본주의의 그것과 동일시하였다.

공산주의 하에서는 사실상 사적 소유란 것이 없고, 오로지 공식적인 국가 소유만 있을 뿐이므로, 만악(萬惡)의 원인이 국가에 귀속되는 것은 당연한 일이다. 국가 자본주의라는 이 사고는 또한 사적 자본주의 속에서 '덜 악한' 것으로 보는 사람들에 의해서도 받아들여지고 있다.[1]

현대 공산주의가 어떤 단계로의 이행기에 있다는 주장은 아무런 알맹이도 없고, 어떤 설명도 아닌 것이다. 다른 뭔가로 가지 않는 것이 세상에 있다는 말인가? 현대 공산주의에 국가 자본주의적 특성들을 모두 아우르는 많은 성격이 있음을 인정한다 하더라도, 한편으로 거기에는 정확하게 보자면 새로운 사회적 체제의 특별한 한 유형으로 간주해야 할 성격도 다분하다. 현대 공산주의는 다른 것과 혼동되어서는 안 될 독자적인 본질을 가지고 있다. 공산주의는 그 안에 봉건제 · 자본주의 · 그리고 심지어 노예 소유와 같은 요소들도 다 끌어안고 있지만, 동시에 개별적이고 독자적인 요소도 갖고 있다.

1 역자 주: 질라스의 국가자본주의는 다른 말로 권력자들이 국가 자원을 탈취하고 도둑질한다는 의미에서 "Kleptocracy" 라는 말로도 쓸 수 있을 것이다. 도둑 체제로 직역되는 이 용어를 역자는 '권력을 가진 비적들에 의한 자본주의'라는 뜻으로 '권비자본주의(權匪資本主義)'로 쓰고자 한다. 질라스의 '국가자본주의'의 보다 정확한 의미가 바로 '권비자본주의'에 함축되어 있다고 본다.

RIGHT!

9

제9장 오늘의 세계The Present-Day World

9.1. 그들의 생각과 다르게 가고 있는 세계

현대 공산주의의 국제적 지위를 보다 명확하게 규정하기 위해서는 지금의 세계를 간단하게 하나의 그림으로 그려 볼 필요가 있다. 세계 제1차 대전은 제정 러시아를 새로운 형태의 국가, 사회적 관계에서의 새로운 유형을 갖춘 국가로 변모시키는 결과로 이어졌다. 국제적으로는 미국과 서유럽 국가들과 사이의 기술적 수준 및 발전 속도의 격차가 더 심화되었다. 세계 제2차대전은 이런 격차를 더 이상 메울 수 없는 간극으로 벌여 놓았고, 그 바람에 대규모적 경제 구조의 변화는 오직 미국에서만 가능하였다.

1, 2차 대전이 미국과 나머지 세계들 사이의 이런 격차의 유일한 원인은 아니었다. 그 전쟁들은 격차를 가속화시켰을 뿐이다. 미국의 급속한 발전의 이유들은 의심할 바 없이 그 내부적인 잠재력들, 다시 말해 자연적 및 사회적 여건과 경제의 성격에서 찾아볼 수 있다. 미국의 자본주의는 유럽식 자본주의와는 다른 상황에서 발전되었고, 유럽의 자본주의가 이미 쇠퇴기에 접어들기 시작할 때 최고조에 달하고 있었다.

오늘날 그 간극이란 다음과 같다. 세계 인구의 6 퍼센트를 차지하는 미국이 세계의 상품 및 서비스의 40 퍼센트를 생산하고 있다. 제1차 및 제2차 세계 대전 사이에 미국이 세계 생산에서 차지하는 비중은 33 퍼센트였다. 2차 대전 이후 그 비중은 50 퍼센트에 달하였다. 소련을 제외한 유럽의 경우는 그 반대로 1870년 기준 세계 생산에서의 비중이 68 퍼센트였으나, 1925-1929 년의 기간 동안 42 퍼센트로 떨어졌고, 1937년에는 37 퍼센트, 그리고 1948년에는 25 퍼센트로 줄어들었다

(유엔 자료 참고).

식민지 경제에 있어서의 근대 산업의 발전 또한 특별한 중요성을 갖는데, 대부분의 식민지 국가들이 이로 인해 제2차 대전 이후에 결국은 자유를 얻을 수 있었던 것이다. 제1차 및 제2차 대전 사이에 자본주의가 겪었던 경제적 위기는 매우 극심하였고, 결과적으로 중대한 성과를 얻었지만 도그마에 사로잡혀 있던 공산주의 학자들, 특히 소련의 학자들은 이를 깨닫지 못했다. 19세기의 위기들과 달리 1929년의 엄청난 위기는 오늘날 닥치는 그러한 재앙이 사회적 질서 그 자체를 위험에 빠뜨리고, 심지어 국민들의 삶 전반에도 위험이 될 수 있음을 보여 주었다. 선진국들, 무엇보다 미국은 이런 위기에서 점진적으로 빠져나오는 방법을 발견하지 않으면 안 되었다. 미국은 다양한 수단을 통해 국가적 차원에서 계획 경제planned economy에서 활로를 찾았다. 비록 이론적 관점에서 충분히 인식되지는 못하였으나, 이러한 변화는 선진국들과 나머지 세계에 대하여는 획기적 중요성을 띤 것이었다.

이 기간 동안 소련과 나치 독일과 같은 자본주의 사회 내에서는 상이한 형태의 전체주의가 전개되었다. 독일은 미국과는 달리 통상적인 경제적 수단으로는 대내외적인 팽창의 문제를 해결할 수가 없었다. 전쟁과 나치즘이라는 전체주의가 독일 독점 자본가들에게는 유일한 출구였고, 그래서 그들은 자신을 인종차별적인 정당에 굴종시켰다. 위에서 본 바와 같이 소련은 다른 이유에서 전체주의적으로 선회하였다. 그들의 산업 변혁을 위해서 이것은 필요한 조건이었다.

하지만, 거기엔 아마도 그렇게 명백하다고는 할 수 없을지 몰라도 참으로 현대 세계를 위한 혁명적 요소 하나가 있었다. 이 요소는 현대적 전쟁들이었다. 현대적 전쟁들이 실제로 혁명으로 이어지지 않는 때에라도 이것은 상당히 실질적인 변화로 이어진다. 가공할 황폐함을 뒤로 남긴 채 전쟁들은 국제 관계 및 개별적 국가들 내에서의 관계를 변화시키고 있다. 현대 전쟁들이 갖는 혁명적 성격은 이들이 기술적 발전에 자극을 준다는 사실뿐만 아니라 대부분의 경우 이것이 경제 및 사회적 구조 변화를 일으킨다는 사실을 통해 드러난다. 영국에서 제2차 대전은 상당한 정도의 국유화를 불가피하게 할 정도로 영향을 미쳤다. 인도 · 미얀마 · 인도네시아는 전쟁으로부터 독립국으로 등장하였다. 서유럽의 단합도 전쟁의 결과에서 비롯되었다. 전쟁으로 인해 미국과 소련은 정치적 및 경제적으로 양대 강국이 되었다.

현대 전쟁들은 전 세기의 그것들보다 국가와 인류에 한층 더 깊은 영향을 미친다. 여기에는 두 가지 이유가 있다. 첫째, 현대 전쟁은 총력전 total war이 불가피하다. 어떤 하나의 경제적 · 인적 · 기타 다른 자원도 전쟁에서 자유로울 수 없는데, 왜냐하면 생산의 기술적 수준이 이미 고도화되어 국가의 어느 일부 또는 경제의 어느 한 부문을 따로 젖혀 둔다는 것이 불가능하기 때문이다. 두 번째 역시 같은 이유로 기술적 · 경제적 및 기타 이유들로 인해 세계가 비할 수 없는 규모로 하나가 되어 있어, 어느 한 부분에 있어서의 아주 작은 변화라도 다른 부문의 변화로 연쇄적 반응을 가져오기 때문이다. 모든 현대의 전쟁들은 세계 전쟁으로 비화되는 경향을 갖고 있다.

이러한 보이지 않는 군사적 및 경제적 혁명은 규모가 거대하고 그만큼 중요하다. 이것들은 힘에 의하여 달성된 혁명보다 더 자연스럽다. 달리 말하면, 이런 혁명들은 이념적 및 조직적 요소들을 그렇게 많이 요하지 않는다. 따라서 이런 혁명들은 현대 사회에서의 운동이 좀 더 정돈된 경향을 갖도록 할 수 있다.

지금의 세계 및 2차 대전으로부터 나온 이 세상은 확실히 그 이전의 그것과는 같지 않다. 인간이 물질의 핵에서 추출하여 그 우주로부터 떼어 내서 만든 원자력 에너지는 놀라운 볼거리이지만, 이것이 신기원의 유일한 표지는 아니다. 인류 미래 사회에 관한 공식적 공산주의의 예언은 마치 증기가 산업 자본주의의 상징이자 필수 조건으로서의 힘인 것과 마찬가지로, 원자력 에너지가 공산 사회의 상징이라는 것이다. 이런 식의 해석이 얼마나 유치하고 편협한 사고라는 점은 두말할 필요가 없지만, 일면의 진실도 포함되어 있다. 원자력 에너지가 이미 개별 국가들과 세계에서 전반적으로 변화를 이끌어 내고 있는 중이라는 사실이다. 그러나 이런 변화들이 공산주의 이론가들이 갈망하는 그런 쪽으로 공산주의와 사회주의를 향하고 있지 않은 것은 확실하다.

원자력 에너지의 발견은 어느 한 국가의 업적이 아니라, 많은 국가들의 가장 우수한 수백 명의 두뇌들이 한 세기에 걸쳐 노력한 결과이다. 그 응용 역시 과학적뿐만 아니라 경제적으로 많은 국가들이 수고해야만 하는 것이다. 세상이 이미 하나로 연결되어 있지 않았던들, 원자력 에너지의 발견이나 그 응용 모두 가능하지 않았을 것이다. 원자력 에너지의 효과는 무엇보다 세계의 통합을 한층 더 부추길 것이다. 반면, 그것은 모든 인습적 장애물들, 소유관계 및 사회적 관계, 그러나 무엇보다 스탈린의 죽음을 전후한 공산주의에 있어서와 같은 모든 독점적이고 고립된 체제와 이념들을 여지없이 박살 내고 말 것이다.

9.2. 세계적 차원의 생산 효율성의 통일 경향

세계의 결합을 향한 경향은 우리 시대의 근본적 특징이다. 이것은 우리보다 앞선 세대에서, 다른 방식으로 세계화의 경향이 없었다는 걸 의미하는 것은 아니다. 세계 시장이라는 수단을 통해 세계를 묶어 보자는 경향은 이미 19세기 중엽에 우세하였다. 그때는 또한 자본주의 경제와 민족전쟁national wars의 시대이기도 하였다. 민족 경제national economies와 민족전쟁을 통해 한 가지 유형의 세계적 통합이 달성되어 가는 중이었다.

세계의 통합은 후진 지역 내에서의 생산의 전(前) 자본주의적 양식pre-capitalist forms을 깨뜨리고, 후진국들을 분할하고, 독점을 통해 가속화되었다. 이 시대는 독점적 자본주의, 식민지 정복, 그리고 민족의 자위보다는 독점 자본가들의 내부적 관계망과 이해가 종종 결정적 역할을 했던 전쟁으로 상징되었다. 당시의 세계적 통합을 향한 경향은 주로 독점적 자본과의 갈등이나 제휴를 통해 달성되었다. 국가를 원천으로 삼아 쏟아져 나온 자본은 전 세계를 침투 · 장악하고, 지배하였다.

지금 보여 주는 세계 통합의 경향은 다른 부문에서 뚜렷하게 드러난다. 매우 높은 생산 수준, 현대적 과학, 그리고 과학적 사고 및 그 밖의 사상 등에서 세계화를 볼 수 있다. 국가를 배타적 기반으로 삼거나, 세계를 영향력 있는 개인들, 독점의 영역으로 쪼개 놓으려는 식으로는 더 이상 세계화의 진전은 불가능하다. 이런 새로운 통합, 즉 생산의 통일을 향한 경향은 이미 전 단계에서 이뤄진 기초에 근거하여, 다시 말해 시장의 통일과 자본의 통일에 기초하여 수립되고 있는 중이다. 하지만 이들은 기존의 긴장되고 부적절한 민족 관계, 정부 관계, 그리고 무엇보다 사회관계들과 충돌한다.

그전의 통일이 민족적 투쟁이나 이해관계를 둘러싼 갈등과 전쟁을 수단으로 하여 달성되었다면, 지금의 통일은 전 시대의 사회적 관계를 무너뜨림으로써 형성되고 있고, 그렇게 할 때만 가능할 수 있다. 누구도 전쟁 또는 평화적 수단, 그 어떤 방식으로 세계 생산의 조정과 통일이 이뤄질 것이라고 단언할 수 없다. 하지만 어쨌건 그 경향은 억제할 수 없다. 첫 번째 방식인 전쟁은 한 · 두 집단의 지배력, 즉 힘을 통한 것으로서, 이를 통해서도 통합은 가속화될 것이다. 하지만 이것은 새로운 분란, 불협화음과 불의라는 불씨를 남길 수밖에 없다. 전쟁이라는 수단에 의한 통일은 약자와 패배자의 희생을 대가로 한다. 비록 전쟁이 일정한 관계 내에서 질서를 가져온다 하더라도 그 이면에 미완의 갈등과 깊은 불신을 남길 수 있다.

현재의 세계적 갈등은 주로 체제 간의 대립에 기반하여 펼쳐지고 있으므로, 이것은 민족 간 및 국가 간의 대립에 오는 것보다는 계급적 충돌의 성격을 더 많이 띠게 될 것이다. 그것이 바로 그 비정상적 격렬함과 날카로움의 이유이다. 어떤 미래의 전쟁도 정부 간이나 민족 간에 벌어지는 세계적 및 내전 이상이 될 것이다. 전쟁 자체의 과정이 두려울 뿐만 아니라, 자유의 발전에 끼칠 그 영향 또한 가공스러울 것이다. 평화적 수단에 의한 통일은 비록 느리긴 하지만, 안정적이며, 건전하고, 공정한 유일한 방식이다.

현대 세계의 통일은 그전 시대에 통일을 달성했던 방식인 적대적 민족 간 전쟁의 유형과 대조적으로, 체제 간의 대립에 의해 영향을 받을 것으로 보인다. 이것은 모든 현대적 투쟁이 단순히 제도 간의 갈등만을 원인으로 한다는 걸 의미하지는 않는다. 전 시대의 분쟁을 포함하여 다른 유형의 분쟁도 있다. 생산의 세계적 통일을 향한 경향에서는 체제 간의 갈등이 가장 명백하고 적극적으로 드러나고 있다.

가까운 장래에 세계 생산의 통일이 달성될 것이라고 기대하는 것은 비현실적일 것이다. 그 과정은 상당한 시간을 요할 것인데, 왜냐하면 그것은 경제적 및 기타 인도주의에 입각한 지도력의 조직적 노력에서 나오는 열매라는 점, 그리고 생산의 완전한 통일이란 현실적으로 달성이 어렵다는 점을 생각하지 않을 수 없기 때문이다.

9.3. 경제 세계화의 적은 국내 고립 기생 세력

제2차 대전의 종식은 이미 세계적 규모의 체제들 간 분열 경향을 확인시켜주었다. 소련의 영향력 아래 들어간 국가들, 심지어 독일과 한국처럼 일부만 소련이 장악한 국가들에서도 소련과 대동소이한 체제를 갖췄다. 소련 지도자들은 이런 과정을 충분히 인식하고 있었다.

나는 1945년 어느 사적인 파티에서 스탈린이 한 말을 기억하고 있다. "현대 전쟁에서는 승자가 자기 제도를 강요하게 될 것이오. 과거의 전쟁에서는 없었던 일이지요." 그는 전쟁이 끝나기 전, 연합국들 사이에 아직 호의 · 희망 · 신뢰가 절정에 달해 있었던 바로 그때 이 말을 했던 것이다. 1948년 2월, 그는 우리, 즉 유고슬라비아 인들과 불가리아 사람들을 향해 이렇게 말했다. "저 서유럽 열강들은 서부 독일에 자기들만의 국가를 만들려 할 것이고, 우리는 동부 독일에 우리 식의 국가를 만들 것이오. 이는 불가피한 일입니다."

오늘날 스탈린 사망을 전후하여 소비에트의 정책을 평가하는 것이 유행이고, 어느 정도까지는 합리적인 것이기도 하다. 하지만 스탈린이 그 체제의 창시자도 아니며, 그를 이어 받은 후계자들도 그에 못지않게 그 체제를 신봉하고 있다. 스탈린 사후 변한 것이라고는 소비에트 지도자들이 체제들 간의 관계를 다루는 방식이지, 결코 체제 자체는 아닌 것이다. 20차 당 대회에서 후르시초프는 자신의 '사회주의의 세상world of socialism'과 '사회주의 세상 체제world socialist system'를 따로 떼어서 별개로 말하지 않았던가? 현실적으로 볼 때 이것은 공산주의 자신의 체제의 진전된 형태의 배타성과 패권적 통제를 따로 분리하겠다는 의도를 보여 주는 것 외에 아무것도 아니다.

서방과 동방 사이의 분쟁은 본질적으로 체제의 갈등에 기인한 것이므로, 이념 투쟁의 외관을 가질 수밖에 없다. 일시적으로 타협하고 있을 때에도 이데올로기 전쟁은 시들지 않고, 상대방 진영의 심리에 무의식을 주입한다. 물질적 · 경제적 · 정치적 및 기타 부문에 있어서의 갈등이 더 격화될수록, 순전히 이념끼리의 갈등이 더욱 증폭되는 것으로 보인다.

공산주의와 자본주의를 지지하는 세력들 외에 식민지적 의존성에서 벗어나기 위해 애쓰는 제3유형의 국가들, 인도 · 인도네시아 · 미얀마 · 아랍 국가들이 있다. 이 국가들은 경제적 의존성에 탈피하기 위하여 독자적인 경제를 구축하기 위해 안간힘을 쓰고 있는 중이다. 이들 국가 내에서는 몇 시대를 거친 다양한 제도들, 특히 두 개의 현대적 제도가 중복되어 있다. 이런 국가들은 주로 자신들의 국가적 이유에서 민족 주권 · 평화 · 상호 이해 등등과 같은 슬로건을 매우 진지하게 내걸고 있다. 하지만 이들은 두 제도 사이의 갈등을 제거할 수는 없다. 단지 완화시킬 수 있을 뿐이다. 게다가 그 국가들이 바로 그 두 제도 사이의 전쟁터이다. 그들의 역할이란 중요하고, 어떻게 보면 고상한 면도 있으나, 지금까지는 어떤 결정적 변수가 되지 못한다.

두 제도 모두 세계의 통일은 각자를 모델로 삼음으로써 이뤄질 것이라고 주장하고 있다는 사실은 중요하게 눈여겨봐야 할 대목이다. 둘 다 세계적 통일의 필요가 있다고 주장한다. 하지만 두 입장은 180도 반대이다. 통일을 위한 현대 세계의 움직임은 대립하는 세력들 사이의 투쟁, 평화 시대에 일찍이 경험하지 못했던 맹렬한 투쟁을 통해 드러나는 경향을 보인다. 이 투쟁의 이념적 및 정치적 표현은 우리가 아는 바와 같이 서방 민주주의와 동방의 공산주의이다.

정치적 민주주의 및 보다 높은 기술적 · 문화적 수준으로 인해 통일을 향하여 조직화되지 않은 움직임이 서방에서 더 강력하게 분출되고 있기 때문에, 역시 서방 세계가 정치적 · 지성적 자유의 챔피언으로 나타나고 있다. 이런 국가들에서의 소유 제도를 둘러싼 또 다른 특성은 상황에 따라서 이런 경향을 억제하거나 또는 고무할 수 있다는 것이다. 하지만 통일을 향한 염원은 널리 퍼져 있다. 이런 통일의 결정적 장애물은 독점이다.

이 국가들은 자신들의 이해관계를 쫓아 통일을 원하지만, 그것을 달성하기 위한 수단으로는 이미 한물 간 방법, 즉 영향력이라는 방식을 사용하고 싶어 한다. 하지만, 그들의 반대자들, 예컨대 영국의 노동당은 통일을 고수하지만, 다른 방식을 취하려 한다. 통일을 향한 경향은 영국에서도 강한데, 여기에서는 국유화를 실행하였다. 게다가 미국도 한층 더 큰 규모로 국유화를 시행 중인데, 소유의 형태를 바꾸는 것이 아니라, 국가 수입의 상당한 부분을 정부의 수중에 넣음으로써 그렇게 하고 있다. 만일 미국이 완전히 국유화된 경제를 달성한다면, 현대 세계의 통일을 위한 동향은 한층 더 탄력을 받을 것이다.

9.4. 민중의 더 많은 빵과 자유는 세계 시장에서

사회 및 인간의 법칙은 확장된다. 이 법칙은 세계 생산의 통일을 향한 경향처럼 현대적 수준의 과학 · 기술 · 사상 등에서 자명하다. 이것은 대체로 고도의 문화적 및 물질적 수준에서의 사람들과 연관되어 있는 경우 매우 설득력이 높다. 세계 통합을 향한 서방 세계의 경향은 경제적 · 기술적 · 기타 필요성이 있기 때문에 드러나는 것이고 그 뒤에 정치적 소유와 힘이 있다.

소비에트 진영에서 볼 수 있는 모습은 이와 다르다. 만일 다른 요인이 없는 한, 서방에 비하여 퇴행적인 동방의 공산주의는 자신을 경제적으로나 이념적으로 고립시키는 처지로 떠밀려 가서 그 경제적 및 기타 약점들을 정치적 수단을 통해 보충하려 들 것이다. 좀 이상하게 들릴지 모르겠으나 이것은 사실이다.

공산주의의 이른바 사회주의적 소유는 세계 통일의 주요한 장애물이다. 새로운 계급의 집단적 및 전체적 지배는 고립된 정치적 · 경제적 제도를 만들어 내고, 이것이 세계의 통일을 촉진한다. 이 체제도 변할 수 있고, 변하기도 하지만 그 속도는 매우 늦다. 그리고 통합이라는 방향 속에서 다른 제도들과 섞이고 상호 작용을 한다는 건 거의 기대할 수 없다. 그것이 변할 때는 오로지 자신의 힘을 강화시킬 목적이 있을 때에만 그러하다. 소유 · 권력 · 사상을 하나로 묶는 쪽으로 이어지면서 이 제도는 불가피하게 자신을 고립시키게 된다. 배타적 방향으로 가는 것은 피할 수 없는 운명이다.

소비에트의 지도자들이 갈망하는 하나로 된 세상은 그들의 상상 속에서만 가능하며, 그 세상은 그들 자신의 세계와 크게 다를 바 없다. 그들이 입에 달고 사는 평화적 공존이란 다양한 제도들을 받아들여 혼합하겠다는 것이 아니라, 상대의 제도, 즉 자본주의 체제가 패배로 매듭 되거나 내부에서 부식(腐蝕)되는 그 순간까지 자신의 제도를 나란히 소리소문 없이 병행해야 한다는 말 외에 아무것도 아니다.

두 제도들 사이의 분쟁의 존재는 민족적 · 식민지적 갈등이 종식되었다는 것을 의미하지 않는다. 오히려 제도들의 근본적 충돌이 나타나는 양상은 민족적 · 식민지적 성격을 드러내 주고 있다. 수에즈 운하를 둘러싼 분쟁은 과거의 이집트 민족주의와 영국과 프랑스라는 구(舊) 식민열강으로 대변되는 세계 교역 질서 간의 분쟁으로 남는 대신, 두 체제 사이의 분쟁으로 변모하였다.

국제적 일상의 모든 국면에 자리한 극단적인 긴장은 이러한 관계들의 불가피한 결과였다. 냉전은 현대 세계가 평화 시대에 누리는 일상적인 모습이 되었다. 냉전의 형태는 바뀌었고, 또 바뀌는 중이다. 완화되거나 또는 격화되거나 하지만, 더 이상 주어진 상황 속에서 냉전 상태를 제거한다는 건 불가능하다. 먼저 더 깊숙한 뿌리, 현대 세계, 현대 제도들,

무엇보다 특별히 공산주의 성격 속에 자리 잡고 있는 그 무엇을 제거하지 않으면 안 된다. 냉전은 오늘날 긴장 격화의 원인이면서, 그 자신이 다른 요소들, 즉 보다 뿌리 깊고, 역사적 배경이 있는 갈등 요인들의 산물이다.

우리가 살고 있는 세상은 불확실성의 세계이다. 과학이 인류에게 드러내 보여 주는 이 세상은 인간을 망연자실하게 하고 그 지평선은 측정이 불가능하다. 또한 현대적 전쟁 수단의 위협에 노출되어 있고, 우주적 대재앙의 공포를 안고 있는 세상이기도 하다. 이 세상은 이 방향 아니면 저 방향으로 변화할 것이다. 거역할 수 없는 통일을 향한 열망을 안은 채 현재와 같이 분열된 채 남아 있을 수는 없다. 이렇게 복잡하게 얽힌 가운데서 결국 출현하게 되는 세계적 관계에서 이상을 기대하거나 마찰이 없을 것을 기대할 수는 없다. 하지만 그 관계는 지금의 관계보다는 나을 것이다.

하지만 지금의 제도들 간의 충돌이 인류가 하나의 단일 체제로 갈 것이라는 점을 암시하는 건 아니다. 이런 갈등 유형은 향후 세계의 통일, 좀 더 정확하게 표현하자면, 세계 생산에서의 통일unification of world production이 제도들 사이의 갈등을 통해 달성될 것이라는 점을 보여 줄 뿐이다.

세계 생산의 통일을 향한 경향은 모든 곳에서 생산의 동일한 유형, 다시 말해 소유, 정부 등의 형식의 동일성으로 이어질 수는 없다. 생산의 이런 통일은 현대적 생산의 번영과 고도의 효율성에 대한 인습적 및 인위적 장애물 제거를 향한 열망을 표현하는 것이다. 이것은 지역적 · 자연적 · 민족적 및 기타 여건에 생산을 보다 완전하게 조율한다는 걸 의미한다. 이런 통일로의 경향은 세계 생산의 잠재력을 훨씬 더 잘 조율하고 사용하는 결과로 이어질 것이다.

세계에서 어느 한 제도가 압도적으로 되지 않는 것은 다행한 일이다.

오히려, 불행한 것은 다양한 제도들이 너무 없다는 것이다. 무엇보다도 진짜 나쁜 것은 그 제도의 유형은 무엇이건 될 수 있지만, 제도들이 갖는 배타성과 고립적 성격이다. 생산의 효율성이 점점 증가함에 따라 사회적 단위, 국가와 정치 체제 사이의 차이가 점점 더 커진다는 것은 사회 법칙 중의 하나이다. 사람들이 결합하는 가운데, 각 사람이 자신을 둘러싼 세상에 점점 더 잘 적응할수록, 그는 동시에 더욱더 개별적 인간이 되어 간다.

미래의 세상은 아마도 더 다양할 것이고, 그래서 더욱 통일을 지향할 것이다. 목전의 통일은 유형과 개성의 동일성 때문이 아니라, 다양성 때문에 가능할 것이다. 적어도 지금까지는 그래 왔다. 유형과 개성의 획일은 노예와 정체를 의미할 것이며, 오늘날 누리는 생산의 자유 정도에도 미치지 못할 것이다. 현실적 세계의 진행 과정과 흐름을 자각하지 못하는 국가는 그에 대한 큰 대가를 치러야 할 것이다. 그런 국가들은 아무리 인구가 많고 군사력이 강하다 할지라도 뒤처지는 것이 불가피하고, 종국에 가서는 세계의 통합에 자신을 적응시켜 가야만 할 것이다. 어떤 국가도 여기서 피해 갈 수 없다. 과거 어떤 나라도 자본의 침투에 대항하여, 그리고 세계 시장을 통한 다른 나라들과의 연결에 저항할 수 없었던 것처럼 말이다.

이것은 또한 오늘날 소유의 형태나 정치 질서, 심지어 기술적 수준을 막론하고 배타적이며 민족 경제를 부르짖는 자급자족 경제 체제가 해결할 수 없는 모순과 침체로 굴러떨어지는 이유이기도 하다. 이것은 또한 사회체제, 이념 등에 있어서도 마찬가지이다. 고립된 체제는 근근이 이어가는 생활 수준만을 제공할 수 있을 뿐이며, 앞으로 전진하면서 현대적 기술과 현대적 이념이 제기하는 문제들을 해결할 능력이 없다.

부수적으로 세계의 발전은 한 국가 내에서 사회주의 또는 공산주의 사회를 건설할 수 있다는 공산주의 - 스탈린식 이론을 이미 뒤집어 버렸고, 전체주의적 폭정, 새로운 수탈 계급의 절대적 지배의 강화를 초래하였다. 이런 상황에서 전반적인 세계로부터 절연된 하나 또는 그 이상의 몇 나라들 속에 사회주의 내지 공산주의를 건설하겠다는 것은 필연적으로 자급자족 경제와 압제의 공고화로 귀결될 수밖에 없다. 이것은 또한 당사국의 경제 · 사회적 발전을 위한 국가적 잠재력을 약화시키는 결과를 초래한다.

세계 속에서 진행되는 점진적인 경제 및 민주적 열망에 보조를 맞춰, 일반적으로 민중이 더 많은 빵과 자유를 갖고, 자원의 보다 공정한 분배를 실현하면서 경제 발전의 정상적 속도를 유지하는 것은 가능한 일이다. 이렇게 되기 위한 조건은 현존하는 자산과 정치적 관계, 특별히 공산주의 내부에 있는 이런 것들을 변경시키는 것이다. 왜냐하면 공산 지배계급의 독점은 비록 그것이 유일한 장애물은 아닐지라도, 국가와 세계의 발전에 가장 심각한 장애물이기 때문이다.

9.5. 민주 국가에서의 정부 역할 강화 현상과 계급 권력 독점의 차이

다른 측면에서도 통일을 향한 경향은 또한 자산 관계에 영향을 미치고 있다. 경제 부문에 있어서의 정부 기관의 증대하는, 그리고 결정적인 역할은 상당한 정도의 소유 문제와 함께 세계 통일을 향한 동향을 보여 주고 있다. 확실히 이것은 다양한 체제와 국가들 내에서 다양한 방식으로 드러나고 있으며, 공식적인 국가 소유가 새로운 계급의 독점과 전체주의적 지배를 은폐하는 수단이 되는 공산주의 국가들의 경우에서는 하나의 장애물로까지 되어 있다.

영국에서는 사유, 또는 보다 정확하게 표현하자면 독점 자본가에 의한 소유는 이미 노동당의 국유화를 통해 그 신성과 순수함을 법적으로 상실하였다. 영국의 생산력의 20 퍼센트 이상이 국유화되었다. 스칸디나비아 국가들의 경우엔 국가 소유에 더하여 협동조합 형태의 집단 소유가 발전하고 있다. 경제에서의 정부 역할의 강화는 최근까지 식민지 또는 반 식민지를 경험한 국가들에서 현저한 경향을 보이는데, 그 정치 체제가 사회주의 정부(미얀마)인지, 의회 민주주의인지(인도), 아니면 군부독재인지(이집트) 묻지 않는다.

정부가 투자의 대부분을 차지하며, 정부가 수출을 통제하고, 수출 자금의 상당 부분을 수중에 넣고 있는 것이다. 어느 국가를 막론하고 정부가 경제 변혁의 주도자로서 등장하고, 국유화는 더 빈번하게 발생하는 소유의 형태가 되고 있다. 자본주의가 가장 발전한 미국에서도 사정은 다르지 않다. 1929년의 대공황에서부터 현재까지 모든 사람들이 정부 역할의 증대를 목도할 수 있을 뿐 아니라, 이런 정부 역할의 강화에 대하여 그 불가피성을 부정하는 사람도 별로 없다.

제임스 블레인 워커James Blaine Walker는 〈미국 산업 시대The Epic of American Industry〉[1]에서, "정부와 경제적 삶의 관계가 점점 더 밀접하게 되는 것은 20세기의 현저한 특징 중의 하나"라고 한 바 있다.

워커는 1938년에 약 20 퍼센트의 국가 수입이 사회화socialized되었으나, 1940년에는 이 비율이 최소한 25 퍼센트로 상승하였다고 하였다. 국가 경제에 대한 체계적인 정부 계획은 루즈벨트와 함께 시작되었다. 동시에 정부에서 일하는 근로자들의 숫자와 정부 기능, 특히 연방 정부의 그것이 늘어나고 있다.

〈미국 경제의 기원과 발전The Origins and Development of the American Economy〉[2]의 저자들인 존슨Johnson과 크로스Kross도 동일한 결론을 내리고 있다. 이들은 소유로부터 관리가 분리되어 왔고, 채권자로서의 정

1 New York, Harper, 1949
2 New York, Prentice-Hall, 1953

부 역할이 상당히 커졌다는 사실을 확인하고 있다. 두 사람은 "20세기의 주요한 특징 중의 하나는 정부의 끊임없는 확장, 특히 경제 문제에 관한 연방 정부의 영향력 증대"라고 말하고 있다.

쉐퍼드 클라우Shepard B. Clough는 자신의 저서 〈미국의 길The American Way〉[3]에서 이러한 주장들을 수치를 들어 설명하고 있다. 그에 따르면 연방 정부의 지출과 공공부채는 다음과 같다.

연도	연방정부 지출(단위, 백만불)	연방 공공부채(단위, 천불)
1870	309.6	2,436,453
1940	8,998.10	42,967,531
1950	40,166.80	256,708,000

이 저서에서 클라우는 '경영 혁명managerial revolution'이라는 말을 쓰고 있는데, 그는 이것을 소유자들이 더 이상 경영자들 없이는 조직을 운영할 수 없다는 이른바 전문적 관리 집단의 대두로 이해한다. 미국 내에서 그 숫자와 역할, 결속력은 점점 증가하고 있으며, 록펠러John D. Rockefeller. 1839-1937, 워너메이커John Wanamaker. 1838-1922, 찰스 스왑Charles R. Schwab. 1937-와 같은 위대한 사업가들은 더 이상 미국에서 나오지 않는다는 것이다.

페인소드Fainsod와 고든Gordon은 공저 〈정부와 미국 경제Government and the American Economy〉[4]에서 정부는 이미 경제 부문에서 역할을 하기 시작했으며, 많은 사회적 그룹들이 경제적 삶에서 정부의 이런 역할을 이용하기 위해 나서고 있다고 기술한 바 있다. 그러나 지금 여기에는 본질적인 차이가 있다. 그들이 기술하고 있는 정부의 규제적 역할은 노동

3 New York, T.Y. Crowell, 1953
4 New York, W.W. Norton, 1941

분야에서만 국한되는 것이 아니라 생산 부문, 즉 운송 · 천연가스 · 석탄 · 석유와 같은 국민 경제에 중요한 부문에서도 나타나고 있다.

"새롭고 막대한 영향을 끼치는 변화들이 공공 기업의 팽창이라는 형태 속에 명백하게 보이고 있고, 자연 및 인적 자원의 보전과 관련한 우려를 증가시켰다. 공공 기업은 특히 금융과 신용 · 전력 · 저가 주택 보급 분야에서 중요하게 되었다."

저자들은 정부는 반세기 전에 했던 것보다 훨씬 더 중요한 역할을 하기 시작했으며, 심지어 십 년 전과 비교해도 그렇다고 설명한다.

"이와 같은 발전의 결과는 '혼합경제mixed economy', 다시 말해 공공 기업, 부분적으로 정부에 의해 통제되는 사기업, 그리고 상대적으로 통제가 덜한 사기업 모두가 나란히 병존하는 경제의 탄생으로 이어지고 있다."

위의 저자들 및 기타 다른 저자들도 이런 일련의 전개 과정과 함께 정부가 대리인으로 나서서 제공하는 각종 사회복지, 교육 및 이와 유사한 혜택에 대한 사회적 필요 증대의 다양한 측면들을 소개하고 있다. 여기에는 정부가 고용하는 사람들의 숫자 역시 상대적 및 절대적으로 계속 증가하고 있다는 점도 지적되고 있다. 이 과정이 군사적 필요에 의하여 제2차 대전 중에 대대적으로 강력하게 추진되었다는 점에 관하여는 재론의 여지가 없다. 하지만 전후에도 이 과정은 수그러들지 않고 전쟁 전의 기간보다 빠른 속도로 계속되었다. 이는 단지 민주당이 집권하고 있다는 이유에서만은 아니다. 심지어 민간 주도의 회복이라는 슬로건을 내걸고 1952년에 당선되었던 아이젠하워Dwight D. Eisenhower. 1890-1969조차 본질적인 어떤 변화를 추구할 수 없었다.

그와 같은 일은 영국의 보수당 정권에서도 일어났다. 영국 보수당은 철강 산업을 제외하고는 탈(脫) 국영화에 성공하지 못했다. 노동당 정부의 역할과 비교해 볼 때 보수당 정부의 경제에서의 역할은 증대된 것도 아니었지만, 그렇다고 본질적으로 줄어들지도 않았다.

경제에 대한 정부의 개입은 분명히 이미 오래전부터 사람들의 의식 속에 스며 들어 있었던 객관적인 경향의 결과이다. 케인즈John Maynard Keynes. 1883-1946를 비롯하여 모든 진지한 경제학자들은 정부의 경제에 대한 간섭을 옹호하였다. 지금 이것은 크거나 적거나 정도의 차이는 있지만 세계에서 두루 존재하는 현실이다. 국가 개입 및 국가 소유는 오늘날 본질적 요소이고 어떤 곳에서는 경제에서의 결정적 요인이다.

혹자는 동방 공산 체제하에서 국가가 주요한 역할을 하는 반면, 서방의 체제 속에서는 사기업 또는 독점 기업들이 주요한 역할을 한다는 이 사실로부터 양 체제의 갈등에 근본적인 차이가 없지 않느냐는 결론을 내릴 수도 있을 것이다. 이런 결론은 서방 세계에서 사적 소유의 역할이 점점 축소되고, 국가의 역할이 점증하기 때문에 더욱더 확실한 것처럼 보인다.

하지만 이것은 경우가 다르다. 양 제도들 사이의 다른 차이들은 차치하고라도, 국가 소유가 있다는 사실과 경제에서의 국가의 역할이 있다는 점에는 본질적인 차이가 있다. 비록 국가 소유는 기술적으로 현재까지 양 체제 내에 어느 정도 존재하지만, 두 제도 내에서의 국가 소유는 다를 뿐만 아니라, 심지어 완전히 상충된다. 이것은 물론 경제에서의 국가의 역할에 고스란히 반영된다.

서방의 어떤 정부도 경제와 관련하여 소유자처럼 행동하지는 않는다. 사실 서방 세계의 정부는 국유화된 자산의 소유자도 아니고, 세금을 통해 거둬들인 자금의 소유자도 아니다. 정권은 교체되기 때문에 소유자가 될 수가 없다. 정부는 이 자산을 의회의 통제 아래 관리하고 분배하여야 한다. 자산 분배 과정에서 정부는 다양한 영향을 받게 되지만, 정부가 소유자는 아닌 것이다. 정부가 하는 것이라고는 자신에게 속하지 않은 자산을 잘하건, 못하건 간에 관리하고 분배하는 것이다.

공산주의 국가들에서는 그렇지 않다. 정부는 국가 자산을 관리하고 분배한다. 새로운 계급 또는 당의 과두 지배층인 그 집행 기관은 소유자처럼 행동하며, 실제로 소유자이다. 가장 반동적이고 부르주아적 성격을 갖는 정부라도 경제에서 그런 정도의 독점은 꿈도 꾸지 못한다. 서방과 동방에서 보이는 피상적인 소유의 유사성은 사실상 따지고 보면 실제적이며 깊숙한 차이를 갖고 있고, 충돌과 대립의 요인이기도 하다.

9.6. 지금 수탈 특권계급은 초라하게 퇴각 중

제1차 대전 후에 소유의 형식은 서방과 소련의 갈등의 근본 원인이었다. 독점은 매우 중요한 역할을 하고 있었고, 그래서 서방은 세계의 일부, 특히 소련이 자신의 지배권에서 빠져나간다는 생각을 받아들일 수 없었다. 그때 공산주의 관료들은 막 지배계급이 된 터였다.

소유관계는 소련이 다른 국가들을 대함에 있어서 항상 핵심에 있었다. 기회가 나는 대로 소련은 자신들의 독특한 형태의 소유 및 정치적 관계를 무력으로 강요하였다. 다른 세계와의 교역 관계를 얼마나 발전시켰는지 불문하고, 소련은 민족 국가 시대에 전개되었었던 단순한 물물교환의 수준 정도를 벗어날 수 없었다. 이것은 유고슬라비아와 모스크바 사이가 결렬 상태에 있었던 시기에도 그랬다. 유고슬라비아는 경제 협력을 더 진전시키길 원했지만, 물물교환 이상으로 어떤 의미 있는 경제 협력 관계를 진전시킬 수 없었다. 유고슬라비아의 경제도 고립된 채로 남아 있다.

이런 그림과 이런 관계들을 복잡하게 만드는 다른 요인들도 있다. 세계 생산 통일을 향한 서방의 동향 강화가 후진국들에 도움이 되지 않을 수도 있는데, 이렇게 되면, 이것은 현실적으로 한 국가, 즉 미국이나, 아니면 기껏해야 몇몇 국가들에게만 상승의 기회를 줄 것이다. 물물교환이라는 바로 그 요인 때문에 후진 국가들의 경제와 국민적 삶이 수탈되고, 선진국들에 종속되도록 몰린다. 이것은 후진국이 자기를 방어할 수 있는 것은 정치적 수단을 동원하는 것뿐이고, 살아남기 위하여는 문을 닫아거는 수밖에 없다는 것을 의미한다. 이것이 예상되는 한 가지 경로이다.

다른 길은 외부 세계로부터, 즉 선진국으로부터 도움을 받는 것이다. 제3의 길은 없다. 지금까지 두 번째 길로 접어든 사례는 잘 보이지 않는다. 다시 말해 어떤 의미 있는 정도의 도움이 있는 것 같지 않다.

오늘날 미국과 인도네시아 노동자 사이의 차이는 미국의 근로자와 미국의 주식 부자와의 차이보다 훨씬 크다. 유엔의 자료에 따르면 1949년 미국의 모든 국민은 적어도 평균 1, 440불의 수입을 얻었다. 반면 인도네시아 노동자는 겨우 27불, 미국인들의 53분의 1 정도의 수입만을 얻었을 뿐이다. 그리고 선진국과 후진국 사이의 물질적 및 기타 차이는 줄어들기는커녕, 오히려 증가한다는 것이 공통된 의견이다.

서방의 선진국들과 후진국들 사이의 불평등은 주로 경제적 부문에서 나타나고 있다. 총독 및 지방 토호들에 의한 전통적인 정치적 지배는 이미 사라졌다. 지금은 일반적으로 후진적이지만 정치적으로는 독립적인 국가, 민족 국가의 경제가 다른 국가들에 종속되고 있는 것이다.

오늘날 어떤 사람도 그런 종속 관계를 기꺼이 받아들일 일 수 없는 것처럼, 어떤 사람도 상대보다 높은 생산성을 통해 가능하게 된 이득을 자진하여 포기하는 바보짓은 하지 않을 것이다. 소유자들은 말할 것도 없고, 일단 미국이나 서유럽 근로자들에게 고도의 기술 수준과 보다 높은 생산성에 의하여 그들이 누리는 이점을 기꺼이 포기할 것이냐고 물어본다고 하자. 이건 마치 어느 가난한 아시아 노동자에게 그가 일의 대가로 받은 별거 아닌 것으로 만족해야만 하지 않느냐고 설득하는 것과 같이 황당한 일이 될 것이다.

정부들 사이의 상호 원조, 그리고 대중들 사이의 경제적 및 기타 불평등에 대한 점진적 철폐를 위해서는 어린아이와 같은 선한 의지가 필요하다. 주로 지금까지는 낮은 구매력과 낮은 생산력을 가진 후진국이 선진국들에게 짐이 되는 경우에만 경제적 원조의 손길이 뻗쳤다. 양 제도 사이에 있는 현재의 갈등이 진짜 필요한 경제적 원조의 확장을 막는 주된 장애물이다. 비단 이 문제는 군비와 같은 것에 막대한 돈이 들어간다는 정도로 국한되지 않는다. 현재의 관계가 풍성한 생산을 방해하고, 통일을 향한 움직임을 저해하며, 그 결과 후진국에 돌아갈 도움의 길을 봉쇄해 버리고 선진국들 역시 발전할 기회를 가로막는 것이다.

선진국과 후진국들 사이의 물질적 및 기타 차이들은 그들의 국내 생활수준에 잘 반영되어 있다. 서방의 민주주의를 가난한 국가들을 약탈하는 부자 국가들의 연대 현상으로만 해석하는 것은 대단히 잘못된 것이다. 서방 국가들은 비록 오늘날의 수준보다는 낮았지만, 식민지를 통한 초과 이윤을 누렸던 시대보다 훨씬 이전부터 민주적이었다.

서방 각국의 현재의 민주주의와 마르크스, 레닌이 살아 있었던 당시의 민주주의와의 유일한 연결은 양 시대 사이에 끊임없는 발전이 놓여 있다는 사실이다. 과거와 현재의 민주주의가 갖는 유사성은 자유방임적 또는 독점적 자본주의와 현대 국가통제주의의 유사점 보다 크지 않다.

〈두려움을 대신하여In Place of Fear〉라는 책에서 영국의 사회주의자 어뉴린 비번Aneurin Bevan. 1897-1960은 이렇게 말하고 있다.

"자유주의가 의도했던 것과 실제로 그것이 이룬 것은 구분할 필요가 있다. 그 의도는 산업혁명으로 드러난 새로운 소유 형태를 위한 권력을 획득하기 위한 것이었다. 그런데 자유가 이뤄 낸 것은 소유와 무관하게 대중에게 정치적 힘을 얻도록 해 준 것이었다. …역사적으로 볼 때 보통선거에 의한 의회 민주주의의 기능은 부유한 특권층을 대중의 공격 앞에 노출시키는 것이다. 자유는 자산 소유자의 심장을 향한 검이다. 문제의 해결 무대는 의회이다."

비번의 관찰은 영국의 사례로서 오로지 서유럽 국가들에만 적용될 수 있는 것이다.

서방에서는 세계 통일을 향하여 작동하는 수단으로 경제적인 것들이 주류를 이루었다. 동방 공산 진영에서는 그러한 통일을 위하여 늘 정치적 수단들이 압도적이었다. 소련은 자신이 정복한 것들만 '통일' 시키는 역량을 가졌다. 이런 점에서 본다면 새로운 체제는 본질적으로 그 어떤 것도 변화시키지 못했다. 소련식 사상에 의하면 피압박 민족이란 소비에트가 아닌 다른 정부에 의해 규율 되는 민족을 뜻한다. 소비에트 정부는 다른 국가에 차관의 형식으로 원조를 줄 때도 자신의 정치적 요구에 따르도록 하고 있다.

소비에트 경제는 생산에서의 세계적 통일을 추진해 나갈 만한 경지에까지는 이르지 못하였다. 그 경제적 모순과 난관은 주로 내적 요인으로부터 유래한다. 외부 세계로부터의 고립에도 불구하고 그 체제 자체는 아직 생존할 수 있다. 그 생존의 대가는 어마어마하게 큰데, 이 모든 것이 광범한 폭력의 행사를 통해 달성되고 있다. 그리고 이것이 바로 정치적 관료 내지 새로운 계급에 의한 무한정 지배의 종식을 가져오는 시작이 될 것이다.

현대 공산주의는 대부분 정치적 수단, 즉 내부적 민주주의로의 이행 및 외부 세계와의 접근성 활성화에 의하여 세계 통일이라는 목표를 달성할 수밖에 없을 것이다. 하지만, 그것은 아직 요원하다. 그렇게 할 역량이 실제로 있는가? 공산주의는 자신의 자화상을 어떻게 그리고 있으며, 또 외부 세계는 어떻게 바라보고 있는가?

일찍이 독점자본 시대에 레닌이 수정한 마르크스주의 속에는 제정 러시아 및 그와 유사한 제국들이 직면하고 있던 대 · 내외적 관계가 비교적 정확하게 담겨 있었다. 이 그림으로 촉발된, 레닌이 주도했던 운동은 투쟁하였고 승리를 거뒀다. 스탈린 시대에도 이 동일한 이념은 다시 한 번 수정되어 국제 관계 내에서의 소련의 지위와 역할을 규정하는 범위 내에서는 거의 정확하고 현실적이었다고 할 수 있다. 소비에트 국가 또는 새로운 계급은 대외적으로나 대내적으로 유리한 지위를 갖고, 자신이 얻을 수 있는 모든 것들을 그 앞에 종속시켰다.

지금 소비에트의 지도자들은 자신들의 방향을 어디로 정해야 하는지 매우 어려운 시기에 처해 있다. 그들은 더 이상 현대 세계의 실상을 똑

바로 볼 역량을 갖고 있지 않다. 그들이 보고 있는 세상은 실제로 존재하는 세계가 아니다. 그것은 한때 존재했었던 과거의 세계이거나, 자신들이 존재하길 바라는 희망의 세계이다. 이미 낡아빠진 교리를 고수하면서 공산주의 지도자들은 다른 모든 세상이 침체에 빠지고, 갈등과 투쟁 속에 파멸될 것이라고 생각했다. 이런 일은 일어나지 않았다. 서방은 경제적으로나 지적으로나 진보하였다. 그들은 다른 체제에서 위험이 닥칠 때마다 단결했다. 식민지들은 해방되었지만 공산주의 국가로 되지 않았으며, 모국과의 관계 절연으로 이어지지도 않았다.

위기와 전쟁을 통한 서구 자본주의의 붕괴는 일어나지 않았다. 1949년에 뷔신스키Andrey Vyshinsky. 1883-1954는 유엔에서 소련 지도부를 대표하여, 미국과 자본주의 사회에 커다란 새로운 위기가 도래할 것이라고 예언하였다. 그러나 반대의 현상이 벌어졌다. 이것은 자본주의가 선하거나 악하거나 하기 때문이 아니라, 소련 지도자들이 과장하며 떠들어 대는 그런 자본주의가 더 이상 존재하지 않기 때문이다. 소련 지도자들은 인도, 아랍 제국 등과 같은 나라들이 자신들의 필요에 의해서 외교정책에서 소련의 입장을 지지하였지만, 그와 무관하게 이미 독립적 존재로 되었다는 사실을 보지 못하였다. 소련 지도자들은 사회 민주주의를 이해하지 못했고, 지금도 역시 이해 못하고 있다. 대신 그들은 자신의 혁명기에 사회민주당Social Democrats이 처했던 운명의 척도를 가지고 현재의 사회민주주의를 측정하고 있는 것이다. 소련이 사회민주주의자들이 예상했던 정도의 발전에 이르지 못했다는 사실을 생각의 토대로 삼아, 소비에트 지도자들은 서방에서의 사회적 민주주의 역시 비현실적이며 '배신적'이라고 결론을 내리고 있다.

이것은 또한 기본적인 대립을 어떻게 평가할 것인가, 다시 말해 체제간의 대립 또는 혹은 생산의 통일에 대한 기본적 경향 간의 대립에 대한 평가에서도 마찬가지이다. 여기에서도 소련 지도부의 시각은 초점을 벗어나 있다. 소련의 지도자들은 이 대립은 두 개의 상이한 사회제도 간의 투쟁이라고 선언하고 있다. 그 중 하나의 제도 - 물론 자신들의 제도를 일컫는 것이지만 - 계급이 없거나 적어도 계급을 근절하는 과정 중에 있는 것이며, 그들의 제도란 국가 소유라고 강변한다. 그들에 따르면 다른 제도 - 물론 자기들 것 외의 제도를 말한다 - 하에서는 모든 물질적 재화가 사적 개인의 수중에 있으며, 정부란 오직 한 줌의 독점 자본가들의 도구에 불과하고, 그 와중에 계급적 투쟁과 위기가 심화되고 있다는 것이다. 이런 세계관을 지닌 채 그들은 그런 관계들이 서방에서 지배적이지 않게 될 때 지금의 대립에서 비껴 날 수 있을 것이라고 주장한다. 바로 여기에 골칫거리가 있는 것이다.

만약 서방에서의 모든 관계가 공산주의자들이 원하는 대로 될지라도, 그 대립은 여전히 지속될 것이다. 아마도 이런 상황에서는 대립이 더욱 격화될지도 모른다. 왜냐하면 소유의 형식이 다를 뿐만 아니라, 거기엔 현대적 기술과 전 국민의 사활이 걸린 이해관계가 배후에 버티고 있는 서로 다른 욕구가 충돌하기 때문이다. 그리고 그 욕구란 다양한 집단 · 정당 · 계급들이 똑같은 문제를 각자 자기 필요에 맞춰서 해결하고자 안간힘을 쓰는 것을 속성으로 하는 것이다.

소비에트 지도자들이 현대의 서방 국가들을 독점자본의 맹목적 도구라고 힐난하는 것은, 자신들의 체제를 계급 없는 사회로, 그리고 거기엔 소유 일체가 사회 속에 있다고 선전하는 것과 마찬가지로 잘못된 것이다. 독점자본이 서방 각국 정치에 있어서 중요한 역할을 하고 있는 것은 확실하지만, 어떤 경우에도 그 역할이나 규모는 제1차 세계 대전 전, 심지어 제2차 세계 대전 전에 비하여도 크지 않다. 그 배경에는 새롭고 보다 본질적인 무엇이 있다. 그것은 바로 억제할 수 없는 세계의 통일을 향한 열망이다. 이것은 독점 자본가들의 영향 및 행동을 통해서라기보다는 국가 통제주의와 국유화, 다른 말로 하면 경제에 있어서의 정부 역할을 속에서 더 강하게 표현되고 있다.

단일 계급, 단일 정당 또는 단일 지도자가 비판을 완전히 질식시키거나 절대적 권력을 갖게 되면, 이는 필연적으로 현실을 봄에 있어 비현실적이며, 자기중심적이고, 허세에 젖은 판단에 빠지게 된다.

오늘날 공산주의 지도자들에게 일어나고 있는 것이 바로 이 현상이다. 비록 그들이 아무런 구애받지 않고 행동할 수 있을지 몰라도, 현실은 그들을 압박하게 된다. 이것이 유리하게 작용하는 면도 있다. 공산주의 지도자들은 예전보다 지금은 더 현실적인 인간이 되어 있다. 하지만 거기엔 또한 불행한 점들이 있다. 왜냐하면 그들은 본래 현실 감각이 없는 자들이었고, 기껏해야 현실을 대충 어림잡는 시각을 가진 자들이기 때문이다. 이들은 현실에 친숙하려 하기 보다는 현실 세계로부터 자신을 방어하고 공격하기에 급급하다.

낡아 빠진 교리에 대한 그들의 집착은 그들로 하여금 무의미한 행동을 계속하도록 채근하는데, 성숙한 사고를 갖고 있는 사람의 관점에서 들여다보면, 머리에 부상을 입고 피를 흘리면서 늘 초라하게 퇴각하는 형세에 있는 것이다. 좀 더 분별 있는 사고가 공산주의 지도자들에 퍼지길 희망하자. 만일 공산주의자들이 세상을 현실적으로 해석하게 된다면, 그들이 잃는 것도 있겠지만, 확실히 인류의 일부로서, 그들 자신이 인간으로서 얻는 그 무엇도 있을 것이다.

어떤 상황에서건 세계는 변화할 것이고, 그간 걸어왔던 보다 큰 통일 · 진보 · 자유를 향한 방향으로 여전히 갈 것이고, 가야만 한다. 현실이라는 힘과 삶이라는 힘은 늘 어떤 종류의 야만적 폭력보다 강하며, 어떤 이론보다도 진실한 것이다.

역자미주

A. 한낮의 어둠_ Arthur Koestler

B. 러시아 내에서의 사회주의 혁명의 도입 과정_ Hugh Seton-Watson

C. 볼셰비키와 멘셰비키의 차이_ Duncan Hallas

D. 공산주의와 나치의 공통점, 공포정치의 확대_ Hannah Arendt

E. 사회주의 법칙에 대한 맹신과 환상이 빚어낸 실상_ Arthur Koestler

F. 소비에트 헌법의 허구와 기만성_ Merle Fainsod

G. 마르크스와 무관했던 러시아 혁명_ Karl R. Popper

H. 당 · 정치 관료에 대한 트로츠키의 비판_ Trotsky

I. 공산주의와 나치의 공통점, 비밀경찰에 실권 부여_ Hannah Arendt

J. 레닌의 이원적 권력구조 추구_ Vladimir Lenin

K. 공산주의와 나치의 공통점, 청소년에 대한 무차별 주입교육_ Bertrand Russell

L. 공산주의와 나치의 공통점, 당 우위의 원칙_ Hannah Arendt

M. 소비에트 헌법 등장의 배경과 특징_ Merle Fainsod

N. 공산 체제 하에서의 내각의 형식화_ Hannah Arendt

O. 공산주의가 갖는 종교적 성격_ Bertrand Russell

P. 공산체제의 관료화와 무기력_ Mayakovsky

Q. 권력 장악을 넘어 인간 개조로 가는 전체주의_ Hannah Arendt

R. 동유럽 공산정권 수립_ Hugh Seton-Watson

S. 유고슬라비아와 소련의 갈등 배경_ Hugh Seton-Watson

출처

- 아서 쾨슬러Arthur Koestler, 1905-1983, translated by Daphne Hardy, 한낮의 어둠Darkness at Noon(1948. NY: MacMillan Company)
- 버트란드 러셀Bertrand Russell, 1872-1970, 곽하신 역, 러셀의 생애(1973. 신태양사)
- 던컨 핼러스Duncan Hallas, 1925-2002, 최일봉 역, 트로츠키 사상의 이해(1994.책갈피)
- 한나 아렌트Hannah Arendt, 1906-1975, 이진우 역, 전체주의의 기원 제2권(2006. 한길사)
- 휴 세톤 - 왓슨Hugh Seton-Watson, 1916-1984, 박준규/양호민 역, 세계 공산주의 역사(1955. 중앙문화사)
- 칼 포퍼Karl R. Popper, 1902-1994, 이명현 역, 열린 사회와 그 적들 제2권(2012. 민음사)
- 마야코프스키Mayakovsky,1893-1930, 김성일 역, 대중의 취향에 따귀를 때려라(2005. 책세상)
- 멀 페인소드Merle Fainsod, 1907-1972, 김준엽 역, 소련통치사(1981. 육법사)

미주

A 역자 주:

헝가리 출신의 소설가 아서 쾨슬러Arthur Koestler. 1905-1983의 소설 〈한낮의 어둠Darkness at Noon〉에 나오는 주인공 루바쇼프의 말은 공산주의 이론에서의 무오류성, 역사성에 대한 맹신의 정도를 잘 보여 준다.

"당에 실수란 결코 있을 수 없네. 자네와 나는 실수할 수 있지만, 당은 아니야. 당은 말이야, 동무, 자네보다도, 그리고 나보다도, 우리 수천 명 이상이야. 당은 '역사 속에 드러난 혁명사상의 화신the embodiment of the revolutionary idea in history'이지. 역사는 양심의 가책도, 망설임도 없는 법이야. 관성에 따라 아주 정확하게 역사는 자기 목표로 흘러가지. 물살이 굽이굽이 돌아가는 곳마다 역사는 자기가 싣고 온 흙더미와 물에 빠져 죽은 자들의 사체를 남겨 놓고 간다네. 역사는 자기 경로를 알고 있고, 어떤 잘못된 길로도 가지 않는 것이야. 역사에 대한 절대적 믿음을 갖지 못하는 자는 당의 대오Party's ranks에 들 수 없어."

- 아서 쾨슬러Arthur Koestler, 한낮의 어둠(NY: MacMillan Company) pp. 43-44

B 역자 주:

러시아에서 마르크스가 소개된 것은 1870년대 초였고, 최초의 사회주의 단체인 〈토지와 자유당〉이 생긴 것은 1877년이다. 그런데 이 당은 2년 후에 방법론을 둘러싸고 결렬되기에 이르렀다. 그리고 그중의 한 파는 〈인민의 의사당(意思黨)〉이란 이름으로 헌법 획득 투쟁을 하면서, 그 방법으로 암살 수단을 사용하기로 하였다. 그 후 1881년 3월 14

일 짜르 알렉산드르 2세를 암살하였으나 바로 대대적인 탄압을 받아서 그 이후 러시아 사회주의는 망명을 통해 존속할 수밖에 없었다. 1880년대 중반 〈토지와 자유당〉에서 명성과 경력을 쌓은 부레하노프Georgi Plekhanov. 1856-1918는 스위스에서 러시아 사회주의 혁명을 위한 모임을 결성하였는데, 그는 여기서 두 가지를 강조했다.

첫째로 농촌 공동체를 사회주의 제도로 전환시킬 수 있다는 것은 공상이며 러시아는 자본주의를 통과해야만 한다는 것, 둘째, 노동 계급은 정치적 자유를 쟁취하기 해서는 반드시 투쟁에 가담해야만 한다는 것이었다. 그의 이론은 1890년대 말의 러시아 국내에서 청년들의 지지를 받았는데 그중에서 중요한 인물은 몰로토프Vyacheslav Molotov. 1890-1986와 레닌Vladimir Lenin. 1870-1924이었다. 이들은 1898년 〈러시아 사회민주당〉을 결성하였는데, 5년 뒤인 1903년의 〈러시아 사회민주당〉 제2차 당 대회에서 볼셰비키와 멘셰비키로 분열되었다. 그 후 양파를 통합 시키기 위한 노력이 있었으나, 1912년 결정적으로 결별되었다. 여기에는 개인적인 문제들도 있지만 자기가 계승한 마르크스주의만이 옳다는 레닌의 독선이 분열을 크게 조장하였다는 평가를 받고 있다.

- 휴 세톤 왓슨 Hugh Seton-Watson, **박준규 · 양호민 공역, 세계공산주의역사 (1955. 중앙문화사), 45면**

C 역자 주:

멘셰비키는 러시아에서도 가능한 혁명은 1789년에서 1794년 사이의 프랑스처럼 부르주아 혁명으로 보았다. 따라서 이들은 부르주아가 권력을 장악해야 하고, 전 자본주의적 사회관계의 잔재를 청산하고 자본주의의 토대 위에서 생산력의 급속한 성장 (그리고 프롤레타리아의 급속한 성장)으로 가는 길을 열어 줄 부르주아 민주주의 공화정을 수립해야 한다고 주장하였다. 이들이 보았을 때 노동 계급의 정치적 역할은 부르주아가 앞장서서 짜르 체제와 투쟁하도록 부르주아지한테 압력을 가하는 것이었다. 이들은 농민에 대하여는 독립적인 정치적 역할을 수행할 수 없다고 보았다. 농민은 본질적으로 도시 부르주아지의 혁명을 지지하는 부차적인 혁명적 역할을 수행할 뿐이라는 것이었다. 이 점에 있어서는 볼셰비키도 관점이 같았다. 볼셰비키도 멘셰비키와 마찬가지로 다가올 혁명은 그 혁명의 계급적 성격에 관한 한 부르주아 혁명일 것이며 또 그럴 수밖에 없다고 보았다. 하지만 볼셰비키는 부르주아지에 압력을 가한다는 생각을 처음부터 철저히 배격하였으며, 계속 다른 대안을 내었다. 레닌은 저서 〈민주주의 혁명에서 사회민주당의 두 가지 전술, 1905〉에서 다음과 같이 기술하고 있다.

"…우리는 짜르 체제에 진정으로 반대하고 … 짜르 체제에 대한 '결정적 승리'를 쟁취할 수 있는 세력이 실로 누구인지 확실하게 알고 있어야 한다. 대(大) 부르주아지는 … 그러한 세력이 될 수 없다. 우리는 그들이 결정적 승리를 바라지조차 않는다는 것을 알고 있다. …정말이지 짜르 체제에 대한 결정적 승리를 획득할 수 있는 유일한 세력은 인민, 즉 프롤레타리아트와 농민인 것이다. …그것은 독재일 수밖에 없는데, 왜냐하면 프롤레타리아트와 농민에게 긴급하고 절대로 필요한 변화들을 실현하게 되면 지주와 대(大) 부르주아지와 제정 관료들이 사력을 다해 저항할 것이기 때문이다. …물론 그것은 사회주의 독재가 아니라 민주주의 독재가 될 것이다."

– 던컨 핼러스 Duncan Hallas**, 최일봉 역, 트로츠키 사상의 이해(1994. 책갈피), 24–27면**

D 역자 주:

한나 아렌트도 스탈린 치하의 공산주의, 히틀러의 나치 독일에서 볼 수 있는 공통점으로 정적 제거 이후에도 더욱 강력해지는 공포 정치를 꼽고 있다. 그녀는 이렇게 기술하고 있다.

"소련과 나치 독일에서는 내부의 정적들이 줄어드는 만큼 공포정치가 증가했다.

러시아에서 '사회주의자들과 무정부주의자들에 대한 탄압은 나라가 평온해지는 것과 비례하여 더욱 혹독해 졌다'는 것은 일반 상식이다. 그렇게 하여 마치 정치적 반대파는 공포정치의 구실이 아니라 공포정치를 완벽하게 실행하는 데 마지막 장애물인 것처럼 보였다."

– 한나 아렌트Hannah Arendt, 이진우 역, 전체주의의 기원 제2권(2006. 한길사), 151면

E 역자 주:

아서 쾨슬러는 볼셰비키 혁명의 핵심 주동자 중 한 명으로 한때 인민의 영웅으로 추앙받았던 주인공 루바쇼프의 말을 빌어 언제 올지 모를, 사실상 올 가능성이 없는 공산주의자들만의 환상 속에 있는 그때를 위해 얼마나 많은 희생이 있었는지 폭로한다. 소설의 형식을 빌렸으나 작가 자신이 독일 공산당원으로서 러시아 혁명에서부터 스탈린의 독재까지 지켜본 시대의 목격자로서 증언하고 있는 것이다.

"'그렇지' 루바쇼프가 계속 말을 이어 갔다.

'그래서 그 결과 공정하게 토지를 분배해야 한다는 그 일을 위해 우리는 한 해에만 500만 명의 농부들과 그 가족들을 의도적으로 굶주림으로 죽게 만들었지. 종국적으로 인류를 산업적 착취의 사슬로부터 해방시킨다는 그 명목으로 우리는 천만 명의 사람들을 극지방과 동쪽의 정글에서 강제 노동을 하도록 내몰았고, 그 환경이란 고대의 갤리선 노예들이 처했던 것과 흡사하였어. 견해 차이를 해결하기 위해 우리에게는 오직 하나의 주장만 허용되지. 그게 잠수함 문제가 되었건, 비료 문제가 되었건, 아니면 인도차이나 반도에서 당의 노선이건 관계없이 말이야. 우리 기술자들은 계산에 어떤 실수라도 있거나 하면 감옥에 가거나 교수대로 직행한다는 사실을 늘 염두에 두고 있어. 고위 관리자들은 아주 사소한 실수에도 책임을 지거나 파멸에 이를 수 있다는 걸 알기 때문에 그 아래 부하들에게 책임을 전가하고 파괴하지. 시인이라는 자들은 창작 문제를 비밀경찰에게 고자질하여 서로를 제거하려 들고 말이야. 표현주의자expressionist들은 자연적 스타일을 반동적이라 여기고, 자연주의 형식을 취하는 자들은 반대로 표현주의자들을 반동적이라 생각하면서 말일세. 다음 세대를 위한다는 우리가 지금 세대에 얼마나 끔찍한 궁핍을 남기고 있는지 자네도 알 걸세. 나라 인구의 평균 수명이 1/4 정도 줄어들었네. 국가의 존립을 방어하기 위해 예외적인 조치들을 취해야 했고, 과도기적인 법들을 만들어야 했다고는 하지만 모든 점에서 이런 법들은 혁명의 목적과는 상충되지. 대중의 생활 수준은 혁명 전보다 더 낮아졌어. 노동조건은 더 열악해지고, 규율은 더 비인간적이 되었고. 노동자의 품값은 식민지 국가에서 피지배 국민들이 받는 수준보다 더 낮아지지 않았던가. 사형 연령 제한을 열두 살로 낮추었고, 우리의 남녀평등법은 영국의 그것보다 더 편협하고, 교황을 능가하는 우리의 지도자 숭배는 반동적 독재 정권보다 더하지. 우리의 언론과 학교들은 맹목적 국수주의chauvinism, 군국주의militarism, 교조주의dogmatism, 체제 순응주의conformism와 무지ignorance를 키워 줄 뿐이고. 여기에 정권의 자의적 권력은 무제한적이고, 역사상 그 유례가 없다네. 출판의 자유 및 여론과 운동의 자유는 마치 인간의 권리Rights of Man란 한 번도 선포된 적이 없었던 것처럼 철저히 말살되었고 말이야. 우리는 정보원들을 거느린 가장 거대한 경찰, 가장 정교한 육체적 및 정신적 고문을 가할 수 있는 과학적 체계를 갖춘 기구를 만들었지. 우리는 우리만이 볼 수 있는 하나의 이론적 행복을 향해 나가도록 고통에 신음하는 이 나라의 대중들에게 채찍질을 가하고 있는 중이라네. 왜 이런 고통 중에 있냐고? 그건 그들이 혁명에서 모든 것을 소진하여 이 세대의 에너지는 고갈되었기 때문이지. 쥐어짤 대로 쥐어 짜진 이 세대에 남은 것이라고는 마비된 몸뚱이로 신음하는 희생 제물, 그게 전부 아닌가…. 이 모든 것들이 우리의 필연성의 결과consequences of our consequentialness라네.'"

– 아서 쾨슬러Arthur Koestler, 위 책, pp.158-159

F 역자 주:

"소비에트 지배자의 견지에서 볼 때 소련 연방 공화국들의 헌법은 몇 가지 편리한 기능을 수행하고 있다. 첫째로 그 기능들은 형식적인 정부 구조를 나타낸다. 독재 정권은 자기 의사를 뒷받침하는 중앙 및 지방 당국의 체제를 의사입헌(擬似立憲)적인 형태 안에 엮어 넣음으로써 거기에다가 제정(帝政)의 칙령(勅令)으로서는 도저히 표현할 수 없었던 합법과 안정의 외관을 마련해 주고 있다. 둘째로 헌법은 국내와 국외에서 중요한 선전전 역할을 수행하게 된다. 헌법에서 유권자의 대량 동원과 소비에트의 제반 활동에 있어서의 대중의 참여가 강조되고 있는 것은 독재에 대한 전면적 지지라는 환상을 불러일으키기 위해 고안된 것이다. 국민투표에 의한 민주주의 조작된 만장일치는 정권 반대파가 이제는 존재하지 않는다는 것과 지배 집단이야말로 소비에트 인민의 열망의 살아있는 화신이라는 것을 증명하는 것이다. 이러한 원칙하에서 정부 대변인은 줄곧 그들의 헌법이야말로 세계에서 가장 민주적인 것이고 서구의 모든 헌법들은 독점자본의 독재를 은폐하기 위한 수단에 불과하며 소비에트 헌법만이 오직 대중 복지 증진을 보장한다고 주장하고 있다. 헌법을 선전의 도구로 이용하는 것은 국내에 국한된 현상은 아니다. 소련의 헌법은 궁극적인 권력이 제한된 지배계급이 아닌 노동자의 수중에 있다는 인상을 주고 소비에트 사회에서는 모든 분쟁이 해결되었고 모든 문제가 해결될 수 있는 이상적 사회란 환상을 줄 수 있도록 용의주도하게 기초된 것이다. 소련 헌법은 비(非) 소비에트 지역에 있어서 불만을 품고 있는 사람, 좌절감에 사로잡힌 사람, 이상적 선동에 쉽게 속아 넘어가기 쉬운 사람들에게 호소함으로써 소비에트 대의(大義)에 대한 지지를 불러일으키도록 마련되었다."

– 멀 페인소드 Merle Fainsod**, 김준엽 역, 소련통치사(1981. 육법사), 401-2면**

G 역자 주:

칼 포퍼는 다음과 같이 러시아 혁명은 본질적으로 마르크스의 사회 혁명과 아무런 연관성도 없다고 한다.

"러시아 혁명의 발전과 마르크스의 경제적 실재에 관한 형이상학적 이론과 그 이데올로기적 표출 사이에 엄청난 대조가 있다. …마르크스의 견해에 의하면 법적 혹은 정치적 수단에 의해 중요한 변화가 초래될 수 있다고 기대하는 것은 헛된 일이다. 정치적 혁명은 한 집단의 지도자들 후부터 다른 한 집단의 지도자들에로의 이행, 즉 통치자로 행세하는 사람들의 단순한 교체에 그칠 뿐이다. 밑바닥에 놓인 본질인 경제적 실재의 변화만이 본질적 변화 혹은 진정 한 변화, 사회적 혁명을 낳을 수 있다. 그리고 그 사회적 혁명이 실재가 되었을 때만 정치적 혁명은 어떤 의미를 지니게 된다. 그러나 이런 경우에도 정치적 혁명은 이미 일어난 본질적 혹은 참된 변화의 외적 표현에 지나지 않는다. …. 이러한 이론에 따라 마르크스는 모든 사회혁명은 다음과 같이 발전한다고 주장한다. 생산의 물질적 조건들이 성장하고 성숙하여 마침내 사회적 법적 제관계와 마찰을 일으키게 된다. 마치 입은 옷과 같은 그것들보다 더 크게 자라나, 터지고 만다. '그러면 사회혁명의 문은 드디어 열린다'라고 마르크스는 말한다. '경제적 토대의 변화와 더불어, 전면적인 상부구조의 변화가 신속히 이루어진다. …새롭고 보다 고차적인 생산관계(상부구조 안에서) 그것이 존재하기 위한 물질적 조건이 옛 사회의 모태에서 성숙되고 나서야 출현한다.' 이런 진술에 비추어 올 때 러시아 혁명은 마르크스가 예언한 사회혁명과 동일시될 수 없다고 나는 믿는다. 사실에 있어서 그것들은 서로 아무 유사성도 가지고 있지 않다."

- 칼 포퍼 Karl R. Popper**, 이명현 역, 열린 사회와 그 적들 제2권(2012. 민음사), 157-8면**

H 역자 주:

러시아에서 추방된 트로츠키는 1929년 2월에 다음과 같이 기록하고 있다.

"권력 장악 이후, 독립적인 관료 집단이 나머지 노동 계급과 구분되기 시작했는데, 이러한 구분은 … 처음에는 오로지 기능적인 것이었지만 나중에는 사회적인 것이 되어 버렸다. 관료 집단 내부의 분화 과정과 러시아에서 진행 중인 심대한 변화 과정은 서로 영향을 주고받으면서 발전했다. 신 경제정책의 토대 위에서 광범한 도시 뿌띠 부르주아가 다시 등장하거나 새로 탄생했다. 자유 전문직이 부활했다. 농촌에서는 부농 쿨락Kulaks이 성장했다. 광범한 관료층은 대중 위에 군림하고 있었기 때문에 부르주아 계층들로 관심을 돌리고 그들과 긴밀한 가족 관계를 맺었다. 대중의 발의와 비판은 점차로 간섭으로 여겨졌다. …대중 위에 군림하고 있던 대다수 관료층은 근본적으로 보수적이다. …반대파에 대한 스탈린의 투쟁에서 그의 가장 강력한 지지 기반을 이루고 있는 이 보수적인 계층은 스탈린 자신이나 스탈린 분파의 주요 핵심 분자들보다 훨씬 더 우익으로 그러니까 신흥 부유층 쪽으로 기울어 있다."
– Trotsky, Where Is the Soviet Republic Going, in Writings of Leon Trotsky 1929(1975. New York: Pathfinder Press), pp. 47-48. 58면; 던컨 헬러스Duncan Hallas, 위 책, 58면에서 재인용

I 역자 주:

한나 아렌트가 분석한 나치 독일에서의 비밀경찰의 역할과 권한은 소비에트의 그것과 전혀 다르지 않다.

"지도자의 절대적인 권력 독점이 가장 분명하게 드러나는 곳은 지도자와 경찰 국장의 관계이다. 경찰 국장은 전체주의 국가에서 가장 강력한 공적인 직책을 맡고 있는 사람이다. 그는 경찰 병력과 엘리트 집단의 우두머리로서 엄청난 물질적, 조직적인 권력을 임의로 사용할 수 있다. … 경찰 국장에 취임한 후 힘러가 그때까지 중앙 집중화된 비밀경찰 기구의 관청을 여러 겹으로 중복하여 신설하는 방식으로 독일 경찰을 재조직하기 시작했다는 것은 주목할 만한 일이다. …힘러는 게슈타포에 공안부를 신설했는데, 공안부는 원래 당 내부의 정탐 기구로 설립되었으며 나치 친위대의 한 부서였다. 게슈타포와 공안부의 본부는 베를린으로 옮겨져 하나로 합쳐졌지만, 이 두 거대한 공안부의 지부들은 각각 독립된 정체성을 가지고 베를린의 힘러 사무실로 직접 보고를 올려 보냈다. 전쟁 기간 동안 힘러는 두 개의 정보 부서를 더 만들었다. 하나는 공안부와 경찰 업무를 통제하고 조정하기로 되어 있는 이른바 검사관들이었는데, 이들은 나치 친위대의 관할권에 속해 있었다."
– 한나 아렌트Hannah Arendt, 위 책, 170-171면

J 역자 주:

레닌은 일찌감치 정부라는 형식적 권력 행사 기관과 그 배후에서 실제로 권력을 행사하는 당의 이원적 권력 구조를 모색한 것으로 보인다. 아래는 레닌 자신의 말이다.

"우리는 혁명의 근본 문제가 권력의 문제라고 말한 바 있다. 우리가 덧붙이지 않으면 안 되는 말은 바로 혁명들이야말로 실제적 권력이 어디 놓여 있는가라는 문제가 어떻게 해서 모호해지는지를 한 걸음 한 걸음마다 보여 주며, 형식적 권력과 실질적 권력 간의 분리를 드러내 준다는 사실이다. …모든 국가권력을 소비에트로 이양하라고 요구하는 슬로건과 관련하여, 그와 같은 일이 다시금 일어나고 있는 것 같다. 이제 되돌릴 수 없이 지나가 버린 우리 혁명의 한 시기 동안에는 - 말하자면 2월 27일부터 7월 4일까지는 - 그 슬로건이 옳았다. 이제 그것은 명백히 더 이상 옳지 않게 되었다. …이제는 지나가 버린 혁명의 그 기간 동안 나라 안에는 소위 '이중 권력'이 존재했었는데, 그것은 실질적으로도 형식적으로도 국가권력의 불명료하고 과도적인 상태를 표현해 주었다. 권력의 문제는 모든 혁명의 근본적 문제임을 잊지 말자. …그러나 현재의 소비에트는 아니다. 즉 부르주아지에 협력하는 기관이 아니라 부르주아지에 대항한 혁명적 투쟁의 기관이다. 이때에조차, 우리가 소비에트를 모범으로 하여 전체 국가를 건설하는 것을 지지하리라는 것은 사실이다. 그것은 소비에트 일반의 문제가 아니라, 현재의 반혁명 및 현재의 소비에트의 배신에 맞서 싸우는 문제이다. 구체를 추상으로 대체하는 것은 혁명에서 가장 크고 가장 위험한 죄악 중의 하나이다. 현재의 소비에트는 실패하였고 완전한 패배를 경험하였다. 왜냐하면 그것은 사회주의 혁명당과 멘셰비키당에 의해 지배되고 있기 때문이다. 현재 이 소비에트는 도살장에 몰려와 칼날 아래 처량하게 울어 대는 양과 같다. 현재의 소비에트는 이미 승리를 거두고 또 계속 승리하고 있는 반혁명에 대해 무력하고 무기력하다. 소비에트로의 권력 이양을 요구하는 슬로건은 권력을 현재의 소비에트로 이양하라는 '단순한' 호소로 해석될 수 있을지도 모른다. 하지만 그렇게 말하는 것, 그것을 호소하는 것은 이제 인민에 대한 기만을 의미할 것이다. 기만보다 더 위험한 것은 없다."

– 레닌 Vladimir Lenin**, 조권일 역, 레닌과 사회주의 혁명(1989. 태백), 322–5면**

K 역자 주:

버트란드 러셀은 전체주의가 인간 정신에 미치는 해악, 특히 청소년 시기부터 주입되는 전체주의적 이념이 갖는 파괴력에 대하여 심각한 경고를 한 바 있다.

"근대적 형태의 전제(專制) 정치는 항상 어떤 신조(信條)와 결합되어 있다. 예를 들면 히틀러의 신조, 무쏠리니의 신조, 스탈린의 신조 등과 같이 전제 정치가 존재하는 곳에서는 어디서나 소년이 사고 능력을 얻기 전에 일련의 신조가 그들 마음속에 주입되는 것인데 그중의 방법이 항상 연속적이며, 집요해서 소년들은 나중에 가서도 초기 교육의 최면술적 효과에서 벗어날 수가 없게 되어 버린다. …두 개의 상반된 신조가 이와 같은 방법으로 주입될 때, 거기에 나타나는 현상은 정면으로 격돌하는 두 개의 군사적 충돌 양상으로서, 결코 서로 대화할 수 있는 두 개의 정당(政黨)은 아니다. …이런 종류의 독단주의는 우리들이 독재 체제를 바라지 않는다면 꼭 피해야만 하는 것이며, 또 그것을 피하기 위한 조치가 교육의 불가결한 부분으로 되어야만 한다."

– 곽하신 역, 러셀의 생애(1973. 신태양사), 238면

L 역자 주:

당 우위의 원칙은 공산체제나 나치 독일에서도 마찬가지였다. 이 점에 관하여 한나 아렌트는 아주 구체적인 사례를 제시하고 있다.

"1933년 이후 프릭이 내무부 장관이 되고 게르트너가 법무부 장관이 되었는데, 당원이었던 이들이 비(非) 당원으로서의 직책을 갖게 되자마자 권력도 잃고 다른 공무원들과 마찬가지로 영향력도 잃었다. 이 두 사람은 힘러의 실질적인 지배를 받게 되는데, 그는 막 부상하던 경찰 국장으로서 정상적으로는 내무부 장관의 휘하에 있어야 했다. …이런 사례들은 관직의 이중 정책이 나치에게 원칙의 문제였지, 당원들에게 일자리를 마련해 주기 위한 방편이 아니었음을 입증한다. 소련에서도 이런 식의 분할, 진정한 정부와 표면상의 정부의 분할이 발전해 나왔다. 표면상의 정부는 원래 전(全) 러시아 - 소비에트 회의에서 유래했는데, 전쟁 기간 동안 영향력과 권력을 볼셰비키당에게 빼앗겼다. 이 과정은 적군(赤軍)에게 자치권이 주어지고, 비밀 정치경찰이 소비에트 회의의 기관이 아니라 당의 기관으로 재창설되면서 시작되었다. 과정은 스탈린이 소련 공산당의 서기장이 된 해인 1923년 완성된다. 그때부터 소비에트 정부는 그림자 정부가 되었고, 그 한가운데에는 모스크바의 중앙위원으로 임명되어 책임을 맡고 있던 진정한 권력의 대표자들이 볼셰비키 당원들로 이루어진 세포들을 통해 활동하고 있었다."

- 한나 아렌트Hannah Arendt, 위 책, 155-8면

M 역자 주:

소비에트의 헌법 발달의 초기 역사를 보면 볼셰비즘은 결코 헌법에 별 관심을 쏟지 않았음이 명백하다. 1917년 11월 17일 볼셰비키가 권력을 장악하자 제일 먼저 행한 일 중의 하나는 전 러시아 소비에트 대회를 이용하여 '인민위원회라는 이름을 가지고' '제헌의회가 소집될 때까지 통치를 담당할' '임시적인 노동자, 농민의 정부'를 수립하는 법령을 제정케 한 것이었다. 권력을 장악하기 전 볼셰비키는 제헌의회의 소집을 늦추는 데 대한 케렌스키 정부를 맹렬히 공격하였던 것이다. 볼셰비키 및 기타 정당들의 압력의 결과로 케킨스키 정부는 1917년 11월 25일을 제헌 의회 선거일로 결정했다. 일단 권력을 장악하자 볼셰비키는 선거를 실시하여야 하는지, 또 만약 한다면 제헌의회로 하여금 회의를 소집하여 그 임무를 수행하도록 하여야 하는지의 문제에 직면하게 되었다. 볼셰비키는 미묘한 딜레마에 빠져 있는 자신을 발견했다. 임시정부의 선거 지연 정책을 너무나도 통렬히 공격하여 왔으므로 선거를 취소하거나 심지어는 지연시키는 것까지도 정치적으로 잘못하는 일로 명백하게 나타나게 되었다. 그러나 그들은 그들이 적대적인 제헌의회에 위탁할 생각은 추호도 없었다. 레닌은 선거 연기를 주장했지만, 매우 격렬한 당내 토론이 있은 후 다른 의견이 우세하게 되었다. 한 볼셰비키 당원이 말한 바와 같이 만약 제헌의회가 다루기 힘든 것이 되어 버린다면 "우리는 총검을 갖고 이를 해산시키지 않으면 안 되게 될지도 모른다"는 것을 인정하면서 선거를 진행시키자는 결정이 채택되었다.

선거는 비교적 자유로운 분위기 속에서 실시되었다. 볼셰비키는 전 투표의 약 25 퍼센트를 획득하였다. 62 퍼센트의 표는 각종 온건한 여러 사회주의 정당들이 차지하였으며, 그들 중 압도적 다수를 얻은 것은 〈사회주의 혁명당〉이었다. 나머지 13 퍼센트는 입헌 민주당 및 기타 중산계급적, 보수적 정당들이 나눠 가졌다. 볼셰비키의 투표는 대체로 모스크바, 페트로그라드 및 기타 공업 중심지에 집중되어 있었다. 거대한 사회주의 혁명당의 대다수 표는 아직 볼셰비키가 침투하여 세력을 견고히 하지 못했던 농촌 지역에서 나왔다.

1918년 1월 18일 처음이며 마지막인 제헌의회의 회의가 페트로그라드의 동궁(冬宮)에서 개최되었다. 궁궐은 믿을 만한 볼셰비키 수병 및 적위대(赤衛隊)에 의하여 엄중하게 호위되었다. 볼셰비키 파는 의사 진행의 주도권을 잡는 데 실패했다. 그들의 의사일정 계획 채택 동의에서 우파 사회혁명당은 237표를 확보한 반면 볼셰비키는 좌파 사회혁명당의 도움으로 겨우 136표를 동원할 수 있었을 뿐이었다. 그러자 볼셰비키와 좌파 사회혁명당은 의회에서 철수하였고, 나머지 의원들은 밤늦게까지 회의를 계속했다. 아침 5시가 되자 궁전 수비대에서 사람을 보내 의회 의장인 체르노프에게 가서 '수비대가 피곤하다는 이유'로 의원들의 궁궐에서의 철수를 요구했다. 의원들은 다음날 다시 속회하기로 하고 해산하였다. 다음 회의는 결코 다시 열리지 않았다.

1918년 1월 19일 볼셰비키가 지배하고 있던 소비에트 중앙집행위원회는 "제헌의회가 소비에트의 권력을 분쇄하려는 부르주아 반혁명"의 엄호물이 되고 있다는 이유에서 이를 해산하라는 명령을 내렸다. 19일 다시 회의를 열려던 의원들은 궁전에 들어갈 수가 없었다. 이로써 혁명 후 최초의 헌법 제정의 실험은 종언을 고하였다.

1918년 1월 23일 볼셰비키 및 좌파 사회혁명당이 지배하고 있던 제3차 소비에트 대회가 제헌의회의 해산을 인준하기 위해 개최되었고, 볼셰비키 대회 의장인 스베르도로프는 이렇게 선언했다.

"제헌의회의 해산은 진실로 노동자와 농민의 이익을 대표하는 유일의 주권기관인 제3차 전(全) 러시아 소비에트 대회에 의해서 보완되지 않으면 안 됩니다. …중앙집행위원회와 인민위원회는 명백히 근로 대중의 독재를 위한 싸움을 하여 왔습니다. …우리는 사회주의 건설 기간 동안 사회주의의 승리를 확보하기 위하여 독재가 행해지지 않으면 안 된다는 의견을 갖고 있습니다."

이러한 논리의 귀결은 불가피하게 일당 독재의 강화로 돌아가고 만다. 임시정부와 제헌의회를 타도하고 소비에트 대회 및 정부 기구의 완전한 지배권을 장악하게 되자, 볼셰비키는 이러한 광범한 변화에 어떤 유사 입헌적인 표현 형식을 주어야 할 문제에 당면하게 되었다. 새로운 '헌법적' 질서의 윤곽이 곧 모습을 갖추기 시작했다.

1918년 1월 28일 소비에트 대회는 이러한 변화를 헌법이 형식으로 구체화시키는 행동을 개시했다. …1918년 7월 10일 제5차 전(全) 러시아 · 소비에트 대회에서 최종적으로 채택된 러시아 · 소비에트 연방 사회주의 공화국(RSFSR)의 헌법은 두 부분으로 구성됐다. 첫 부분은 '노역하고 착취당하는 인민의 권리 선언'으로 새 정권의 정책을 설명하고, 정권이 한 특수 행동을 인준하는 것이었다. 나머지 부분은 새 헌법의 일반 원리와 새 정부 구조의 형태를 낱낱이 설명한 것이다. 헌법의 근본 목적은 스테크로프의 말을 빌리자면 '프롤레타리아 독재와 강력한 중앙 집권적인 정부'를 수립함에 있었다. 소위 '착취하는 계급', 즉 사업가 · 신부 · 각 종파의 목사 · 구 정권의 경찰 및 이와 유사한 부류들은 선거권을 빼앗겼고, 공적 지위를 점유할 권리를 박탈당하였다. 모든 중앙 및 지방 당국은 노동하는 대중과, 소비에트에 있어서의 이들의 전권 대표들에게 맡겨졌다. 권리법안(權利法案)은 계급적 용어로 새로 제정되었다. 언론, 출판, 결사, 집회 및 교육의 자유는 노동 계급에 한하여 보장받도록 되어 있었다. 국가로부터 교회를, 교회로부터 학교를 분리시킴으로써 '노동자들에 대해' 양심의 자유가 보장되었고, 종교 및 반(反) 종교 선전의 자유는 모든 시민에게 보장되도록 되었다. 소수 민족 차별은 불법화되었고, 특수한 관습 및 민족적 특성을 가지고 있는 지역의 소비에트는 연방적 기반에서 RSFSR에 가맹할 '자치적'인 지역 연방들로 연결될 것이 허락되었다. 헌법은 권리뿐만 아니라 의무도 상세하게 밝혀놓았다. 국민개병제도(皆兵制度)가 실시되었고, 혁명 방위를 위해 무기를 들 수 있는 영예는 노동 계급에 주어졌다. 근로의 의무가 선포되어 '일하지 않는 자는 먹지도 말라'라고 헌법은 선언하였다.

헌법에 그 윤곽을 보여 주고 있는 정부의 구조는 이미 나타나 있는 여러 제도들을 주로 법전화한 데 불과한 것이었다. 최고 권력은 전(全) 러시아 · 소비에트 대회에 주어졌다. 이 대회는 2만 5천명의 유권자 당 1명의 대표를 내는 도시 소비에트 대표들과 주민 12만 5천 명당 1명의 대표를 내는 소비에트 지방의회의 대표들로 구성되도록 되어 있었다. 도시 노동자들이 비율적 우세와 농촌 대표들의 간접선거의 체제는 농민층의 수적인 우위를 약화시키고 그들이 소비에트 기구에 대대적으로 침투하는 것을 저지하기 위해 추진 방안이었다.

전 러시아 대회 휴회 기간 중 최고 권력은 대회에서 선출되는 200명을 넘지 않는 위원으로 구성되는 중앙집행위원회에 위임되었다. 중앙집행위원회는 정부와 행정의 각 기관을 지휘하는 인민위원회를 임명할 권리를 가졌다. 18개의 인민위원부는 각각의 인민위원이 책임자가 되며 각각 하나의 회의를 갖고 있었다. 결정권은 인민위원에 주어졌고, 회의는 이에 동의하지 않을 경우 인민위원회나 중앙 집행위원회 상임위원회에 제소할 수 있었다. 전(全) 러시아 · 소비에트 대회와 중앙 집행위원회의 권력은 전면적인 것이었다. 이들의 열거된 권력은 '그들의 관할권 내에 속한다고 스스로 간주하는 모든 사건에 대해 결정을 내릴 수 있다'는 조항에 의해서 더욱 강화되었다.

– 멀 페인소드 Merle Fainsod**, 김준엽 역, 소련통치사(1981. 육법사), 402–7면**

N 역자 주:

나치가 단순히 기존의 행정 조직을 그대로 유지하면서 모든 권한을 박탈한 반면, 스탈린은 그림자 정부, 즉 1930년대 초기 모든 기능을 상실하고 러시아에서는 거의 잊혀졌던 그림자 정부를 다시 부활시켜야 했다. 스탈린은 소비에트 정부가 존재할 뿐만 아니라 권력을 가지고 있지 않다는 것에 대한 상징으로 소비에트 헌법을 도입했다(실제 생활과 재판에 실질적인 의미가 있는 조항은 하나도 없었다). 그럴듯한 외관에 반드시 필요한 전통의 매력을 전혀 가지고 있지 않던 표면상의 러시아 정부는 분명 성문법의 성스러운 후광이 필요했다. 법과 합법성을 무시하는 전체주의의 태도는 결코 폐기되지 않았던 바이마르 헌법이나 소비에트의 성문 헌법에서 자신의 무법(無法)을 뒤에서 받쳐 주는 영원한 배경과 비(非) 전체주의 세계 및 그 기준에 대한 끊임없는 도전을 발견했다. 비(非) 전체주의 세계 및 기준이 얼마나 무력하고 무능한지 이 헌법들이 매일 과시할 수 있었던 것이다.

– 한나 아렌트 Hannah Arendt**, 위 책, 158면**

O 역자 주:

사실 러셀이 공산주의 속에 내재된 사이비 종교적 성격을 꿰뚫어 보고 우려했던 바는 저자 밀로반 질라스가 본문에서 소개한 내용 이상이었다.

"공산주의의 가장 유명한 특색은 중세기의 교회와 비슷하다. 성스러운 문헌에 구현된 교의(教義)에 대한 광신적 신봉, 이들 교설을 비판적으로 음미하려고 하는 것을 거부하는 사람들에 대한 야만적 박해 등이 바로 그것이다. …정말로 위험하다고 생각되는 것은 소비에트 건설 그 자체가 아니고 그 교설이 보호되고 있는 방법 자체에 있는 것이다. 소비에트의 교설은 신성불가침의 것으로 수호되고 거기에 의문을 갖는다는 것은 죄악이며, 가장 엄한 형벌에 해당된다고 한다."

– 곽하신 역, 위 책, 250-1면

P 역자 주:

스탈린 치하를 살았던 마야코프스키Vladimir Mayakovsky의 아래 시(詩) 두 편은 공산체제 하의 관료주의, 사회의 무기력과 퇴행을 잘 보여 주고 있다. 마야코프스키는 조지 오웰의 소설 〈동물농장〉에서 독재자 나폴레옹을 위해 시를 쓰고 노래를 만드는 미니무스라는 돼지로 그려지는 인물이기도 하다.

〈관료주의 〉

악마,
그의 아들
혹은 그의 형제가
모든 조치를 비웃고
종종 거대한 관료주의 기계를 만들어,
전 러시아 공화국에 배치했다.
(…)
떨리는 손으로 "약소합니다"하며
서류 접수 대장의 아가리 속으로
루블 지폐를 찔러 넣는다.
바퀴가 돌기 시작했다.
한 부인에게서 다른 부인에게로
숫자가 장식된 종이 조각이 간다.
종잇조각이 부인들에게서 여비서에게로 전달되었다.
젊은 사람에서 나이 든 사람까지 비석 모두 여섯 명!
점심때쯤 최연장자 여비서에게 종잇조각이 도달했다.
최연장자 여비서가 흔적도 없이 사라졌다.

멍하니 기다리고 있어야 하나?
미치겠군! (…)

그 기관 직원들의
산더미 같은 책상 아래서
위로 올려질 때를 기다렸고
그리고 또 한 차례
양복 밑
수개월간의 애무 속에서
서른세 번째 위원회의 결정을 기다린다.

종잇조각의 몸은 처음엔 뚱뚱해졌다.
그런 다음 클립-다리가 덧붙여졌다.
마침내 종이는 "업무"로 자라났고
거대한 파란 서류철 속으로 사라졌다.

책임자가 종이에 훌륭하게 끄적거렸고
종이는 책임자에게서 부(副)책임자에게로 되돌아갔다.
부(副)책임자가 서명하고 난 후,
또다시 종이는
거꾸로
책임자에게 서명을 받기 위해서 되돌아갔다.
종이 위에서 서명이 안 된 곳을 찾기란 거의 불가능하다.
그리고 재차
메커니즘은
아직 비어 있는

모든
구석 위에
단번에 스탬프와 도장을 사방으로 찍으면서
종이를 질질 잡아끌었다.
그리고
한 일 년쯤 지난 후
서류 접수 대장이 입을 벌렸다.
펜으로 끄적거리고 난 후
수백만 장의 쓸모없는 종이를
밖으로 던져 버렸다.

〈회의광, 會義狂〉

밤이 새벽으로 막 바뀔 무렵
나는 매일 본다.
본청으로 가는 사람
위원회로 가는 사람
정치국으로 가는 사람
교육부로 가는 사람
제각기 각 기관으로 뿔뿔이 흩어진다.
건물에 들어서자마자
비 오듯 쏟아지는 서류 뭉치들
한 오십여 개 되는 것 중에서
가장 중요한 것 몇 개를 골라
근무자들은 회의하러 흩어진다.
(…)

수백 개 계단을 편력한다.
세상은 다정다감하지 않은 곳
또다시
"한 시간 후에 오십시오.
지금 지역 협동조합에서 쓸
잉크 한 병을 구입하기 위해
회의 중이십니다."

한 시간이 다시 지나가지만 이번에는,
비서도
서기도 없다 -
제기랄!
스물두 살 이하 모두
공산청년동맹원 회의에 참석 중

날이 저무는 것을 보면서 또다시
7층 건물 꼭대기 층으로 올라간다.
"이반 바니치 동무 오셨습니까?"
"ㄱ부터 ㅎ까지의
위원회 회의에 참석 중이십니다."

난 화가 치밀어
마치 쏟아지는 우박처럼
회의장에 들어가
거침없이 거친 욕설을 퍼붓는다.
그리고 본다.

반 정도의 사람들만 앉아 있다.
오, 잘하는 짓이다!
도대체 나머지 반은 어디 있는 거야?
"죽여라! 죽여!" 하고
소리치며 나는 뛰어다닌다.
이 무서운 장면에서 제정신이 돌아오자,
비서의 아주 조용한 목소리가
들려왔다.
"그는 한꺼번에 두 군데 회의에 참석 중이십니다
우리는 하루
스무 군데 정도 회의에
참석해야만 합니다.
따라서 자연히 몸이 둘러 나누어져야만 하지요.
허리까지는 이곳에 참석하고
나머지는
저곳에."

흥분 때문에 잠을 이룰 수 없다.
이른 아침,
꿈을 안고 이른 새벽을 맞는다.
"오,
모든 회의를 폐지하는 것에
관한
회의를
한 번 더 했으면!"

– 마야코프스키 Vladimir Mayakovsky**, 김성일 역, 대중의 취향에 따귀를 때려**

라(2005. 책세상)에서 인용

Q 역자 주:

아렌트는 공산 체제나 나치즘 모두 권력 장악을 넘어 인간 개조라는 인간 본성에 대한 끝없는, 그리고 끔찍한 도전을 그 속성으로 하고 있다고 경고한다. 그들에게 권력의 장악은 새로운 거대한 실험의 시작일 뿐이라는 것이다.

"나치즘이나 볼셰비즘 모두 새로운 형태의 정부를 선언하지 않았으며, 권력을 장악하고 국가 기구를 통제함으로써 자신들의 목표가 성취되었다고도 주장하지 않았다. 그들의 지배 이상은 어떤 국가나 폭력 장치도 결코 성취할 수 없는 것이었으며, 단지 끊임없이 움직이는 운동일 뿐이었다. 다시 말해, 삶의 모든 영역에서 개개인의 지속적인 지배였다. 폭력 수단을 통한 권력 장악은 결코 그 자체 목표가 아니라 목표에 이르는 수단일 뿐이다. 그리고 어떤 나라에서의 권력 장악은 환영할 만한 통과 단계일 뿐, 결코 운동의 끝이 아니다. 운동의 실천 목표는 가능한 한 많은 사람들을 운동으로 끌어들여 조직하고, 그들을 계속 움직이게 하는 것이다. 운동을 멈추게 할 정치 목표는 존재하지 않는다."

– 한나 아렌트 Hannah Arendt**, 위 책, 47면**

R 역자 주:

유고슬라비아는 2차 대전 후 탄생한 유럽의 공산국가들 중에서는 자력으로 공산 체제를 만들어 내어, 끝까지 유지하였던 독특한 역사성을 갖고 있다. 이 책의 저자인 질라스의 행적과 상대적으로 자유롭고 거침없는 그의 시각은 이런 맥락에서 이해할 필요가 있다.

"유고슬라비아와 알바니아에서는 공산주의자들이 자력으로서 권력을 장악하였으나, 그리스에서는 외세의 간섭으로 말미암아 패배하였고, 폴란드의 혁명 운동도 공산주의자들의 지휘 하에 행해진 것은 아니었지만 역시 외세의 간섭으로 말미암아 진압되었다. 1945년 여름까지 소련 군대는 폴란드와 루마니아, 불가리아, 헝가리, 체코슬로바키아 및 독일 동부를 점령하였다. 이들 국가와 그리고 또한 유고슬라비아에서는 〈인민민주주의〉로 공칭 되고 있는 같은 형태의 정권이 출현하였다."

…동유럽 공산 정권 수립에서의 세 가지 단계(합작-위장-독재)를 모든 나라가 통과한 것은 아니고 각 단계를 통과하는 시기도 각각 달랐다. 첫 번째 단계 있어서의 정부는 좌익과 중간 좌익 정당들의 진정한 합작으로 형성되었다. 이 합작에 있어서 어느 경우에나 공산당과 사회당이 포함되었다. 헝가리와 루마니아 그리고 불가리아에 있어서는 농민당이 포함되어 있으며, 그들은 농민과 도시 중산 계급의 지지를 받았다. 유고슬라비아, 알바니아, 폴란드 및 동독은 전혀 이 단계를 거치지 않았다. … 둘째 단계는 가면(假面)적인 합작이었다. 몇몇 정당이 아직 명목상으로는 정권을 분장하고 독립된 조직을 가지고 있었으나 그 지도자들은 사실에 있어서 그들의 정당에 의하여 선출되는 것이 아니라 공산당에 의하여 선출되는 것이었다. 그리고 그 연립 정부의 정책은 공산주의자들에 의하여 결정되는 것이었다. 그러나 이때까지는 물론 박해도 있었으나 정치적 반대파라는 것이 어느 정도나마 용납되었다. 유고슬라비아와 알바니아는 이 둘째 단계를 통과하지 않았고, 폴란드와 동독은 이 둘째 단계에서부터 전후 역사를 꾸미기 시작하였다. 세 번째 단계에 있어서는 공산주의자들이 단일초석이라 즐겨 부르는 바로 그것으로 변화했다. 공산주의 지도자들은 정책 노선을 결정할 뿐만 아니라 그들이 중심이 되어 정부 기관을 지배하고 정부 내에 잔존하는 비(非) 공산당파를 통제하였다.

사회주의 정당들은 강제로 공산당에 병합되었다. 의회에서는 반대당이란 이미 용납되지 않았고, 출판과 집회에 있어서도 또한 그러하였다. 폴란드와 루마니아, 불가리아에서는 제2단계로부터 제3단계로의 이전은 1947년 가을에 시작되었다. 헝가리에서 이 과정은 1948년 봄 공산당과의 병합을 반대한 사회주의 지도자들의 망명으로 시작되었고, 체코슬로바키아에서는 제2단계와 제3단계가 동시에 발생하여 1948년 말에 완성되었다. 동독에서는 1949년에 제3단계가 완성되었다.

– 휴 세톤 왓슨Hugh Seton-Watson, 위 책, 312-3면

S 역자 주:

초기에 동유럽 공산당들은 순전한 동지만으로서 구성되어 있지 않았다. 그들의 대오에는 기회주의적인 자들도 많았다. 이들 기회주의자들의 지지는 공산당 지도자들이 숫자를 갖고 반대파를 위협할 할 때는 필요했던 것이다. 그러나 일단 권력을 잡은 후에는 그들을 신임할 수 없었다. 그중에 또한 파시스트들도 있었다. 그중에는 갈색분자에서 적색분자로 변한 진정한 혁명주의자도 약간 있었으며, 또한 출세를 원하는 야심가도 있었다. 그리고 또한 남의 머리를 부수는 것을 목적으로 고용주를 찾아다니는 파괴주의자들도 더러 있었다. 모스크바 당국의 눈으로 볼 때 더 한층 위험한 존재는 이상주의적인 공산주의자들이었다. 그들은 지하 운동과 반항 운동에서 고생하면서 싸운 사람들이며, 전쟁 중에 자기 나라의 독립과 그 위대성에 관하여 주고받은 이야기를 진정으로 생각하고 있던 사람들이었다. 이런 사람들은 장래에 있어서 모든 진보적인 인간성의 천재적인 선생이 종의 되기를 싫어할지도 모르는 사람들이었다.

모스크바와 반항 공산주의자들 사이의 마찰은 1948년 6월 코민포름이 티토를 비난함으로써 전 세계에 폭로되었던 것이다. 코민포름의 성명은 티토가 여러 가지 이론 상의 범죄를 범했다고 말했다. 특히 노동자의 희생으로 농민을 후대했으며 공산당을 인민전선에 예속시켰으며, 또한 진정한 민주주의적인 정권을 유지했다고 비난했던 것이다. 이러한 비난 중에는 어느 정도 사실인 것도 있었다. …그러나 이러한 모든 분쟁의 근본적인 원인은 다른 데 있었다. 모스크바 당국은 유고슬라비아의 군사 및 행정 체계가 소련의 군사 및 정치 전문가에 의하지 않고 유고슬라비아의 애국 전쟁 및 내란 중에 티토와 그의 동지들에 의하여 이루어졌다는 것을 알고 있었던 것이다. 티토는 스탈린의 사절들의 감독을 받지 않고서 그 자신의 국가 기구를 건설했던 것이다. 더구나 그는 소련 시민이나 소련의 밀정이 없는 곳에서 영국 장교들과 면담하고 있었던 것이다.

이러한 불안이 모스크바로 하여금 가장 사소한 사건을 가장 사악하게 해석하게끔 만들었던 것이다. 유고슬라비아에 있는 소련 시민들이 유고슬라비아 비밀경찰의 감시를 받았을 때, 또한 자신들과 같은 계급 있는 소련 장교들이 자기들이 하면 훨씬 더 효과적으로 할 수 있는 직책을 맡고 있으면서 국가 예산에서 자기들보다 훨씬 많은 보수를 받고 있는 사실을 알고 유고슬라비아 장교들이 이의를 제기하자, 이것을 유고슬라비아가 서구 제국주의와 협력에서 소련에 적대하는 어떤 행동 준비를 하고 있었다고 밖에는 해석할 수 없었던 것이다. 그래서 모스크바 당국은 티토와의 관계를 끊기로 결정하였던 것이다.

스탈린은 유고슬라비아 민중들은 소련을 지지하고 있기 때문에 소련의 군사 및 정치 고문관들을 철수시킨다면 티토 정권은 자연이 무너질 것이라고 생각했던 것이다. 그러나 스탈린은 오산을 했다. 러시아의 오만한 태도는 애국적인 발칸 민족의 반감을 샀던 것이다. 그의 압박은 민중의 반항심을 강화했을 뿐이었다. 사실 티토는 충실하게 모스크바의 지도를 따르고 있는 중이었다. 싸움을 건 것은 그가 아니고 스탈린이었다. 그 후 일 년 동안 티토는 서구 열강과의 관계를 맺지 않고 있었다. 다만 소련 및 동유럽의 인민 민주주의 국가들에 의한 경제 봉쇄 때문에 그는 부득이 서유럽 내에 경제적 원조를 얻는 길을 찾아 나서야 했다.

– 휴 세톤 왓슨 Hugh Seton-Watson**, 위 책, 331-2면**

제　　　목 | 위선자들 - 새로운 수탈계급과 전체주의의 민낯
ISBN 979-11-962997-4-3
초 판 발 행 | 2020년 06월 25일
개　정　판 | 2020년 08월 03일
저　　　자 | 밀로반 질라스
역　　　자 | 이호선
발　행　인 | 임춘화
편　　　집 | 이혜건
발　행　처 | 도서출판 리원
주　　　소 | 서울시 종로구 새문안로3길 23
전　　　화 | 02-725-2737
팩　　　스 | 02-725-1730
이　메　일 | leewonbooks@gmail.com
인　　　쇄 | 삼아인쇄사

폰 트 저 작 권 | KoPub바탕체 | KoPub돋움체 | 제주명조 | 나눔고딕

오리지널 일러스트레이션_이혜건 〈THE UNKNOWN TOWN〉 | 출처: https://hyegunleeff0c.myportfolio.com